北京师范大学体育与运动学院特色规划教材

武术与国外对抗项目

陈新萌　屈国锋　主编

人民体育出版社

图书在版编目（CIP）数据

武术与国外对抗项目/陈新萌，屈国锋主编. —— 北京：人民体育出版社，2021（2023.12重印）
ISBN 978-7-5009-6028-7

Ⅰ.①武… Ⅱ.①陈… ②屈… Ⅲ.①竞技体育—高等学校—教材 Ⅳ.①G8

中国版本图书馆CIP数据核字(2021)第062424号

*

人 民 体 育 出 版 社 出 版 发 行
北京中献拓方科技发展有限公司印刷
新 华 书 店 经 销

*

880×1230 32开本 12印张 341千字
2021年7月第1版 2023年12月第2次印刷

*

ISBN 978-7-5009-6028-7
定价：52.00元

社址：北京市东城区体育馆路8号（天坛公园东门）
电话：67151482（发行部） 邮编：100061
传真：67151483 邮购：67118491
网址：http://www.psphpress.com
（购买本社图书，如遇有缺损页可与邮购部联系）

编委会

顾　问：王建华　吕韶钧
主　编：陈新萌　屈国锋
副主编：高嵘
编　委（以姓氏首字母为序）

陈德旭　　山东大学体育学院
邓　丹　　重庆市社会体育指导中心
季云峰　　上海理工大学机器智能研究院
李　根　　北京师范大学体育与运动学院
李永超　　河北农业大学基础课部
宋　博　　聊城大学体育学院
武　超　　陕西师范大学体育学院
王宏伟　　西北师范大学体育学院
王少宁　　天津体育学院体育文化学院
杨亮斌　　安徽师范大学体育学院
张长思　　北京师范大学体育与运动学院
张　娜　　北京师范大学体育与运动学院

主编简介

陈新萌,男,1989年出生于山东淄博。现任北京师范大学体育与运动学院武术教研室教师。教育学博士,体育学博士后,硕士研究生导师,中国武术六段,国家级社会体育指导员,全国武术套路段位一级考评员。

2012年本科毕业于天津体育学院武术系,2014年硕士毕业于北京师范大学体育与运动学院,2017年博士毕业于上海体育学院武术学院,同年7月进入北京师范大学体育人文社会学博士后流动站,师资博士后,2019年7月博士后出站。专业为民族传统体育学,研究方向武术文化思想与武术教育教学。

自2017年9月起,承担北京师范大学体育专业本科生武术必修课程和全校本科生研究生的太极拳、中华传统健身、武术与强身避险课程。在《体育科学》《中国体育科技》《首都体育学院学报》《体育学研究》《南京体育学院学报(社会科学版)》《体育文化导刊》等体育类核心期刊发表论文十余篇;主持中国博士后科学基金第62批面上资助项目和北京师范大学青年教师基金项目；参与两项国家社科基金项目研究。多次担任国家体育总局武术运动管理中心、国家体育总局社会体育指导中心、北京市社会体育管理中心的培训讲师和比赛裁判等社会服务工作。

屈国锋，男，1973年生于重庆潼南。现任北京师范大学体育与运动学院副院长，教授，民族传统体育学硕士研究生导师，中国武术六段。

1996年毕业于北京师范大学体育系。1997—2007年就读于日本筑波大学体育科学专业，2007年获得博士学位。主要研究领域：武术文化思想，武术教学，中外武术比较研究，体育思想史。学术成果主要有《从杀生到养生——中国武术求生之路》《日本合气道健身与修养》《图说形意拳械基础学练》《中国传统养生概论》《新编大学体育教程》《中国武术段位制系列教程》《体育与健康》等专著及教材十余部，发表武术专业论文二十余篇。2010年和2011年荣获北京师范大学"十佳教师"和"十佳辅导员"荣誉称号。2018年荣获北京市高等教育教学成果一等奖。

前　言

中国武术伴随改革开放四十年的现代化发展取得了举世瞩目的成就。当前，中国特色社会主义进入了新时代，新形势、新任务、新目标也为学校武术教材的新建设提出了新要求。

巍巍师大，历经百年，守正创新，坚卓致远。北京师范大学体育与运动学院是一所历史悠久兼具厚重人文底蕴的体育专业人才培养院校，其前身北京高等师范学校体育专修科自1917年成立，至今已逾百年。学科百年，时代更新，新的武术教材也应新的时代而生。作为指导学校武术教学的重要文本——新时代学校武术校本教材，是北师大体育与运动学院多年来一直致力于打造的武术特色规划教材。对于何为新时代武术教材的解答，以及新时代武术教材要为大学生提供什么样的武术教材内容和教学方法，就显得极为重要。

首先，新时代的武术教材要符合武术运动的教学规律和新时代的育人理念。对武术教学规律的把握，是建立在对武术项目运动规律的深度认识以及武术教学经验的总结与提炼的基础之上。本教材是在有30余年教龄的中国武术八段、北师大王建华教授和北师大民族传统体育学科带头人、中国武术八段吕韶钧教授的领衔下，以多年教学经验的总结为基础，结合武术教研室教学团队的丰富教学实践，制定提纲，完善内容，形成体例，编纂成书。

其次，新时代的武术教材要契合新时代学生群体的身心特点。时代在变化,社会在发展,不同成长年龄段的学生身心状态也随时代产生着改变。把握现阶段大学生群体的身心状态,了解新时代学生学练武术的不同心态,才能有效针对当前学生群体对武术的认知,打造适合学生们学习、查阅、参考的武术新教材。

最后,新时代的武术教材要落脚于立德树人的培养目标。无论是"爱国尚武"的价值导向,还是"学武术,做中国人"的呼吁口号,抑或是"强身健体、防身自卫、修身养性、立德树人"的教改目标,学校武术最终要落到对人的培养上,即通过武术这门课程,通过武术这个项目,对人产生积极影响并使之改变,培养出符合社会需求的人才。对于德性的诉求,对于人才的培养,"武"之成分、"文"之内容、"德"之要素的强调,是武术区别于其他体育运动项目的重要文化特质。立德树人,无疑是重要的教育归旨。

因此,本教材立足于新时代,定位于规律化、科学化、时代化的武术技术和理论的知识内容,旨在供武术初学者、高等院校的学生群体、师范院校的中小学武术师资进行学习、阅读和参考。

本教材的编写,除北京师范大学体育与运动学院的诸位教师外,还得到来自诸多兄弟院校一线武术教育工作者的支持与帮助,他们在本教材的撰写过程中献智、献力、献策,耗费了大量的时间与精力。在此,对编委会老师们的辛勤付出,表达诚挚的谢意!

为中国武术教育的更好发展一起努力是一件幸福而快乐的事!

陈新萌

2020 年 1 月 28 日

目 录

上篇 中国武术的基本内容教与学

第一章 武术概述 ……………………………………………… 2

第一节 武术的基本概念 …………………………………… 2
第二节 武术的历史沿革 …………………………………… 9
第三节 武术的内容分类 …………………………………… 24
第四节 武术的文化特点 …………………………………… 36
第五节 武术的功能价值 …………………………………… 41
第六节 武德与武礼规范 …………………………………… 48

第二章 武术的基本练习 ……………………………………… 59

第一节 手法练习 …………………………………………… 60
第二节 步法练习 …………………………………………… 63
第三节 腿法练习 …………………………………………… 66
第四节 组合练习 …………………………………………… 74

第三章 健身长拳的技术动作与教学法 ……………………… 82

第一节 健身长拳的技术内容及特点 ……………………… 83
第二节 健身长拳的教学步骤及方法 ……………………… 84
第三节 健身长拳的教学建议及评价 ……………………… 92

第四章　健身南拳的技术动作与教学法 …… 104

第一节　健身南拳的技术内容及特点 …… 105

第二节　健身南拳的教学步骤及方法 …… 106

第三节　健身南拳的教学建议及评价 …… 111

第五章　健身短棍的技术动作与教学法 …… 125

第一节　健身短棍的技术内容及特点 …… 126

第二节　健身短棍的教学步骤及方法 …… 130

第三节　健身短棍的教学建议及评价 …… 136

第六章　对抗基本练习 …… 149

第一节　攻防组合练习 …… 150

第二节　散打技术内容 …… 156

下篇　国外主要对抗项目的内容简介

第一章　拳击 …… 184

第一节　概述 …… 184

第二节　主要技术内容 …… 189

第三节　主要竞赛形式与规则 …… 192

第二章　跆拳道 …… 208

第一节　概述 …… 208

第二节　主要技术内容 …… 215

第三节　主要竞赛形式与规则 …… 232

第三章　空手道 ··· 249

第一节　概述 ··· 249
第二节　主要技术内容 ··· 259
第三节　主要竞赛形式与规则 ··· 273

第四章　泰拳 ··· 290

第一节　概述 ··· 290
第二节　主要技术内容 ··· 291
第三节　主要竞赛形式与规则 ··· 295

第五章　柔道 ··· 321

第一节　概述 ··· 321
第二节　主要技术内容 ··· 327
第三节　主要竞赛形式与规则 ··· 336

第六章　综合格斗 ··· 341

第一节　概述 ··· 341
第二节　主要技术内容 ··· 343
第三节　主要竞赛形式与规则 ··· 353

推荐阅读书目 ··· 367

后记 ··· 369

上篇

中国武术的基本内容教与学

第一章　武术概述

武术是中华文化的重要组成部分，它来源于人们的生产劳动、军事战争和社会活动，凝结了历代人民的经验智慧。其内容丰富、形式多样、体系庞杂，在传统文化的浸染下深深扎根于中国这片土壤，历经千百年嬗变代代相传，形成了独树一帜的技术文化体系。

第一节　武术的基本概念

了解过去，认识现在，才能更好地把握未来；尊重历史，揭示规律，更是对现实的理性回应。本节尝试对武术的基本概念以及概念所反映的武术本质进行梳理和探讨，以期深化对"武术是什么"这一命题的理解和认识。

一、武术基本概念阐析

武，会意字。商代甲骨中"武"由止（脚趾）和戈（兵器）两部分组成。武字本意是指举戈而行，即做好应战的准备，站好打斗的姿势，所谓"两脚如树生根"。武字引申义是指将戈举起来，停止战事（戈），所谓"不战而屈人之兵"。

术，许慎在《说文解字》中讲："术，邑中道也。"其本意是采邑中的道路，后引申为达到目的的方法、技术、策略、手段等。术有技艺之意，武术，即持械战斗的技术。其为战争之术，亦为杀伐之术。

武术的概念是武术文化发展的基石，对武术概念的本质问题进行探讨，有利于武术文化的正确发展，对武术的理论研究和实践发展具有根源性意义。正确定义武术的概念对引导武术理论的发展方向和武术运动的发展方向都具有不可忽视的学术意义。

（一）武术词解

"人们要进行正常的思维活动，必须有明确的概念，否则无法做出正确的判断和推理。这就要求必须在实践的基础上，运用科学的分析方法，找出概念所反映事物的本质，并搞清其适用范围，注意概念的准确性，这是认识活动的一个重要问题[1]"。基于此，概念是人们认识武术、进行思考的一个重要逻辑起点。逻辑起点是任何学科、任何研究乃至任何学说都要迈出的第一步，但认识和探究武术概念的逻辑起点除了严密的逻辑推理和论证外，还应兼顾武术的概念是根植于它所处的历史环境而产生的。也就是说，武术的概念是随着时间的不断推移而发生变化的，对其概念的推理和界定也应作如是观。

目前，学界对武术概念的界定和争论一直没有停止，见仁见智，众说纷纭。首先要明确武术概念的内涵和外延是随着武术这一客观事物的变化和发展而发展和变化的，武术概念内涵的不断丰富是人们对客观事实认识的必然结果。

《辞海》解释"武"字，有"泛称干戈（戈，指先秦时期一种主要用于勾、啄的格斗兵器）军旅之事"和"勇猛"等多个义项。《说文解字》载："术，邑中道也。"这里的"术"指的是"道路"，后引申为

---

[1] 章士嵘. 认识论词典 [M]. 吉林：吉林人民出版社，1984：49.

"技艺""技术""方法"。武术在历史流变中有着不同称谓:《诗》中称"拳勇";《春秋》称"武艺";战国时称"技击";汉代称"技巧";明清时称"技艺",也称技勇;民国初期称武术,或称国技,民国16年后改称国术;中华人民共和国成立后又统称武术。[1] 因此说,在漫长的历史进程中,不同历史时期对武术概念的表述不尽相同,它的内涵和外延是随着历史的演进和武术的自身规律发展变化的。

(二) 概念演变

逻辑学告诉我们,武术的概念存在以下特征。首先,武术的概念是一个与历史空间坐标相对应的、有序的概念体系;其次,这一概念体系中的每一种称谓均对应某一特定的历史阶段;最后,武术实践的发展是导致武术概念变迁的根源,概念的发展变化与实践的发展变化都是渐进式的、有序的、稳定的。

毋庸置疑,在古代非尚武不足以图存,军事武艺是武术形成、发展的一个重要文化源,两者是你中有我、我中有你的融合关系,可以说,军事武艺对武术的发展起到了巨大的推动作用。但是,军事战争中武艺最重要的表现为群体的阵式、协同、配合等,个人技术的发挥可以忽略不计。戚继光在其《纪效新书》中云:"开大阵,对大敌,比场中较艺,擒捕小贼不同。堂堂之阵,千百人列阵而前,勇者不得先,怯者不得后,丛枪戳来,丛枪戳去,乱刀砍来,乱杀还他,只是一齐拥进,转手皆难,焉能容得左右动跳;一人回头,大众同疑,一人转移寸步,大众亦要夺心,焉能容得或进或退!可谓深明形势,不为韬略之陈言。"而武术却是以个体行为为主,流行于民间,表现为"两两相当",具有自卫、健身、娱乐、表演等多种社会性质。因此,两者在活动特征、价值功能和文化内涵上有着本质的区别。

---

[1] 戚谢. 从认知方式看中华武术的现实意义 [J]. 体育与科学, 1991 (2): 6.

第一章 武术概述

武术作为一种社会文化现象必然要与传统文化因素发生联系，中国古代的哲学、道家、儒家、道教、佛教、民间宗教、戏曲、民俗等，都对其有不同程度的影响和渗透。应该说，古代没有形成明确的武术概念。"武术体育化"是在中西体育文化的激荡中才逐步实现了现代化转型。武术发展至今，"武术体育说"的概念界定可看作是现代武术的狭义概念，狭义概念也恰恰是人们理解和认识"武术究竟是什么"的一个重要逻辑起点。然而，武术不仅仅是一种格斗技击术，也绝不仅仅属于体育，而是一个综合体系，学者们普遍认同这一观点。邱丕相教授认为："从广义上说，武术的定义并不是体育能够涵盖的；从它的功能上来说，也不局限于体育。"也就是说，武术的形态演化最初不是按照体育的轨迹运行的。

据张天白考证，中文的"体育"一词最早是在1897年由日本引入中国并见于文字的。

1932年颁布的《国民体育实施方案》中有一段涉及武术概念的论述："国术原我国民族固有之身体活动方法，一方面可以供给自卫技能；另一方面可作锻炼体格之工具"[1]。

1943年《中央国术馆成立十五周年纪念宣言》中提到，"所谓民族体育者，即我国固有之武术也……不独在运动上具相当之价值，且对于自卫上有显著之功效"[1]。

1961年体育学院本科讲义《武术》中的概念表述为："武术是拳术、器械套路和有关的锻炼方法所组成的民族形式体育。它具有强筋壮骨、增进健康、锻炼意志等作用，也是我国具有悠久历史的一项民族文化遗产。"

1978年体育院系通用教材《武术》中将武术定义为："武术，是以踢、打、摔、拿、击、刺等攻防格斗动作为素材，按照攻守进退、动静疾徐、刚柔虚实等矛盾相互变化的规律编成徒手和器械的各种套路。它

---

[1] 周伟良. 中国武术史 [M]. 北京：高等教育出版社，2003.

是一种增强体质、培养意志、训练格斗技能的民族形式的体育运动"。

1983年体育学院通用教材《武术》中提出，"武术，是以踢、打、摔、拿、击、刺等技击动作为素材，遵照攻守进退、动静疾徐、刚柔虚实等规律组成套路，或在一定条件下遵照一定的规则，两人斗智较力，形成搏斗，以此来增强体质、培养意志、训练格斗技能的体育运动"。

1988年12月的全国体育科学学会全国武术专题论文研讨会上，武术概念被界定为："武术是以技击动作为主要内容，以套路和格斗为运动形式，注重内外兼修的中国传统体育项目。"之后相继出版的体育学院专修教材《武术》的各个版本都基本沿用了这一表述。这一时期对武术概念的定义，虽然涵盖了套路、格斗和武术的本质属性"技击"，但将武术外延中的功法练习排除在外，显然缺乏一定的严谨性。

2000年高等学校教材《武术》中的定义为："武术是以技击动作为主要内容，以套路和格斗为主要运动形式，注重内外兼修的中国传统体育项目。"这一表述也是之前相继出版的体育学院专修教材《武术》中对于武术概念界定的延续。

2009年国家体育总局武术运动管理中心在广泛听取专家意见的基础上，最终将武术定义为："武术是以中华文化为理论基础，以技击方法为基本内容，以套路、格斗、功法为主要运动形式的传统体育。"可以说，此定义奠定了学界对"武术体育说"概念认知的基本格局。

武术的概念，依据"属加种差"以及"内涵—外延"的定义模式，认为，武术是在传统武艺的基础上形成并发展至今的，以具有攻防含义的技击动作为主要内容，以套路、格斗以及围绕在两者之间的功法练习为运动形式，注重内外兼修的民族传统体育。首先，武术继承和发扬了传统武艺的内容，它的博、大、精、深是中国传统文化的一个缩影，"体用一源""内外兼修"正是武术对传统文化受容的特征意涵；概念中，民族传统体育是武术的属概念，反之，武术是民族传统体育的种概念；以具有攻防含义的技击动作为主要内容是对武术内涵的规定；武术有套路、格斗以及围绕在两者之间的功法练习则是对其运动形式的限定。

二、武术概念的本质问题

毛泽东在《矛盾论》中曾指出"任何运动形式,其内部都包含着本身特殊的矛盾。这种特殊的矛盾,就构成一事物区别于他事物的特殊的本质。"[1] 1999年版《辞海》对本质的解释为:"①本来的品质或质地;②与'现象'相对。本质是事物的根本性质,是事物内部相对稳定的联系,由事物所具有的特殊矛盾构成。"[2] 事物的本质决定了其最初的主要价值取向,武术的本质属性是技击,是先民为了解决生存问题而总结和提炼的产物。

古代武术源于冷兵器时代的实战搏杀。明代戚继光《纪效新书》记载,把拳法分为"长拳类"和"短打类",并把技击方法分为"踢"(李半天之腿)、"打"(张伯敬之打)、"摔"(千跌张之跌)、"拿"(鹰爪王之拿),这也决定了古代武术首先是一种格斗术。在战乱频仍的封建社会,作为徒手或手持兵器格斗的方法或技艺,武术的价值取向是"练为战"的攻伐格斗武艺,武术在身后扮演的角色是保家卫国、杀生保命的"贴骨勾当";武术由军事阵战到游技场过渡,武术的价值取向是"去武艺化"的身体技艺。"从先秦《庄子·说剑》到明代'犹恐临敌擎肘'的刀法套路创编,再到清人'相杀如仇焉'的枪法训练,以及各种传统拳种注重的功法练习,都清楚表达了传统武术'练为用'的主体价值观"[3]。由门户再到大众领域的演进属于现代武术的范畴,武术体现了强身健体、修身养性、娱乐表演等多元价值功能,其形态凸显身体文化的意象,武术用于技击、表现技击的历史"出场"逻辑折射了历史不同时期武术所具有的意义和价值取向。

---

[1] 毛泽东选集第一卷[M]. 北京:人民出版社,1991:308-309.
[2] 辞海(1991年版缩印本)[M]. 上海:上海辞书出版社,2002:92.
[3] 周伟良. 简论武术技术特征的历史演化[J]. 北京体育大学学报,2005,28(2):250-252.

三、武术概念的发展趋向

武术概念是随着社会的物质文明与精神文明的发展程度而相应变化的。其概念本身是一个动态发展的过程，没有唯一正确的概念，也意味着没有对错，只是存在一个特定的时空中的表述。

人在不同的阶段受外部因素的制约，对武术的需求不同。原始社会时期，人体最基本的是解决生存，因当时社会经济发展低下，人在生死磨炼中获得最基本的走、跑、跳、投及劈、砍、刺等武术最原始的雏形。封建社会时期，因战争的需要武术高速发展，形成大到千人以上的阵型小到单人格斗，并在血与火的战争中进行洗礼，逐渐发展成各具特色的拳术、器术流派。封建社会晚期，尤其是明清时期，武术经历千年的历史洗礼，其招式、拳术、器术以及哲学理论发展繁荣。民国时期，武术的中华文化受到外土文化的冲击，在国破家亡、社会动荡的大背景下国家提出尚武精神、强国强种的口号，同时，东西方理论文化的大融合促进了武术的发展。从武术自身发展的角度出发，武术不断从最原始的单一格斗术，发展成拳种众多、器术精妙、门派众多，并形成系统化、理论化且独具中国特色的代表性文化。从地域属性看，武术从地域广阔、民族众多、南北地理环境差异的多元化社会文化逐渐发展成带有区域特色、风土人情的地方武术，不同地区武术文化的交流、碰撞与融合共同组成了丰富多彩的中华武术。

武术理论来源于实践，在实践中不断接受检验，进而提炼升华以实现对理论的回应。综上所述，对武术的概念及本质进行梳理和探讨具有一定的理论和现实意义，是一个值得深入研究的问题。

第二节 武术的历史沿革

"武术"一词,目前史料最早见于魏晋南北朝时期的南朝人颜延之[1]所作的《皇太子释奠会作诗》一文,其曰:"偃闭武术,阐扬文令。"文中的"武术"乃指军事而言。然,作为一个属于体育文化范畴并包含多种价值功能的技艺名称的"武术"一词大约起于清末。1908年7月的《东方杂志》第6期引载了同年7月2日《神州日报》的一篇文章,名曰"论今日国民宜案旧有之武术"。文中作者鉴于当时国势荏弱,因而呼吁"欲求强国,非速研究此术不可"。这是目前所见到的最早记载[2]。

一、武术的起源及其先秦形态

武术起源于中国。中国武术是中华民族在长期的生产劳动、与自然的搏斗和冷兵器时代的战争中逐步形成与发展起来的一种体育文化项目,具有健身、护体、防敌、制胜的作用。中国武术的起源可以追溯到原始社会。在漫长的原始社会,伴随着人类文明的出现,武术在远古先人的各种实践活动中开始萌芽与催生。因由武术的技击本质,考察其起源必然从此特征发轫。远古时期,自然环境十分恶劣,在与自然进行斗争的过程中,人们产生了拳打脚踢、指抓掌击、跳跃翻滚等初级攻防手段,后来又学会了制造和使用石制或木制的工具作为武器,产生了一些徒手的和使用器械的搏斗捕杀技能。人类徒手或使用木棒、石头等器具与野兽相搏,可看作一种两两相当、人与自然对抗的竞争行为,可以说原始

---

[1] 颜延之,字延年(384—456年),琅琊临沂人,南朝刘宋时期文学家,与谢灵运、鲍照并称为"元嘉三大家"。该文收录于南朝梁武帝长子萧统组织文人共同编选的《昭明文选》。
[2] 周伟良. 中国武术史[M]. 北京:高等教育出版社,2003:4.

社会的生存状态孕育了武术的胚胎。然而，原始人群为了争夺生活资料、食物、领地所时常发生的争斗以及部落战争的频繁发生，更直接地促进了武术的萌芽。尤其在部落战争中，远距离使用弓箭、投掷器，近距离使用棍棒、刀斧、长矛，凡是能用于捕斗搏击的生产工具都成为了战斗武器。从以上两种情形逐渐演变出武术的雏形状态，即人与兽斗的工具和技能转化至人与人的搏杀，这极力地促进了器械的制作及技击术的产生与提高，在劈、砍、击、刺等基本技术基础上积累出更为丰富的肢体经验。

根据史料和相关民俗学提供的资料，原始社会的人们在狩猎、战事等活动之前或之后，往往要手执兵械而舞。如《韩非子》中记载的"干戚舞"、《诗经》中记载的"象舞"、《左传》中记载的"万舞"，以及"大武舞"等，是对狩猎或战争场景的模拟，人们在武舞中幻想用击刺杀伐的动作来产生一种超自然的力量以战胜对手和敌人。从实际效果来看，它既是对搏杀技能操练的形式，更是宣扬武威的手段。可以说，武舞是原始社会时期，集宗教祭祀、教育、娱乐，以及搏斗训练于一体的活动方式，它是原始社会多位一体的文化形态重要组成部分，也是武术最主要的原生形态。

在军事战场上，从商周时期车战为主、春秋时期车步并用到战国时期步骑为主的作战方式的变化，对士兵的作战技能和作战素质提出了更高的要求。这就加速了"角力""手搏"等两两相当的武技活动的发展。并且春秋战国时期百家争鸣的文化繁荣促进了武术理论的建构，如《庄子·说剑》《吴越春秋》的"论手战之道"等。

先秦时期的武术活动从社会生活和军事战争中分化出来，在多种文化影响下，逐渐形成自身的基本样式，民间武风亦盛，武术理论初始构建。武技的社会功能向多元化散发，搏斗技击向多样化发展，技击意识向自觉性、理论化倾靠。因此，武术的初始形态具有了相对独立的活动特点和文化属性。

二、秦、汉、三国时期的武术

秦、汉、三国时期是中国封建社会的上升时期，政治、经济、文化的繁荣为武术的发展创造了积极的条件。秦统一六国后，为维持国家统一和专制皇权，采取收缴天下兵器，在民间实行禁武的举措。而汉朝由于受到北方匈奴的侵扰，因此十分重视武备和军事训练，"兵民合一"的尚武之风盛极一时。由于作战形式的需要，刀开始取代剑在军中的地位，到三国时期，刀已经成为军队中最主要的短兵器。而随着剑向民间的流传，使得剑术在非军事用途上更为发达。

角抵项目快速发展。先秦时期，作为诸侯"戏乐"的角力活动，在秦代正式更名为"角抵"。作为一种徒手竞技，主要以摔法和体力来进行较量，功能主要用于娱乐，"习手足，便器械，积机关，以力攻守之胜者也"（《汉书·艺文志》）。同时，角抵进入宫廷，成为统治者的享乐手段，具有了表演功能。从出土的秦代木梳上的漆画可以看出二人摔搏，还做判定输赢，这也是角抵内容之一。刘邦建立汉朝之初，曾经一度禁止角抵，到了汉武帝刘彻，由于他的喜好和提倡，角抵又开始盛行。汉代把包括杂技、舞蹈、魔术、角抵等技击活动统称为百戏。由于角抵在其中占有重要地位，所以角抵被称为"角抵戏"。汉代有三百多人参加角抵活动的记载，角抵内容也较为广泛，包括徒手和持械，古籍曾载当时的将军邓晨可"空手入白刃"。三国时更是出现女子摔角活动，并正式更名"相扑"。

器械的发展尤其体现在剑的演变与刀的出现。剑是我国古代一种地位和权力的象征，体现身份的尊贵。汉代的剑术发展有几个特点，一是剑术成为一项专门学问，此时的佩剑之风不仅仍然盛行，而且精于剑术的人很多，特别是文人学士；二是剑术研究有了初步的理论性总结和概括；三是一定程度上可供人观赏又可致人于死命的武技，如项庄、项伯的"剑舞"不是一般的武舞，是为剑术套路的雏形；四是出现了竞技形式的对抗性斗剑，如曹丕与邓展的"以蔗为杖"。剑的弱点在于重量较轻，容易折断，只能击刺但不能大力砍杀，面对身穿盔甲的敌人，剑的威力（杀伤力）受到限制。由此，剑退出军事舞台的核心地位，被刀取代。汉代时冶金术有了很大发展，武器的长度比秦朝有较大提高。东汉起，刀取代剑，成为整个封建时代最普及的兵器。佩刀的制度和佩剑的制度一样严密，东汉时天子百官的佩刀形制及装饰都有明确规定，谁都不许逾越。秦汉三国时期，钢刀的数量增加，制作质量越来越高。两汉时刀不但开始在军队中成为主要武器装备，社会佩刀习俗也开始出现，东汉晚期墓中的农夫俑也都环首铁刀。环首铁刀自汉代兴起后不久即通过朝鲜半岛传入日本，汉刀传入日本对日本后世的剑道影响深远。

秦汉三国时期的武术除了上述角抵、手搏和兵器的发展外，此时期还出现了许多与武术有关的理论著述，如曹丕《典论》和《汉书·艺文志》兵技巧十三家中，收入了《手搏》6篇、《剑道》38篇，以及《居延汉简甲编》中"相错畜，相散手"的记载。同时，作为对习武者行为规范的"武德"也开始有所记述。《史记·太史公自序》中写道："非信廉仁勇，不能传兵论剑。"练剑习武"内可以治身，外可以应变，君子比德矣"，把练剑习武与人的德性联系起来。这是第一次正式提出对习武者有关"德"的要求。因此，该时期武术的发展特点主要有：刀渐而取代剑的军事地位，剑的非军事用途进而发展；角抵、手搏等技术进一步发展，成为进行娱乐观赏的百戏，武术活动呈现艺术化的发展趋向；武术理论著作的出现和武德内容的提出，使武术理论得到了大发展。

三、两晋、南北朝时期的武术

两晋南北朝时期是中国朝代更迭频繁、社会持续动荡的时期，连续不断的战争，促进军事武艺的快速发展，民族间的武艺得到广泛的交流。三国时期司马氏作为曹魏世族，在高平陵事变后掌握魏国政权。司马炎篡位后于公元280年统一中国，史称西晋。晋惠帝继位后朝廷渐乱，诸王侯纷纷争权，史称八王之乱，西晋在元气大伤后，最后于公元316年灭亡。北方进入五胡十六国时期，司马睿于建康建立东晋。东晋皇权低落，主要由世族掌权，其心怀野心，又造成王敦之乱、苏峻之乱及桓温专政。公元383年前秦出动举国之师，意图灭亡东晋，东晋君臣一心，淝水决战后前秦崩解，谢安、谢玄等人成功地收复大批失土。然而，后期又发生朋党相争及桓玄篡位，最后刘裕崛起，平定诸乱，并夺得皇位，历史进入了南北朝时期。

两晋南北朝是一个战乱普遍、异常混乱的时代，大量少数民族涌入中原。由于民族迁徙杂居，文化交流频繁，不同地区、风格各异的武术相互渗透与吸收。既是战乱动荡不断的时期，也为民族大融合创造机遇，这一特殊的历史背景使得武艺在军中和民间都得到了广泛交流和快速发展。另外，偏安南方的汉族政权多享乐苟安，崇尚声色玩乐，使得娱乐性的武术有了较大进步，如当时流行角抵戏、刀楯表演、刀剑表演以及武打戏等。同时，武术在与文化的交融中开始同佛、道相联系，并逐渐与道教的神仙思想和法术相结合。当时人们期望通过炼丹追求长生不老的思想也对武术的发展产生了一定的影响。自晋朝开始，角抵开始称为"相扑"，角抵相扑在宫廷中间开展普遍，《北齐书·孝昭帝纪》记载"诸贵戚家角力批拉，不限贵贱"，批意为打，拉即是摔。同时，民间角力活动也同样兴盛。

两晋时期，兵制推行"世兵制"，世兵制度一是指兵民分离（兵民户籍各别），二是兵家终生为兵、父死子继、兄终弟及（非皇帝特准，不得改变其身份），形成一个以当兵为世业的职业兵阶层。这一时期作战方式以骑兵居主导地位，骑兵作战主要运用矛等长兵器，战场上出现了两手使用不同兵器作战的技术。刀盾结合成为一种专门性的技能。在兵器上，晋代兵器以重矛与枪为主，戟已降为仪仗用品，在战术上，晋代开始使用重装甲骑兵战术，当时重装甲骑兵虽不比步兵多，但也出现了动用铁骑万余的情况。两晋南北朝的战场上，稍（槊）开始逐渐取代戟，成为骑战中最主要的长兵武器。《释名·释兵》记载"矛长丈八尺曰稍，马上所持"。稍是北方鲜卑等族的惯用兵器，频繁的战争客观促进了稍矛技艺的普及与发展。而《马槊谱》一书的问世，奠定了古代长兵技艺从技术到理论的成熟，其编纂者为梁朝简文帝萧纲。我国古代骑兵发展史进入一个新的阶段，出现了注释性的"兵书"，可惜的是这段时期现存的兵书不多，未能将其间的战争经验总结出来。

南北朝时期武术的表演性功用又得到进一步发展，徒手的拳技活动开始有了个人演练的历史记载。《魏书·奚康生传》记载"康生乃为力士舞……举手踏足，瞋目颔首，为杀搏之势"。徒手的手搏与角抵活动在这一时期有更广泛的开展，武术表演成为宫廷娱乐项目，晋代文学家傅玄的《矛俞》《剑俞》是对矛舞和剑舞的赞美诗作。

两晋南北朝时期的武术发展是在军事战争、民族融合的社会背景下不断演进变化，北方少数民族大量涌入中原，促进了文化的交流，南北武术也得到了相互交融，武术的表演娱乐性功能得以彰显繁荣。

四、隋、唐、五代时期的武术

公元589年隋朝灭陈，统一中国，结束了魏晋南北朝数百年来的分裂局面。进入唐朝，社会经济文化更为发达，中国封建社会进入空前繁盛的历史阶段。公元907年，朱温灭唐称帝，国号"梁"，以此为标志中国历史进入五代十国时期。五代即北方地区出现的五个政权：后梁、后唐、后晋、后汉、后周。十国（902—979年）是在唐朝之后，与五代几乎同时存在的十个相对较小的割据政权的统称。其中南方有南吴、南唐、吴越、南楚、前蜀、后蜀、南汉、南平（荆南）、闽国九个政权，北方一个为北汉。

隋唐时期，经济繁荣，文化开放，武术文化形态得到了迅速发展。唐朝承隋朝继续推进与完善府兵制，形成"寓兵于农""兵农合一"制度，并于武则天长安二年，即公元702年建立了武举制。武举制是古代选拔军事人才的考试制度，考试内容有四大类十大项，包含射箭、马枪、测力、材貌。这种用考试选拔武勇人才的办法极大地促进了武术的发展。唐朝时徒手格斗技艺的角力、角抵、手搏、相扑等开展亦十分兴盛，并且出现了专门记载角抵的著作《角力记》。作者调露子，五代时期人，全书分为五大部分，分别对角抵活动的目的作用、名目衍变和历史出处做了详细全面的记述。同时，这一时期随着中日两国的交流，唐代中国相扑东传日本的史料更为确凿，对后世日本武道的发展做出了贡献。

唐朝的军中以枪为战阵的主要兵器，唐代的枪有白杆枪、木枪、漆枪、朴枪四种，枪技出现了"避枪""夺枪"的技能。而刀在南北朝后作为军队的主要武器，至唐代主要有四种，据《唐六典》卷16记，刀制有四：一曰仪刀，二曰障刀，三曰横刀，四曰陌刀。此外，唐朝时击剑和剑舞的活动得到空前的发展，著名诗人杜甫的《观公孙大娘弟子舞剑器行》一诗即为例证。此时，剑制已由刀制取代，剑完全退出了正式战争的舞台。然而剑在民间却发达起来，并过渡到方法复杂，具有自卫、健身、娱乐、表演多种功能的新时期。

隋、唐、五代时期的武术特征表现为：第一，隋唐两朝的外患（与突厥、吐蕃、回纥等的战争）、藩镇内乱、农民战争及五代的战乱推动了军事武术的进一步发展，各种射艺和长枪术深受重视，陌刀广泛使用于战场。第二，民间武术蓬勃发展，如击剑、舞剑、角力使枪、翘木等活动在民间兴盛，尤其角力在各地不仅形成定期活动，而且竞争激烈，规模宏大，高手辈出，技艺向轻捷趋势发展。第三，武举制创立，作为古代朝廷选拔军事武艺人才而设置的一种考试制度，广泛推动了民间武术的传播。

五、宋、元时期的武术

公元960年后周大将赵匡胤发动"陈桥兵变"，建立宋朝，史称北宋。公元1115年东北女真建立政权，北宋被迫于高宗建炎元年1127年迁都临安，史称南宋。公元1279年，崛起于蒙古的元政权灭亡南宋，重新统一中国。

宋元时期,辽金西夏并立,民族矛盾尖锐,战争频繁,各统治者都十分重视武备,军事武艺有了较大发展,推动了武术活动的发展。不仅军事训练规范、系统,而且兵器种类大增,形制复杂,除了常用的弓、弩、刀、枪外,还有铜、棒、鞭、斧等,这为后世民间武术器械的丰富和技艺的提高创造了条件。南宋人华岳在其《翠微北征录》中记载了"武艺一有十八,而弓为第一"的内容,这也是有关"十八般武艺"可见的最早记载。此外,民间枪棒技术得到发展,出现了"杨家枪""李铁枪"等记载,以及"使棒"一词。

宋代除了武学、武举等制度外,非常注重军队中武艺的训练,出版了军事兵书《武经总要》和《武经七书》。《武经总要》共40卷,分上下两册,《武经七书》即《孙子》《司马法》《尉缭子》《六韬》《吴子》《三略》《唐李问对》七种兵法,是武举必读之书,是我国古代兵书史上的第一部军事丛书。宋代军队中的武艺表演对唐代的继承与发展进行了改善,宋代宫廷中的武艺表演沿袭唐代的体制,"乐章固当易以新词,式遵旧典",宫廷舞蹈分为文舞和武舞,出场顺序为文先武后,相扑表演亦相当盛行。宋朝时表演武艺的兴盛使得"套子"武艺开始大量出现,不仅军中有"套子"表演,且由于商业的繁荣,在市井游艺场所的"瓦舍""勾栏"中,武艺表演也丰富多彩。这些按规定程式和动作进行的武艺表演,对后世武术及其表演化方向的发展影响深远。

两宋时期,民间结社组织广泛开展。因边患不断,外敌入侵,乡村民间成立"弓箭社"、抗金组织"忠义巡社"及山东、河北一带的"棍子社"等。此外,城市结社组织也大量出现,如"角抵社""相扑社""英略社",受城市工商行会的影响,这些结社组织大都以健身娱乐为其主要目的。此时,相扑、角抵在宋代称为"争交"或"角力","使棒""使拳""路岐人"等成为一大特色。成吉思汗统一蒙古后,先后消灭了西夏、金国和南宋,建立了元朝。元朝是少数民族执政,为了防止各族人民的反抗,在强化朝廷习武练兵的同时,严禁民间习武,并制有禁律,在很大程度上阻碍了武术在民间的发展。然而，元代兴盛的文艺戏曲中的武打戏使武术在舞台艺术上发展到一个新高度，客观上为明清舞台武术的巨大成就奠定了基础。杂剧最早见于唐代，泛指歌舞以外诸如杂技等各色节目，到了宋代掺杂了许多武打戏的成分，成为了一种新表演形式。此外，《宋元话本》笔记小说中也记载了大量武艺活动，甚至出现了以专讲侠义英雄故事为主的"杆棒"话本。

宋元时期是中国古代武术的成熟期，主要表现在以下几个方面：一是宋代史料正式出现武术"套子"的记载，套子的出现是中国武术发展成熟的标志；二是出现了冠以姓氏名称的枪法，说明武术技术有了新的文化发展；三是出现了有组织、有规则、有奖品的拳棒擂台赛。

六、明、清时期的武术

从公元1368年明朝的建立到1644年清军入主中原，再到1911年辛亥革命推翻满清政府，结束了封建帝国统治的百余年后，武术发生了巨大的变化。随着火器在军中的出现并逐渐占据优势，武术与军事武艺逐渐分离开来，并在更为广阔的民间开花结果，迎来了武术的集大成发展时期，武术文化的完备形态也在此时期最终成形。明清时期是中国古代武术的繁荣期，武术技术体系和理论体系都得到很好的发展和完善[1]。主要表现在四个方面：①拳种大量涌现，门派林立，出现少林寺等武术圣地；②武术和气功发生文化交叉，内外兼修的武术活动更加完善；③有关武术的著作大量问世，形成以阴阳五行学说为基本框架的理论体系；④武术与军事武艺在技术和理论上的分野越来越多。

明代开始，武术套路正式出现，套路形式对练武作用很大，是训练中不可缺少的重要手段，武术套路的存在，也是中国武术区别于其他民

---

[1] 张继生，周佳睿，柴龙铣. 明清武术演变历程及其特征分析 [J]. 搏击·武术科学，2014，11（6）：3-5.

族武术的重要标志。随着时代的发展、社会的需要，武术的作用呈现出多样化，也体现出了社会价值，武术与社会之间的关系越发密切。随着社会环境的变化，为武术流派的形成与发展提供了一定的条件。武术拳术流派是一种重要的武术现象，武术流派即拳法和器械中有了不同风格、特征和内容的若干派别。在明清时期，不同风格流派的拳术和技击精华主要是通过套路表现出来的，这为武术流派的形成奠定了一定基础，也是明清武术快速发展的重要内因。在中国传统文化土壤中孕育、发芽、发展起来的中国武术，不仅接受中华传统文化的熏陶，还汲取了中国传统文化的精华。尤其是清代，武术与传统文化的融合更加广泛，注重在中国传统文化的基础上规范拳械技术、完善流派体系、升华武术理论。

清代以后，拳种名称更加繁多，且出现了少林寺这样的习武圣地。同时形成了以套路为习武入门的练武方法，以克敌制胜为价值追求的练武目标，充分反映出中国武术文化的精神，对延续传统武术有着深远影响。此时，古代气功与武术发生了文化交叉，这种交融体现在两方面：第一是把习武和练气结合在一起，形成新的拳种；第二是把练气作为习武的一个有机组成部分，形成了武术内功这个特殊方式。这对于新拳种的出现、武术文化的交流、丰富武术内容、推动武术普及，无疑起到重要的作用。

古代武术理论体系在明清时期基本形成，体现在武术理论和古典哲学文化的结合。一是借用古代太极阴阳五行和八卦理论学说及词汇；二是各家拳种形成趋于相近的从择徒到训练等方面的理论；三是有关武术理论的著作不断问世。如戚继光《纪效新书》、俞大猷《剑经》、程宗猷《耕余剩技》、唐顺之《武编》、吴殳《手臂录》、黄百家《内家拳法》、苌乃周《苌氏武技书》、张孔昭《拳经拳法备要》、王宗岳《太极拳论》和《十三势解》等。清代太极拳论的出现，标志着中国古典哲学文化与武术文化的最终契合[1]。明清武术受传统文化的滋养，既总结前人的经

---

[1] 周伟良. 中国武术史 [M]. 北京：高等教育出版社，2003：98.

验集百家之所长，又提出了"内外兼修""形气合练"等思想和见解。自此，武术由军事转入民间，其功能也呈现多样化发展的趋势，随着义和团运动的失败及武举制的废止，传统军事武艺历史终结。

七、民国时期的武术

1911 年辛亥革命结束了两千多年的封建帝制时代，伴随列强入侵和内战动荡的时期，西方文化的涌入，各种思潮的侵袭，迅速瓦解传统社会的经济、制度、文化结构，冲突与碰撞、冲击与变革成为这个时代的变奏交响。对于中国武术而言，传统军事武艺退出舞台，民间武术开始朝体育化变革。

武术进入了学校，成为学校体育课的重要内容。辛亥革命后，一些进步人士在《教育杂志》上阐述了武术的作用及功能价值，并提出了在学校体育中增设武术的教学内容，1915 年 4 月在天津召开的"全国教育联合会"上通过了增设武术教学内容的决议："各学校应添授中国旧有武技，此项教员于各师范学校养成之。" 1918 年 10 月在教育部召开的全国中学校长会议上通过决议，全国中学一律添习武术，这标志着旧时基本衍传于乡村市井的武术活动正式进入学校，成为学校体育课程中的重要内容，从此结束了 20 多年"军国主义教育"及主要表现形式的"兵式体操"在学校教育中的影响力。随着武术回归学校，武术师资的需求也不断增加，教育部门重视对武术师资的聘用和培养。采用直接聘用民间拳师、从武术社团聘用武术教员、各级国术馆和体育专门学校培养来获得武术师资。

《中华新武术》是一套将中国传统武术与西式兵操分段分节地配以口令所结合编制的教材总称。1911 年马良任陆军第九协统驻扎山东潍县时借助商团的支持，邀请一些武术名流将他所传习的"马氏体操"整理成教材，定名为《中华新武术》，分率角科（摔跤）、拳脚科、棍术科、剑术科。1914 年，马良任陆军 47 旅旅长兼任济南卫戍司令时，再次邀请武术名家修订了《中华新武术》，绘制了图片并附以口令，由上海商务印书馆出版了上册，下册却未见出版。中华新武术凸显了武术之新，促使传统武术向近代体育转型，积极有效地推动了武术的发展与普及。马良却因其个人在抗战时的媚日投敌的行为成为民国武术有着负面影响的一段历史，中华新武术最终在历史的浪潮中昙花一现。

武术活动组织化是民国武术的一大特点，民国的武术组织最为著名的一是隶属官方的中央国术馆，二是民间自发组织的武术社会团体，如精武体育会。

中央国术馆的兴起与没落：①兴起与完善。1927年下半年，原属于冯玉祥部下的将领张之江脱离军界就职于南京政府。1928年3月15日，国民政府颁布了174号批准案，成立了国术研究馆，后经研究于6月改为中央国术馆。②宗旨与活动。中央国术馆以"提倡中国武术，增进全民健康"为宗旨，其任务是"研究中国武术与体育，教授中国武术与体育，编著关于国术及其他武术之图书，管理全国国术事宜"。③发展与尾声。围绕宗旨中央国术馆开展了国考活动，第一届全国国术考试于1928年10月在南京公共体育场举行，选手包括各省选派人员和中央国术馆师生近400人，分预试和正试。预试是单人表演，正试是两人对抗比赛；第二届国术国考原定于1931年举行，因"九一八"事变而延期，于1933年10月在南京公共体育场举行，共有21个省市的438人参加了考试，这次国考的预试有了评分细则，对抗比试有了统一的护具，还增设了搏击比试，以及女子对抗比试。1936年在德国柏林第十一届奥运会上，中国体育协进会负责筹组中国体育代表团，该会决定派国术表演队随团前往德国表演，经过选拔，组成了11人的国术表演队。于6月26日随同中国体育代表团一道从上海启程，7月23日到达柏林，国术表演队先后在柏林、汉堡、法兰克福和慕尼黑等地进行了表演，反应强烈，不少项目都返场表演多次。国术队的表演既向世界体坛展示了中国武术的风采，也为中国代表团增添了光彩。国术馆在抗日战争爆发后相继停办，中央国术馆在迁移过程中，政府停发经费，教职员工和学生生活十分困难，多数教师和学生沿途离去，自谋出路，于1948年宣告解散。

精武体育会简称"精武会"，其前身是以陈英士为首的同盟会骨干诚邀霍元甲创办了精武体操学校，由刘振声、赵汉杰为教练培养武术人材。1910年，在霍元甲弟子的倡导下将精武体操学校改为"精武体操会"，霍元甲病逝后，"精武体操会"陷于停顿状态，后在陈公哲的号召下，将"精武体操会"改作"精武体育会"。精武体育会成立后，以"提倡武术，研究体育，铸造强毅之国民"为主旨。1915年前，精武体育会的主要工作是推广武术，此后逐渐增至兵操、文事、游艺等其他内容，后开始发展世界各地的分会。1932年日军捣毁了精武会总部，直至抗战胜利后，精武体育会在上海才得以重建。以精武会为代表的民间武术团体，改变了传统武术单一的家传或师徒传承的主要模式，其创办的刊物、书籍，使武术产生了广泛的社会影响，推动了中国武术在近代的发展。

八、中华人民共和国的武术

中华人民共和国成立后，武术运动发展非常迅速。1950年，中华全国体育总会召开了武术工作座谈会，倡导发展武术运动。1953年在天津举行了以武术为主要内容的全国民族形式体育表演及竞赛大会。1957年国家体委将武术列为体育竞赛项目，并组织整理出版了"简化太极拳"和一批长拳类拳械套路，这些套路成为在群众和学校中普及武术的基本教材，促进了技术规格的统一。1958年，中国武术协会在北京成立，并于同年起草制定了第一部《武术竞赛规则》，编定了拳、刀、枪、剑、棍五种竞赛规定套路。规则的制定推进了武术训练的系统化、规范化和科学化，促进了武术运动技术水平的提高。与此同时，在国家体委统一指导下，各地相继建立了各种武术组织，形成了广泛的群众性的武术活动网，武术社会化程度极大提高。

然而，由于缺乏经验、组织不健全等原因，中华人民共和国成立后不久武术界也出现过一些混乱现象。与此同时，竞技武术由于过分追求空中动作和艺术效果,在某种程度上破坏了武术的风格特点与套路结构,没有真正地继承和发展传统武术。至党的十一届三中全会才给武术运动带来了新的生机,1979 年,国家体委发出了《关于发掘整理武术遗产的通知》,在随后几年对武术的调查研究和挖掘整理中,查明了全国"源流有序、拳理明晰、风格独特、自成体系"的拳种达 129 个,这项挖掘工作对武术事业的继承与发展产生了重大影响。

1982 年 12 月,在北京召开了首次全国武术工作会议,这是中华人民共和国成立以来最重要的一次武术盛会。会议总结了三十几年来武术工作的经验,提出了武术的方针任务和措施,为武术工作指明了方向。其后,各种武术组织蓬勃兴起,据不完全统计,各种形式的武术馆、站、社、校就有一万多个,各种形式的辅导站、教拳点数以万计,全国参加武校活动的群众约 6000 万人。国家体委还于 1991 年在全国范围内开展了评选"武术之乡"的活动,进一步推动了群众性武术活动的开展。武术运动进入大、中、小学课堂,走进军营、农村的武术活动也日益活跃。不少地方甚至"武术搭台,经贸唱戏",积极开发武术资源,如 1988 年在杭州举行的中国国际武术节,就是融体育、文化、贸易、旅游于一体的国际盛会,展示了武术丰富的内涵和迷人的魅力。本着"积极、稳妥"的精神,散打运动通过十年定点试验,于 1989 年被批准为体育正式竞赛项目,使武术的攻防格斗技术在比赛的实践中得到检验和发展。为了适应"全民健身"的需求,1994 年,国家体委武术运动管理中心出台了"中国武术段位制"并于 1998 年正式全面启动。与此同时,武术的学术研究也蒸蒸日上。自 1987 年首届全国武术学术研讨会在北京召开后,每年一次的研讨会极大地促进了武术理论研究广泛而深入地开展。

1996 年,国务院学位办公室正式批准了体育学设立武术学科专业方向博士学位点。1997 年上海体育学院开始招收民族传统体育专业(武术学科)的博士研究生,这标志着武术作为一门学科迈入了学术领域的研究殿堂。作为民族传统体育,它与体育教育训练学、运动人体科学、体育人文社会学并列为体育学科的四大专业门类。截至目前,武术与民族传统体育学科的发展蒸蒸日上，武术学科体系、学术体系、知识体系、话语体系的建设正在社会主义新时代中稳步前行。

中国武术在国际上的影响力和发展水平在与日俱增，1960年中国武术队随中国体育代表团赴捷克斯洛伐克参加该国第2届全运会"友谊晚会"的表演。同年年底，又随同周恩来总理率领的访缅友好代表团赴缅甸作巡回表演，由此揭开了新中国时期武术对外交流的序幕。20世纪70年代，中国武术代表团作为中国人民的文化使者于1974年6月应邀出访墨西哥、美国；同年9月，中国少年武术代表团出访日本。具有独特文化艺术魅力的中国武术，一时间在国际上产生了强烈的反响，纷纷成为各地新闻媒体的关注热点。1982年起，我国一些优秀武术教练员分批应邀赴海外进行援外教学，培养武术运动人才，同时，还先后在国内一些地方及韩国、马来西亚等地举办了一系列武术运动员、教练员、裁判员培训班。另外，一些体育学院也承担了培养外籍武术学员的工作，前往陈家沟、少林寺等民间武术胜地进行学习参观的海外武术爱好者纷至沓来。尤其是改革开放以后，武术的对外交流日益频繁，足迹遍及五大洲，为武术运动在世界的传播奠定了基础。

如今，中国武术在新时代文化走出去的国家战略下，作为文化名片和品牌，正受到越来越多外国人的喜爱。把武术推向世界，扩大中华武术在海外的影响，显示了中华民族各族儿女的家国情怀和智慧力量，这对发展国际间文化交流、增进世界各国人民之间的友谊、促进人类命运共同体的构建有着深远的意义。2020年1月8日在瑞士洛桑举行的国际奥委会执委会会议上，通过"将武术列入2022年在塞内加尔首都达喀尔举行的'第4届青年奥林匹克运动会'正式比赛项目"。这是武术首次成为奥林匹克系列运动会的正式比赛项目。从1936年的柏林表演到2020年的奥运项目，八十四年的武术发展可谓是中国社会的历史写照，让我们一起期待中华武术在世界的舞台上更为壮丽的表现吧！

第三节　武术的内容分类

中国武术历史悠久，源远流长，其内容之丰富、形式之多样、种类之繁多是任何体育项目所不能比拟的[1]。1982年武术挖掘整理调查表明，武术中"源流有序、拳理明晰、风格独特、自成体系"的拳种多达129个。对博大精深的中国武术拳种流派进行划分，历史上有多种区分方法，分别形成于不同历史时期，散见于有关古籍和史料之中。目前，具有代表性的武术内容分类法，主要包括传统分类法和现代分类法。

一、传统分类法

若干拳种以某一共性特征为标准归合为群，称为流派[2]。流派的产生是武术走向成熟的标志之一。传统意义上，武术流派的分类观念为人们研究武术的技法特征、了解武术的区域分布以及武术的传播起到了一定的作用。历史上关于武术流派，较有影响的有以下几种说法。

（一）长拳与短打

明代戚继光《纪效新书·拳经捷要篇》有"宋太祖有三十二势长拳"记载，包括"踢"（李半天之腿）、"打"（张伯敬之打）、"摔"（千跌张之跌）、"拿"（鹰爪王之拿）等不同技术种类。唐顺之《武编·拳》云："长拳变势，短打不变势。逼近用短打，若远开则用长拳。"明代程宗猷《耕余剩技·问答篇》也记载"长拳有太祖温家之类，短打则有绵张任家

---

[1] 单锡文. 中国武术分类研究 [J]. 天津体育学院学报, 1995 (3): 72-76.
[2] 康戈武. 中国武术实用大全 [M]. 北京: 中华书局, 2014: 9.

之类"。1937年，技击学会编著的《国术大全》将"长拳"作为一个独立的拳种，与其他拳种并叙。所谓长拳是相对于短打而立名，将拳法分为"长拳类"和"短打类"。1949年中华人民共和国成立后，以传统查、华、花、红、炮、少林等拳种创编规定长拳等套路。由此而论，明代已有长拳称谓及太祖长拳、温家长拳等不同类别。

（二）内家与外家

"内家拳"源头可追溯至明末清初黄宗羲（黄梨洲）为浙东武术家王征南先生所撰《王征南墓志铭》中写到的"少林以拳勇名天下，然主于搏人，人亦得以乘之。有所谓内家者，以静制动，犯者应手即仆，故别少林为外家"。可见，明清之交的"内家拳"仅是一个拳种而已，而"外家拳"仅指少林拳。民国时期发展为"凡主于搏人""亦足以通利关节"者，概称为"外家拳"；凡注重"以静制动""得于导引者为多"者，概称为"内家拳"。清代发展起来的太极、形意、八卦，被称为"内家拳"三大拳种。

（三）少林门与武当门

按照武术的代表门类划分，传承于河南登封市嵩山少室山佛教名刹少林寺的武术门类被称为"少林门"。"少林门"以传习少林拳棒而得名，少林武术自明代后期逐渐向套路化方向演进，并被固定衍传下来，形成了众多的拳械套路。据目前不完全统计，少林武术的套路就有五百多套。而主要传承于湖北十堰市道教圣地武当山的武术门类被称为"武当门"，1928年3月成立的中央国术馆，曾一度依照这种民间分类和称谓，将教学内容分为"少林门""武当门"，自上而下推广武术。

（四）南派与北派

按中国地域的划分，中国武术有南派和北派之别，见于民国时期陆师通、陆同一编著的《北拳汇编》等书。此说在民间较为流传，亦有"南拳""北拳"之说，它是以流传地域为基础，以地缘文化为纽带，并受地理人文环境的影响而形成的观念。南派武术与北派武术各有千秋，其中，南派武术以拳法见长，北派武术腿法丰富。

所谓"南拳北腿""东枪西棍"，是流传于不同地域的武术，风格特征迥异，因而划分为不同流派。黄河流域以北的地区，武术的技术风格，以腿法见长、架式大、多蹿奔跳跃，节奏鲜明。因北方多平原、草原，地广人稀，一望无际，故有"拳打四方"一说；长江流域及其以南地区武术的技术风格则手法多、桩步稳、拳势激烈，并常以发声吐气助发力。因南方多丘陵、山地且水道纵横，素以"拳打卧牛之地"著称。这也客观地反映出地域性差异影响了武术不同技术特点和风格的形成。

此外，根据地域武术文化研究，还可以把武术按照历史人文和行政区划分为燕赵武术、齐鲁武术、中州武术、秦晋武术、荆楚武术、吴越武术、关东武术等；根据姓氏可分为杨家枪、马家枪、石家枪、洪家拳、刘家拳、蔡家拳、李家拳、莫家拳等拳法。

应该说，早期武术流派明显受军事武艺的影响，为古代武术发展的一个重要文化源。军事武艺以古兵器为标志，兵器的种类主要分为长兵、短兵和远兵，历史上出现的"十八般兵器"就是一证。随着火药武器的出现，冷兵器退出历史舞台，明清之交出现了大量武术拳种和门户林立的局面。戚继光"三十二式长拳"就是吸取民间十六家拳法之长而创立的，而《纪效新书》也成为后世武学经典的不刊之论。

二、现代分类法

武术发展至今，在内容和形式上已经有了很大发展变化。其中，按照运动形式和价值功能的分类方法，是目前普遍认同的分类方法。这两种分类方法都是建立在对武术概念理解的基础之上，或按其运动形式或按社会领域对武术的需求进行划分的。按运动形式分类，武术包括套路运动、格斗运动、功法练习；按价值功能及所在领域分类，可将武术分为学校武术、大众武术、竞技武术、实用武术等。

（一）按运动形式分类

1. 套路运动

"拳为诸艺之源"。在古代军事武艺中，拳械套路作为军队"习手足、便器械"的形式存在并在军事训练中孕育、发展起来。简单来说，套路运动就是指将单个动作或具有攻防含义的技击动作，按照一定的格式和运动规律组成的成套练习，是一种相对稳定的并且程式化的锻炼形式和表现形式。套路运动的内容有拳术、器械、对练和集体演练。

（1）拳术

拳术是以踢、打、摔、拿等攻防格斗动作为素材，按照攻守进退、刚柔虚实、动静疾徐等矛盾变化组成的徒手演练的成套动作，包括长拳、太极拳、南拳、形意拳、八卦掌、八极拳、通臂拳、劈挂拳、翻子拳、地躺拳、象形拳、少林拳、戳脚等。在武术竞赛中，可分为长拳、太极拳、南拳和其他拳术（其他拳术又可分为四类：传统一类有形意拳、八卦掌、八极拳；传统二类有通臂拳、劈挂拳、翻子拳；传统三类有地躺拳、象形拳；传统四类有查拳、花拳、炮拳、红拳、华拳、少林拳、戳脚等)。

　　长拳是拳术中的一个类别,它是在吸取了查拳、华拳、红拳、花拳、炮拳及少林诸拳种之长的基础上形成的。主要包括拳、掌、勾三种手型,弓步、马步、仆步、虚步、歇步五种步型,拳法、掌法、肘法和屈伸、直摆、扫转等腿法,以及平衡、跳跃、跌扑、翻滚动作。

　　太极拳是一种柔和、缓慢、轻灵的拳术。太极拳以掤、捋、挤、按、采、挒、肘、靠的八种劲法和进、退、顾、盼、定的五种步法（亦说眼法）组成的十三势基本的动作方法构成套路。目前广为流传的太极拳有陈氏、杨氏、吴氏、武氏、孙氏、武当、赵堡等不同流派。尽管不同流派的太极拳风格各异,但均不离传统文化的太极之理。

　　南拳是流传于中国南方各地诸拳种的统称。南拳拳种流派颇多,按其地域分布有广东南拳、广西南拳、福建南拳、浙江南拳、湖南南拳、湖北南拳、四川南拳、江西南拳等。其中广东南拳有洪、刘、蔡、李、莫五大家；福建有五祖拳、永春白鹤拳；广西有屠龙拳、小策打；湖北有洪门拳、鱼门拳、孔门拳；湖南有巫家拳、岳家拳、薛家拳；浙江有黑虎拳、金刚拳等。

　　形意拳又名"心意拳""心意六合拳"等。此拳以"象其形,取其意""心意诚于中,肢体形于外""形与意统",故名形意拳。形意拳是以三体式为基本桩法,以五行拳、连环拳、六合、八式、十二红锤、杂式锤、八字功、十二形等为基本拳法组成的拳术套路。形意拳分为山西、河南、河北三大流派,有三种不同的技术风格。

　　八卦掌是一种将攻防技术融合于绕圈走转之中的拳术。以桩功和行步为基本功,以绕圈走转为基本运动形式,步法变换以摆扣步为主,并包括推、托、带、领、扳、截、扣等技法。

　　八极拳是以挨、傍、挤、靠等贴身进攻为主的拳术,又称"开门八极拳""八技拳""巴子拳"等。所谓"开门",即为破开对方门户之意。"八极"意指最边远的地方。从其风格来看,发力通透,有将爆发之力推向远方之意。八极拳有"六大开"（六种劲力）的单手操练和"八大招"

（八种招法）的训练方法，两者有机融合，以追求和实现"八方极远"的技击实效。

通臂拳亦称通背拳。"通"指通达之意；"背"指脊背之意；"臂"与"背"两字相合，意指练习通臂拳要做到力通于背，以"腰背发力、放长击远、通肩达臂"。通臂拳以手法（摔、拍、穿、劈、攒）、步法和腿法为主构成套路。现在流传的通臂拳有很多流派，如白猿通臂、五行通臂、六合通臂、劈挂通臂、洪洞通臂等。

劈挂拳古称披挂拳。据戚继光《纪效新书·拳经捷要篇》中"抛架子抢步披挂"的记载，由此推论，明代当有劈挂拳流传于世。劈挂拳是一种以猛劈硬挂为主、长击快打、兼容短手的拳术。有滚、勒、劈、挂、斩、卸、剪、采、掠、摈、伸、收、摸、探、弹、砸、擂、猛十八字诀。

翻子拳又名"八闪番"。"八闪番"中的"八"指的是八个基本招势；"闪"原意取"亮光突然显现，或忽隐忽现"，比喻拳法敏捷脆快，出拳如闪电；"番"有"更替、替代、轮流"之意，指拳法层叠无穷、一环套一环、生生不息。翻子拳是一种近战短打类的拳术，其主要拳法有冲、掤、豁、挑、托、滚、劈、叉、刁、裹、扣、搂、封、锁、盖、压等，素以拳密脆快而著称，有"双拳密如雨，脆快一挂鞭"之说。

象形拳是模仿某一动物的技能、特长和形态，或模仿某种特定人物的动作形态，结合攻防技法创编而成的拳术。如螳螂拳、猴拳、醉拳等均属象形拳。

地躺拳又名"地功拳""八折拳""地趟拳"，因其拳多用滚、跌而得名。地躺拳以跌、扑、翻、滚等摔跌技术构成套路。

少林拳是指在嵩山少林寺特定佛教文化环境中形成的拳术。少林拳是少林武术体系中的重要内容，是在实践中集百家之长所形成的独特技术风格，包括罗汉十八手、大洪拳、小洪拳、梅花拳、七星拳、罗汉拳、炮拳、长锤拳、通臂拳、六合拳等。

戳脚全称"九番御步鸳鸯勾挂连环悬空戳脚"，又名九番鸳鸯脚、九枝子和趟子腿，简称戳脚。戳脚是一种以腿法见长的拳术，基本腿法有丁、挑、剪、拐、抛点、托点、圈点、蹶、碾、蹬、转等。步法有玉环步、倒插步、旋转步等。民国以来，以河北为中心，戳脚向全国各地传播，基本形成了河北、东北、北京三足鼎立之势。

(2) 器械

器械是指手持武术器具或兵器进行演练的套路运动形式。器械可分为长器械、短器械、双器械和软器械。长器械主要有枪、棍、朴刀等；短器械主要有剑、刀、匕首等；双器械主要有双剑、双刀、双钩等；软器械主要有三节棍、九节鞭、流星锤等。

剑，素有"百刃之君"之称，是武术短器械的一种。剑以劈、刺、点、崩、云、截、抹、撩、挂、穿、剪腕花等剑法，配合步法、腿法、身法、平衡、跳跃等动作构成套路。

刀是短器械的一种，被尊为"百兵之帅"。刀以劈、砍、斩、撩、扎、挂、刺等基本刀法为主，并配合各种步法、跳跃等动作构成套路。

枪也称"矛"，是武术长器械的一种。枪以拦、拿、扎、崩、点、穿、挑、拨、云、劈、圈、舞花等动作，配合各种步法、身法、跳跃等构成套路。

棍是长器械的一种。棍以抡、劈、扫、挂、戳、崩、点、云、挑、舞花等动作，配合各种步法、身法等构成套路。

朴刀是长器械的一种。朴刀以劈、砍、撩、斩等刀法为主构成套路。

双剑是武术双器械的一种。双剑以穿、挂、云、刺等剑法为主，结合步法、身法、双手交替变换构成套路。

双刀是双器械的一种。双刀以劈、斩、撩、绞等刀法结合双手左右缠头、左右腕花、交互抡劈等变化构成套路。

双钩是双器械的一种。双钩以勾、搂、挂、带、云、抹、削、扎、刺、铲、错等动作方法构成套路。

三节棍是软器械的一种。三节棍以抡、劈、扫、戳、舞花等动作方法构成套路。

九节鞭是软器械的一种。九节鞭以抡、扫、缠、挂、撩、舞花等动作方法构成套路。

流星锤是软器械的一种。流星锤以缠、绕、抡、砸、摔、击、劈、收、放等动作方法构成套路。

（3）对练

武术对练指双方按照预设的程序进行的假设性攻防套路演练，包括徒手对练、器械对练、徒手与器械对练等。

徒手对练是运动员在相同拳种的单练基础上，运用踢、打、摔、拿等方法，按照攻防技击的运动规律创编而成的对练套路，有对打拳、对擒拿、南拳对练、形意拳对练、八极拳对练等。

器械对练是双方持相同器械或不同器械，运用劈、砍、击、刺等方法组成的对练套路，如单刀进枪、三节棍进棍、朴刀进枪、对刺剑等。

徒手与器械对练是一方徒手，另一方持器械进行的对练套路，如空手夺刀、空手夺棍、空手进枪等。

（4）集体演练

武术集体演练指集体 6 人以上进行的徒手或手持器械的演练形式。在竞赛中要求队形整齐，动作一致，可以变换队形或用音乐伴奏。集体演练的项目有集体拳术、集体刀术、集体剑术、集体九节鞭等。

2. 格斗运动

格斗运动是两人在一定条件下按照一定的规则进行斗智、斗技、斗勇的实战对抗形式，在武术竞赛中有散打、推手、短兵等。

（1）散打

亦称散手，古代称手搏、相搏、白打、弁等，比赛以徒手相搏、相较、相抗的形式在台上进行，又称为"打擂台"。散打是两人按照一定的规则使用踢、打、摔等方法制胜对方的竞技项目。

（2）推手

原称揉手、搭手、靠手或打手等。推手是两人按照一定的规则，使用掤、捋、挤、按、采、挒、肘、靠等技法，双方粘连黏随，借劲发劲将对方推出，以此判定胜负的竞技项目。

（3）短兵

是两人手持一种用藤、皮、棉制作的短棒似的器械，在直径为16尺的圆形场地内，按照一定的规则，使用劈、砍、刺、崩、点、斩等技法，以此决定胜负的竞技项目。

3. 功法练习

功法练习是以单类武术动作为主进行专门练习，以达到健体、增强体能、提高技击能力的练功方法。例如，练习桩功可以调心、调息、调身，长时间练习桩功可以增强腿步力量。桩功也称"站桩""扎马""马步"等，通常是习武入门的第一步。站桩的目的，正如《少林拳术秘诀》所言："盖寻常未经练习之人，气多上浮，故上重而下轻，足胫又虚踏而鲜实力，一经他人推挽，则如无根之木，应手即去。此气不练所致也。故运使之入手法门，即以马步为第一着。"练习桩功要求意念、呼吸与气力密切配合，排除杂念，呼吸自然，最终达到心静、神清、身稳、气固及血脉通畅。

武术功法内容丰富，形式多样，各门各派都有自成体系的功法，如少林派有少林七十二艺（七十二种功法），武当派有武当三十六功（三十六种功法）。按照锻炼方法和锻炼效果的不同，可将功法分为硬功（旨在外壮）、内功（旨在内养）、柔功、轻功四类。

硬功又称外功、外壮功，泛指增强身体抗击力和攻击力的练习方法。常见的增强抗击力的功法有铁头功、铁布衫、排打功等，增强攻击力的功法有铁沙掌、金刚掌、双锁功等。武术内功又称内壮功、内养功，是指练习者通过调整姿势、动作、呼吸、意念、劲力等方法，修炼人体内在的精、气、神及脏腑、经络、血脉，以达到精足、气壮、神明、内脏坚实、气血通畅目的的功法运动。常用的内功修炼方法有静坐、站桩等。柔功泛指锻炼肢体关节活动幅度和肌肉舒展能力，提高柔韧素质的练习方法。轻功是指发展弹跳、腾跃、越障能力的功法，少林七十二艺中的飞行功、梅花桩功、一线穿即属此类。功法练习是武术独具特色的一个内容体系，如"排打功""沙包功"等都是提高武术专项技能的有效训练方法。

武术功法，多数是前辈习武者经验的总结与提炼，有着较高的锻炼价值，少部分则是好事者凭空杜撰的，如若练习不但无益，反而有害。大多数的武术典籍中，对功法的练习效果多有夸大，如隔空击物、隔山打牛、踏雪无痕等，现代习武者对此应有清醒的认识。

（二）按价值功能分类

武术由单一价值功能向多元价值内涵发展是历史的必然，也是武术完成现代化转型的重要标志。按当前武术在不同领域内的价值功能，可将武术分为学校武术、竞技武术、大众武术、实用武术。

1. 学校武术

学校武术是我国学校体育中的一个重要组成部分，是指在各级各类学校中围绕学校的教学目标、教学任务，有计划、有组织地开展的有关武术的教学与训练活动。其内容是选择符合学校教育特点和需要的技术和知识，通过武术课、课外武术活动、课外武术训练、武术竞赛以及武术社团俱乐部形式开展的教育实践活动。从20世纪50年代开始，武术被纳入各级各类学校的体育教材中，成为学校进行民族传统体育文化传承与教育的手段。进入20世纪80年代之后，武术在大、中、小学体育教学中进一步受到重视，中小学体育教学大纲增加并规定了武术课程教学的内容和时数比例。之后体育院校相继设立民族传统体育专业（后改为武术与民族传统体育专业）以培养武术师资。根据学科发展的需要，经国务院学位委员会批准，上海体育学院于1997年设立民族传统体育学博士点，并开始招生，这标志着传统武术已步入现代科学文化的学术殿堂。未来，武术运动将在继承传统的基础上进一步朝着科学化、体系化、现代化方向发展。

2. 竞技武术

竞技武术是在传统武术基础上发展起来的，为了最大限度地发挥和提高个人或集体的运动潜能，争取优异成绩为目的而进行的武术训练竞赛活动。其运动形式主要有套路和散打，特点就是突出竞技性。竞技武术正式出现在20世纪50年代，在被列为正式比赛项目之后，竞技武术沿着更高、更快、更强的方向发展并逐渐走向成熟，以套路和散打为两条主线，至今已形成了一个完整的技术体系，并将在未来拓展出更多的竞技武术内容和形式。武术套路是以突出竞技特点、提高技术水平以及在继承传统基础上进行技术创新为基本指导思想，使技术向"高、难、美、新"的方向发展。散打技术的发展则是强化体能、突出技术、快狠巧准。竞技武术的出现是社会现代化的必然结果，是传统文化为适应世界潮流所作出的改变，这种改变就是将武术体育化、竞技化，使其不再是个体的技艺，而是作为一种运动项目、一项民族文化符号发扬光大。

3. 大众武术

大众武术，也称为群众武术，它是区别于学校领域和专业领域之外的面向广大武术习练者和爱好者的一种类别。这一部分人群占了武术习练者的大多数，大众武术涵盖内容广泛，既包括针对武术普及和全民健身计划的习练者、以传承武术为志向的传统武术传承人；也包含以健身为目的的人民群众及以社会体育指导员形式服务大众的团体、个人等。其主旨是为增强体质而开展习练的群众性武术活动，其特点是大众普及性。群众武术内容丰富多彩，形式多样，由于动作简单（如24式太极拳、太极八法五步、32式太极剑、健身气功等），受到了习练者的欢迎。从社会层面来看，健身武术的大众普及，有利于推动武术的社会化进程。如今，太极拳作为一种健康的生活方式，逐渐成为深受群众喜爱、普及率最高的群众健身项目，尤其是近两年太极（八法五步）的全国普及推广，让更多的人体会了习练太极的益处。在新时代背景下，我们应不遗余力地将全民武术（以太极拳为代表）作为窗口在海内外发扬光大，更好地服务于人民群众，强身健体。同时，应站在民族文化复兴的高度，以全球的视野和眼光向世界输出我们的优秀传统文化。

4. 实用武术

实用武术是指在部队和公安武警领域用于实战训练的武术，它的特点是简单实用。特警部队、防暴警、公安等在训练内容上主要有四门功课，即射击、奔跑、游泳和擒拿格斗术，其中擒拿格斗术将散打规则中禁止部位作为重点攻击点，鼓励使用狠招，以简单实用为主。严格意义上讲，部队和公安运用的武术技能是有一定区别的。目前，擒拿格斗在部队、公安等领域被广泛应用，其原因就是武术的技击功能可以有效提高部队士兵和公安人员的实战能力，尤其在无法使用武器的近身搏斗中，武术更能发挥其特殊作用。

总之，传统武术与现代武术是一脉相承的关系，竞技武术与大众武术是相辅相成的关系。扎根于民间的传统武术是竞技武术的母体，缺少了传统武术，竞技武术就成了无本之木、无源之水。现代意义上的大众武术、学校武术、实用武术都是以传统武术为源泉和背景，并在各自领域沿着自身的规律向前发展。学校武术、竞技武术、大众武术、实用武术因其性质和功能的不同，满足人们的不同需要，朝着不同的方向发展与分化，形成了具有各自领域特点的技术和理论体系，是武术未来的发展趋势。学校武术、竞技武术、大众武术、实用武术共同构成了武术的综合体系，各自发挥其功能价值，促使中国武术得以健康可持续发展。

第四节　武术的文化特点

武术的概念告诉我们，武术是以具有攻防技击特点的动作为主要内容，以套路、对抗、功法的练习为主要运动形式的中国传统体育项目。从武术概念中可知，武术的特点包含文化性和技击性两个重要因素。

一、武术的文化特点

（一）源远流长，博大精深

中国武术"其源也远，其流也长，其博且大，其精且深"。从历史发展脉络上来讲，中国武术历史久远，自先秦萌芽至明清勃发，历经战乱纷争王朝更迭，发展至今源远流长。从文化内涵体量上讲，中国武术文化深厚，从儒墨道法到医学兵家都和武术产生千丝万缕的关系。从套路、对抗、功法到打法、练法、演法，从手眼身法步到精神气力功。从《六通短打图说》"学拳之理，难于知应用，需精心体察，阐发妙用"到《拳意述真》"法术规矩在假师传，道理巧妙须自己悟会"，若非博大精深，何需精心悟会。武术精深之处需要身体力行后的心领神会，身体化的内容更多的是"只可意会不可言传"，只有在不断的习练反思中学会招式、学得招法、悟到妙用。

（二）种类繁多，风格迥异

中国武术内容丰富，体系庞杂，拳种繁多，拳派林立。不同的地域特征、不同的风俗习惯、不同的宗教信仰、不同的文化环境以及多民族融合的历史缘由形成了"拳风迥异,拳法多样"的拳种。"百里不同风,千里不同俗",燕赵、秦陇、京畿、齐鲁、吴越、荆楚、闽台、巴蜀都有其独特的地理、气候、人文环境,因而有"南拳北腿,东枪西棍"之说。例如南拳,有广东南拳、福建南拳、四川南拳等。广东南拳有洪家拳、刘家拳、蔡家拳、李家拳、莫家拳,其中洪家拳又有铁线拳、工字伏虎、虎鹤双形三大代表性套路,而虎鹤双形又有"斜风摆柳""金桥相定""浪里抛球""童子拜佛"等动作。再如北腿,有临清潭腿、少林弹腿、精武潭腿、教门弹腿等。临清潭腿的基本腿法有:迎面腿、夹裆腿、里合腿、斜飞腿、十字腿、挂肩腿、跺子等;跳跃腿法有:双飞燕、金鸡蹬、旋风脚、拧旋子、跃身摆莲、野马奔槽;连环腿法有:扫堂腿、勾挂腿、回马腿、蹬踹腿、汤莲腿、扁跺腿、撩阴腿、风摆荷叶等。再配上"一路顺步单鞭势,二路十字起蹦弹,三路盖马三捶势,四路斜踢撑抹拦,五路栽捶分架打,六路勾劈各单展,七路掖掌势双看,八路转环跺子脚,九路捧锁阴阳掌,十路飞身箭步弹"的十路拳套内容,可谓是种类繁多,风格迥异。

(三) 天人合一,道法自然

"天地者,万物之父母也。"[1] 天人关系是古人一直思考的问题,也是习武者所追求的境界。古人认为在认识宇宙、感知万物中"天"和"人"之间存在着一种神秘的互相依赖、互相模仿和互相感应的关系。人不能离天地而生,天地亦不随人的意志为转移,故荀子说:"天行有常,不为尧存,不为桀亡。"在人与自然的斗争中,人们发现自然之力非人力所能及,天地四时的变化随时影响着人们的生存环境,风雨雷电、地震海啸等自然现象在古人心中树立了至高无上的神秘性、不可触及的权威力和难以摆脱的恐惧感,人为力量的薄弱加深了"天"无比崇高的地位。

---

[1] 庄子今注今译(最新修订版)[M]. 陈鼓应, 译. 北京: 商务印书馆, 2007: 543.

效仿"天"就能获得"天"的神秘力量，与"天"建立和谐共生的关系就能在心理上生存，故"制天命而用之"。"天"成为支撑人们内心去解决世间种种困厄的依恃和支配力量，因此有"天经地义"，有"奉天承运"，要"顺天而行"，要"替天行道"。

所行之"道"。老子在《道德经》中讲："有物混成，先天地生，寂兮寥兮，独立而不改，周行而不殆，可以为天地母。吾不知其名，字之曰道……人法地，地法天，天法道，道法自然。"又云："道生一，一生二，二生三，三生万物。"[1]"道"在老子看来是天地宇宙运行的规律，是统率的法则，是需要遵循的规律，也是一种需要达到的境界。《庄子·大宗师》中讲："夫道，有情有信，无为无形，可传而不可受，可得而不可见；自本自根，未有天地，自古以固存；神鬼神帝，生天生地；在太极之上而不为高；在六极之下而不为深；先天地而不为久；长于上古而不为老。"[2] 庄子通过解释何者为"道"而引出"太极"，庄子认为"道"是可以心传但不可以口授，可以心会而不能目见，在没有天地之前就已经存在，并且还在"太极"之上的阴阳未分无为无形的混元状态。所谓："道塞宇宙，非有所隐遁，在天曰阴阳，在地曰刚柔，在人曰仁义，仁义者，人之本心也。"中国武术正是在这种文化的场域中求物、求己、求境界，见天、见地、见众生。

二、武术的技击特点

（一）避实击虚，后发先至

中国武术源于军事武艺，在民间个体武艺的转向中汲取了大量的兵

---

[1] 老子今注今译 [M]. 陈鼓应, 译. 北京：商务印书馆, 2003：233.
[2] 庄子今注今译（最新修订版）[M]. 陈鼓应, 译. 北京：商务印书馆, 2007：213.

学思想，将其用之于个体技击的战术战略。《孙子兵法》虚实篇中有载："夫兵形象水，水之行避高而趋下，兵之形避实而击虚；水因地而制流，兵因敌而制胜，故兵无常势，水无常形，能因敌变化而取胜者，谓之神。"避实击虚的兵家思想在武术中的最早体现就是《庄子》说剑篇的记载："夫为剑者，示之以虚，开之以利，后之以发，先之以至。"此外，《吴越春秋》越女论剑记载了武术技击的特点："凡手战之道，内实精神，外示安仪，见之似好妇，夺之似惧虎，布形候气，与神俱往，杳之若日，偏如滕兔，追形逐影，光若佛仿，呼吸往来，不及法禁，纵横逆顺，直复不闻。"以此为始，历代技击家和武学典籍中均吸取了避实击虚的技击策略。如《少林拳法秘诀·解裁手法之真诀》记述："凡与人搏，切不可用手沾实敌人之手与物。盖不实则虚，虚则易于变化。"[1]拳论云："拳出似实，破之则虚，拳出似虚，不接是实。"故谓："奥妙如阴阳，变化最难防，蹿蹦跳跃步，闪展腾挪强，上打鼻梁骨，中击两肋旁，下有撩阴手，摔法扭敌伤。"抓住时机，避实击虚，再后发先至，以达到击败对手的目的。如太极拳理论中的"彼不动，己不动；彼微动，己先动"以及《八卦掌四十八法诀》中曰："八卦掌法不挡架，手欲弃取顺中成，手出要择途径近，后发先至逗技能。"

（二）阴阳相济，奇正相生

"阴阳者，万物之能始也。"[2]中国古人认为阴阳是世间万物生成的原始，是天地之道、神明之府、万物之纲纪、变化之父母、血气之男女、生杀之本始。阴阳观是影响中国人的深远思想，武术也不例外。武术中讲仰掌为阳，覆掌为阴，实腿为阳，虚腿为阴等，引申开来所谓武术动作中涉及刚柔、虚实、快慢、蓄发、开合、起伏等对立的二元事物，均

---

[1] 无谷，刘志学. 少林寺资料集[M]. 北京：书目文献出版社，1982：216.
[2] 黄帝内经[M]. 姚春鹏，译. 北京：中华书局，2010：62.

具阴阳之属性，均可用阴阳变化之理来概括。然而阴阳二者不是孤立存在的，彼此间又呈现你中有我、我中有你的相生、相克、共存、转化关系，所谓"孤阴不生，独阳不长"，故《太极拳论》中讲："阴阳相济，方为懂劲。"《孙子兵法·兵势篇》中讲："凡战者，以正合，以奇胜。故善出奇者，无穷如天地，不竭如江海……奇正相生，如循环之无端，孰能穷之哉。"而所谓"奇正相生"正是阴阳之变体，两者都强调相融相合的和谐统一。和谐也是中国传统文化的最高价值原则，重和谐就是注重人与自然的关系，注重人与社会的关系，注重自我身心二者的和谐关系，以及解决冲突矛盾达到最终和谐的目的。武术中所强调的"六合"即"内三合"与"外三合"就是身心关系的和谐，认为只有达到"手与足合，肘与膝合，肩与胯合，神与意合，意与气合，气与力合"才是达到武术习练的高境界。

（三）内外兼修，形神兼备

中国武术重外练亦重内练，所谓"外练筋骨皮，内练一口气"。从现代科学来讲，外练是对人体骨骼、关节、肌肉、韧带所组成的运动系统的锻炼，由武者的外在形态所体现。从传统医学来讲，内练是通过吐纳、导引、站桩等方式对人体脏腑、经络、精气神的锻炼，由内在感觉的变化所体现，反映的是中国传统的哲理、医理、易理、拳理的交叉互融。内外兼修除了上述内外六合外，还有不同武术中配合外在形体的呼吸吐纳法，如长拳呼吸的"提托聚沉"、太极拳的"含胸拔背，气运丹田"、南拳的"沉气实腹，发声呼喝"，以及武术中手眼身法步、精神气力功的"八法"都是强调内外兼修。

做到内外兼修，形神自然就体现出来了。形神作为中国传统哲学的核心问题之一，其自先秦诸子哲学起（《庄子·在宥》云"抱神以静，形将自正"）至汉代在文学、艺术中的运用（《淮南子》"夫精神者，所受于天也；而形体者，所禀于地也"），再到魏晋玄学成为重要辩题（""形神分殊，本玄学之立足点"[1]），贯穿了中国传统文化的发展轨迹。武术强调形神，形神配合才有武术的韵味，每一个招式都要有手法、步法、眼法的协调配合，以此体现武术的精神风貌和气度神韵。《华拳谱》里说："五体称，乃可谓之形备；筋骨遒，乃可谓之质善。"内外兼修、形神兼备，如形意拳，"形与意统，因形通意"[2]，故名形意。地有形，天无形，有形受制于无形，是故"拳无拳，意无意，无意之中是真意"。

第五节　武术的功能价值

武术作为中华传统文化的载体之一，经过几千年的积淀，在保有自身内在特点的同时，随着时代的发展而不断丰富。武术的功能价值既有内在稳定性，又随着社会的变化而充实。因此，我们在分析武术的功能价值时，要以历史的眼光来看待，需要不断地挖掘和丰富。对武术功能价值的认识和实践有助于我们更好地理解武术、传承武术，发挥其价值。

一、武术的功能

（一）技击与防卫

武术的源头与一系列的搏斗密切相关。狩猎被视为武术的源头之一，我们的祖先利用木棒、石头等器具与野兽搏斗，在实践活动中锻炼了劈、砍、击、刺、射等技术。除了人与自然的搏斗，还有人与人之间的搏斗。

---

[1] 汤用彤. 魏晋玄学论稿 [M]. 上海：上海古籍出版社，2001：35.
[2] 靳云亭. 形意拳谱五纲七言论形意拳基本行功秘法 [M]. 太原：山西科学技术出版社，2011：4.

各部落、族群之间争夺地盘、资源，展开了一系列的格斗与防御。可见，武术从萌芽时期就有技击与防身的作用，这可以说是武术的原始功能。

剑者君子武备，所以卫身，不可解[1]。军事战争是武术形成发展的催化剂，冷兵器时代作战需要体能和武术技能。利用兵器、掌握一定的武术技巧能够御敌于丈外。弓箭、长枪、毛戈等兵器可远距离攻击和防守，而近身肉搏则需要踢打摔拿等技巧，武术具有攻防结合的功能，能够在战争中达到"自保而全胜"。除军事战场外，古代的侠客、镖师、行脚医、贩夫走卒等引车卖浆者之流都需要武术自卫防身。动作具有攻防技击价值是武术最基本的特点，也是武术的本质属性。因此，武术以其防卫功能一度成为社会风尚。

（二）修身与养性

武术在发展过程中和中医学、养生导引术相互影响、相互渗透。在治未病方面发挥着独特的价值。例如，太极拳以武术动作为核心，汲取传统养生理论"元气论""脏腑学说""精气神论"等，对人体祛病延年、强筋壮骨有积极作用。清代时，几乎所有的武术流派都注重运用内功来提高运气、用气的能力。这不但促进了武术气功体系的完善，也促进了武术在健身领域的普及和发展。"拳法似无预于大战之技。然活动手足，惯勤肢体，此为初学入艺之门也。"（《纪效新书·拳经捷要篇》）戚继光认为，武术可以提高士兵的身体素质，一方面，良好的体能和武术技能有助于军事储备人才在战争时刻有效发挥技击功力。另一方面，非战争时期，习武之人作为劳动力有助于农耕生产效率的提高。长期的武术训练，有助于强健体魄、磨炼意志、陶冶情操，具有积极的修身、养身、健身的作用。

武术主张"内外兼修、心身并练"，在人的心灵意志方面发挥着积极的作用。武术重养"气"，气既是自然呼吸运使之气，也是人格品质气度

---

[1] 班固. 汉书 [M]. 卷七十一.

气韵的修炼。并且中国注重人与自然和谐统一，强调"形神兼备"，融健身、修心于一体。如太极拳、形意拳等诸多拳种的创编吸纳了中国古代哲学、中医理念，以易理为基础，承载着中华传统哲学和谐统一的价值观，追求"牵一发而动全身""内不动，外不发"的形神内外和谐统一的境地。而所谓"冬练三九，夏练三伏"的苦行，更是对习武者意志品质的心性磨炼。同样，在武术的传承过程中，我们不能忽视"尚武"精神在中华民族历史长河中发挥的作用，墨子中的"任侠"、路见不平拔刀相助、惩恶扬善、仗剑天涯、已诺必成、言出必践、捐躯卫国、视死如归。习武之人注重礼仪的传承，武术是将身体作为符号载体，传承武术技艺的同时也传承着"武德"，这些都是武术修身养性的体现。

（三）娱乐与审美

武术具有娱乐审美功能。商周时期的武舞、《史记》"鸿门宴"中的项庄剑舞、两汉时期的角抵戏、宋元时期的"打套子"，均体现了当时武术的攻击性、表演性。武术娱乐审美功能还表现在与戏曲的结合上、与庙会杂耍的结合上、与民间民俗活动的结合上，体现出武术的娱乐功能。据《洛阳伽蓝记》记载："寺前有阅武场，岁终农隙，甲士习战，千乘万骑，常在于此。有羽林马僧相善抵角戏……帝亦观戏在楼，恒令两人对为角戏。[1]"随着商品经济的发展，宋代出现了"市""瓦舍"等场所，促使民间百戏、江湖艺人的表演增多。宋明时期军用火药的使用，使得战争进入热兵器时代，武术逐渐与军事脱钩，发展出众多派别，其表演娱乐价值越发显现。宋元话本和明清武侠小说的兴盛即是武术娱乐性的有力证明。

现代竞技武术套路动作，反映的是现代化的武术之美。其中武术套路高难美新的动作结构和编排，通过齐整、参差、主次、均衡、对称、

---

[1] 杨衒之.洛阳伽蓝记：第五卷［M］.四部丛刊（三编）明如隐堂本.

对比、呼应、比例、协调等形式，展示肢体的动作均衡、遒劲有力。在动与静、起与落、刚与柔、进与退、收与放、轻与重之间的对比表现变化中，凸显神韵、气韵的意境之美。并且当前武术与舞蹈相结合所编排的剑舞、矛舞、"破阵乐"舞、"大面"舞、狮舞等各类文艺表演类节目，无疑增加了武术的娱乐功能，使得武术更具美学与艺术性，是一种包括外在形式美以及内在意涵美的武术新体现。武术舞台剧的发展，在于叙事性的曲折故事，演员的饱含情绪的表达，在肢体动作的高低起伏、刚劲有力、行云流水、动韵静势的起承转合中，武术之美更让人身临其境，浮想联翩，回味无穷。

（四）激发爱国主义情感

武术不仅是一项单一的技能，其习练者们往往具有强烈的家国情怀，在民族主义精神的鼓舞下，武者们发挥自身技能，成为保家卫国的重要力量。精忠报国的岳飞在历史上留下了浓墨重彩的一笔，他武艺高强，建立一支骁勇善战、顽强抗金的"岳家军"，保住南宋半壁河山，留下"岳家枪"的美名。明朝戚继光是一位伟大的武术家、军事家，书写了拳经，组建了戚家军抗击倭寇，他信奉"既得艺，必试敌"，平息了长期以来的倭寇之患。

1840年鸦片战争伊始，西方人的坚船利炮敲开了我国的大门，在民族危亡之际，救亡图存成了时代的主题，武术成了团结民族、抵御外敌的重要手段。日本举国"崇军""尚武"的风气，带来了极大的冲击，梁启超等人认为要想强国强种，先要具有"尚武之精神"，从精神层面上改变"文弱书生"的国人形象。孙中山提出"尚武"精神，梁启超奋而抒写"中华之武士道"，指出"尚武之风，由人民之爱国心与自爱心两者和合而成也。"[1] 同时，"精武会""武士会"等武术团体纷纷成立，出现

---

[1] 梁启超. 中国魂安在乎 [M] //梁启超. 饮冰室自由书. 北京：中华书局，1936.

了霍元甲、王子平等爱国人士。各路侠客义士饱含家国情怀，以自己的方式挽救民族危亡。民国年间，国民政府倡导武术，创办了中央及地方国术馆，出版武术刊物，组织武术国考，纳入全国性运动会，在学校中推广武术课程。新文化运动使得西方的文化大规模传入，"体育"开始引进中国，武术开始与体育相结合，成为区别于西方体育的民族传统体育项目。其在救亡图存中发挥的作用，极大地激发了人们的民族主义精神和爱国主义情感。

二、当代武术的价值

（一）教育价值

武术作为中华文化的瑰宝，其魅力不仅在于技艺本身，更在于以其动态的身体符号传承中华优秀传统文化，弘扬和培育中华民族精神，因此，在当今社会武术的教育价值凸显。自1918年武术进入学校以来，学校武术百年的发展历程表明，武术对于人的培养价值作用巨大。首先，武术招式动作的背后蕴藏着中华传统文化的丰富内容；其次，习练武术可以培养坚韧不拔的意志品质，同时可以提高身体素质，强健身体；再次，武术中的攻防技击特性可以有效地增强学生们的气度胆识，提高在面对生活中的风险时，临危不惧的判断力、决断力和身体反应的应变能力；最后，以技入道、至武为文的武术可以更好地完成学校对于立德树人的培养目标，加之对于武德的强调和德性的修养，是培养内外兼修、能文能武人才的绝佳项目。

在学校教育中要充分发挥武术的民族性、文化性、教育性的功能，培养广大青少年的优秀品质。通过讲解历史故事，透过岳飞、戚继光、霍元甲等人的事迹进行爱国主义教育，培养自强不息的精神。通过武德教育，把道德规范融入习武的日常，贯穿于过程始末。让学生从简单的礼仪开始练习，通过武术教学中"抱拳礼"的含义讲解，督促学生严格遵守武礼和课堂纪律，身体力行地坚持习练；通过"点到为止"的思想传递，传达君子之行；通过"止戈为武"的教化，养成开阔豁达的心态。这些都有助于学生养成谦逊礼让、尊师重道的中华传统美德。

（二）健身休闲价值

在科技不断发展的现代社会，机器代替人工，电子产品又将人们的注意力紧紧吸引，手机、电脑、平板等设备占据了大部分时间，人们在现代化的"铁笼"中缺乏锻炼，陷入健康危机，青少年更是体质下降明显。因此，中共中央、国务院印发《"健康中国2030"规划纲要》，提出要广泛开展全民健身运动，明确指出扶持推广太极拳、健身气功等民族民俗民间传统运动项目[1]。武术拳种的多样性和丰富性使得每个年龄段的人群都可以找到适合自身学练的项目内容。并且习练武术需要身体的运动实现，习武者只要通过适量的运动就能达到增进健康的作用效果。王宗岳在《十三势歌》中言："详推用意终何在，益寿延年不老春。"此外，现代科学表明，武术锻炼对人体的力量、速度、灵敏、柔韧等各项身体素质有非常大的作用。习练武术，增强体质不再是一句空言。

除了提高身体素质，强身健体之外，武术在现代社会还有娱乐休闲的作用。除上文所言的武术观赏性和审美性价值外，休闲是一种生活状态，更是一种心态。在强身健体的同时，武术讲求的"道法自然"，不仅能练形，还能养神，达到一种天人合一、和谐统一的境地。通过太极拳以及与养生功法相结合的武术活动，可以健身健心、放松心情、外导内引、和谐统一，是现代社会高压生活状态下健身放松休闲的好帮手。

---

[1] 中共中央国务院印发."健康中国2030"规划纲要 [N]. 新华社，2016-10-25.

(三) 娱乐消费价值

体育产业是我国的朝阳产业，发展体育运动的目的是促进社会经济的发展。体育产业消费、体育竞赛表演产业发展的政策推进，为武术的生存和发展提供了广阔空间，以武术为载体的相关产业不断发展。2019年7月，国家体育总局、外交部、国家发展改革委、文化和旅游部等14部门联合印发《武术产业发展规划（2019—2025年）》，为今后武术经济价值的发挥和发展指明了方向。在经济消费的娱乐时代，武术以其娱乐观赏的消费价值俘获了大批民众，通过武术影视剧、服装服饰、武侠小说、文创衍生产品、多媒体网络文化等多渠道为社会创造经济价值，同时也推动了大众武术文化的发展。以影视剧为例，从首位好莱坞华人主角的功夫明星李小龙到引爆少林功夫热的五届全国武术冠军李连杰，到首位获得奥斯卡金像奖的《卧虎藏龙》的导演李安，中国功夫亮相世界，震惊全球，甚至"Kungfu"一词被牛津字典收录，其所带来的最大经济效益和娱乐价值成为人们生活的一部分。金庸先生的武侠小说，被誉为全世界华人的共同语言，凡是有华人的地方就有金庸的武侠小说，所谓"有井水处有金庸"，其影视化作品的经典人物形象和脍炙人口的武侠音乐，更是影响了几代中国人。除此之外，美国大片"功夫熊猫"系列动画所融合的中国武术元素，一度带来了"功夫热"，吸引了世界各地人民学习武术、了解武术，开展各类武术交流活动。2020年武术项目还如愿地进入了奥林匹克青年运动会，成为正式比赛项目。武术在全球化浪潮中，充当着中华传统文化交流使者的角色，其背后蕴含了巨大的经济效益。

随着中国全面建成小康社会步伐的不断加快和体育强国建设稳步推进，在新时期，武术健身、养生、娱乐等消费产业发展的基础正不断夯实，规模持续扩大并呈快速发展态势。武术赛事、表演、健身休闲、培训研修、用品制造、文化旅游、影视动漫等产业链条在不断完善，市场化经济时代下，武术的当代价值正不断拓展。

参考文献

[1] 卢元镇. 中国武术竞技化的迷途与困境 [J]. 搏击·武术科学, 2010, 7 (3): 1.

[2] 邱丕相. 中国武术文化散论 [M]. 上海: 上海人民出版社, 2007, 16: 234.

[3] 邱丕相. 武术文化传承与教育研究 [M]. 北京: 高等教育出版社, 2011: 7.

[4] 邱丕相. 民族传统体育概论 [M]. 北京: 高等教育出版社, 2008: 6.

[5] 邱丕相. 中国武术导论 [M]. 北京: 高等教育出版社, 2010: 7.

[6] 汉书·卷七十一. 清乾隆武英殿刻本 [EB/OL] http://dh.ersjk.com/spring/front/jumpread.

[7] 王国志, 邱丕相. 多维文化视角下的大众武术 [J]. 上海体育学院学报, 2008 (2): 63-66.

[8] 温力. 试论武术的概念 [J]. 体育科学, 1989 (3): 2.

[9] 吴甫超. 论武术价值功能的层次递进性演变 [D]. 山东: 山东师范大学, 2008.

第六节　武德与武礼规范

古人云"武以德立""德为艺先""未学艺，先学礼；未习武，先习德"。可见习练中国武术，需要从习礼修德开始。中国素有礼仪之邦的美称，历来重道德、重伦理、重礼仪。传承着中华文明基因的武术，不仅在几千年发展中逐渐形成了一整套自己独特的理论与功法，也形成了一套与武术密切相关的道德体系——"武德"[1]，以及礼仪规范——"武礼"。武德与武礼规范融通了武术特征与中华民族道德观念，贯穿于习武者日常生活中，在习武者的内心价值取向与外在行为方式上均产生深刻而持久的影响。

一、武德

（一）武德的基本概念

武德，即武术领域的道德要求，是习武者在社会活动中应该遵守的，与自身角色身份、武术学习过程相适应的一套道德理念及行为规范，是中国武术伦理观的核心。

习武之人通常掌握着较强的暴力技术，如果不加制约地滥用这种暴力技术，将对他人、对社会造成严重的危害[2]。为了使习武之人谨慎地使用自己所学到的本领，保证武术的合理应用及社会生活的和谐运转，需要将武德作为一种广为认同的道德规则，对习武者进行思想层面的引导。

在社会层面，武德是群体社会基于对平等、安定、约束暴力等理念的崇尚，为习武者设计的道德准则与规范，意在使习武者从内心深切感悟不能滥用武力，从而在武术领域内形成一套基于社会伦理道德的内在的社会控制规范。

在习武者层面，武德还展现出个体的社会化过程。它伴随着社会中习武者练武、用武、授武、比武等从事武术活动的整个过程，贯穿于习

---

[1] 任海. 中国古代武术 [M]. 北京：中国国际广播出版社，2011.
[2] 杨建营，韩衍顺. 以字源为逻辑起点的中华武德内涵解析 [J]. 武汉体育学院学报，2019，53（8）：55-61.

武者一系列社会活动的各个方面。明代的《内家拳法》就有心险、好斗、狂酒、轻露者不传的规定，清代的《苌氏武技书》也有"学拳宜以德行为先，凡是恭敬谦逊，不与人争，方是正人君子"的记载。在这一过程中，习武者通过习武过程的锤炼，将武德思想自主地纳入自身的思想品德结构中，从而实现从外在的社会规范到内在的意识约束、从"他律"到"自律"的转化[1]。基于此，习武者个体与其他社会群体进行良好互动，最终使个体的人格与行为积极地适应社会并作用于社会。

（二）武德的基本内容体系

传统武德深受以小农经济和血缘为纽带的宗法制度为基础的传统伦理道德思想的影响。其中，武德与作为统治阶级正统伦理道德思想的儒家文化关系密切，"仁""义"等儒家传统思想深深渗透进武德的精神内容中，成为武德内容中最广为人知的基本内核。如传统武德中：忌逞强斗狠，虚荣好胜；忌虚担师名，误人子弟；忌自矜自赏，故步自封；忌不尊师道，狂妄自大。强调崇德扬善、重义轻利、尊师重道、敬长爱友，谦和含蓄、自强不息，讲礼守信、言出必践的品质。

但作为适用于整个习武群体的一套完整的道德价值系统，武德涉及不同的主体角色，从习武生活延伸至日常生活的方方面面，强调对习武者从行为到思想的整体教化。因此，武德的基本内容并非只是一个以"仁""义"便可笼统概括的抽象概念，而是有着明显的多重结构与内容体系，大致可划分为习武用武之德、日常处事之德、理想追求之德三个层次。

1. 习武用武之德

所谓习武用武之德，指习武者在从事武术的承习、使用等活动时所

---

[1] 邱丕相，蔡仲林，郑旭旭. 中国武术导论 [M]. 北京：高等教育出版社，2010：112-129.

应遵守的道德规范和要求，涉及教授者与传习者双方，在具体实践中贯穿择徒拜师、授艺习武、用武施武的整个过程。

首先，择徒拜师是武术活动中的初始环节，通过这一环节，特定的师徒按照一定的规范要求和权利义务[1]，以师父亲自身授的某种技艺为纽带而聚合在一起。在这一环节中，传统武德一方面对被择者——徒弟的道德品质提出了具体要求[1]。《少林拳术秘诀》中说："虽其人之性情良、意志坚、品格高洁，苟无恒久耐苦之心，专一不纷之概，师不必受矣。"[2] 由此可见，习武者拜师时，一般要求其品行忠良，同时有恒心耐心。另外，传统武德也对传授者——师父提出了道德规范，这种规范主要表现为对师父的道德品性和所要从事的道德行为等方面的要求。如"谈玄授道，贵乎择人""量才授艺"的要求，又如梅花拳一代宗师杨炳在其《习武序·习武规律十二条》中订曰："凡传教之师，断不可重利轻艺，苟授匪人，败名丧德"。由此可见，为师者自身需要坚守良好人格品性，同时按照道德标准去选择徒弟、传授技艺。

其次，授艺习武的环节中，同样对师父与徒弟共同提出了道德规范与品质要求。一方面，当习武者踏入门下成为自己的徒弟之后，师父必然要承担起有关徒弟教育与培养的道德责任，既要传授武术的精髓技艺，又要重视"孝悌忠信礼义廉耻"的伦理纲常、武术相关礼仪的教学与徒弟道德方面的监督，将徒弟培养成兼具武艺与武德的人。另一方面，"既得方术，要以恒心赴之，勤勉持之，不可中道停辍"[2]，"凡学技之士，务要知安详恭敬"，"敏而好学，不耻下问"，习武者在拜师之后，需要虚心听从师父教习，勤学苦练，坚韧不拔，才能学得精湛技艺，同时实现人伦上的教化与道德上的磨砺。

最后，用武施武时，尤其强调习武者的道德要求，它规范着习武群体的用武尺度。如《少林拳术秘诀》中有"济危扶倾，忍辱度世……不

---

[1] 周伟良. 析中华武术中的传统武德 [J]. 上海体育学院学报, 1998 (3): 12-17.
[2] 尊我斋主人. 少林拳术秘诀 [M]. 山西: 山西科学技术出版社, 2009.

可有逞强凌弱之举"[1]，提倡习武者合理运用武艺，不到万不得已不可出手，即使出手，也要点到为止，以修养身心为宗旨，以自卫为信条，反对好勇斗狠、恃强凌弱。

2. 日常处事之德

所谓日常处事之德，指习武者在日常生活中所要遵循的与自身身份相适应的言行规范、生活态度等，是武术的道德内涵从武术领域到整体生活的延伸。

传统武德的道德规范是民间社会日常伦理道德在习武群落中的折射，与古代劳动人民生活道德规范的要求基本一致，因而武德的遵循是对一般伦理道德的传承与加固。如苌家拳《初学条目》中有"学拳宜以德行为先，凡事恭敬谦逊，不与人争，方是正人君子；宜以涵养为本，举动间要平和，善气迎人，方免灾殃。"[2] 可见，武德体现在习武者的日常生活中，表现为和睦待人、宽厚谦逊、团结互助、生活低调朴素等价值。

3. 理想追求之德

所谓理想追求之德，指习武者的人生理想与终极价值追求，表现为提倡习武者要将个人的价值与社会关怀相联系，除暴安良，无私奉献，关心社稷民生，以匡扶民族道义为己任。它体现着武德从基本习武要求到生活处事之道再到人生道德理想追求层面的升华，也体现着从个人"小我"到社会"大义"的升华。

习武之人秉承"修己以安人，修己以安百姓"的价值理想担当社会之道义。如清末少林戒约后十条中"肄习少林技击术者，必须以恢复中

---

[1] 尊我斋主人. 少林拳术秘诀 [M]. 山西：山西科学技术出版社，2009.
[2] 苌乃周. 苌家拳全集 [M]. 河南：中州古籍出版社，2013.

国为志意"[1] 的记载，体现着对习武者要以社会安定、民族社稷发展为责任大义的终身追求。

（三）武德的主要思想

武德产生与发展于特定的历史时期，在不同的门派、不同的社会阶级以及习武者生活的不同层面中，也演绎出不同的规范与要求。但透过这些纷繁复杂的表现，我们仍然可以对武德中折射出的主要思想和共性精神进行归纳，具体可以凝练为尊师重道、重义轻利，正直守信、仁爱礼让，扶危济困、保家卫国等思想。

1. 尊师重道、重义轻利

传统武德中，对道义的尊重折射出了为武者所推崇的价值取向。其中，尊师重道指习武者要尊敬师长、恭敬谨慎地聆听师长的教诲，又指师长要爱护徒弟，诲人不倦，尽职教学，因材施教，还指师徒应进行平等、友好的交流，师门之内要互相尊重，团结互助。同时传统武德中强调重义轻利，主张个人利益的追求不能脱离社会的道义。

2. 正直守信、仁爱礼让

正直守信在武德中指习武者需胸怀坦荡，光明磊落，正气凛然，诚实无欺。深受儒家文化"仁爱"思想的影响，中华传统武德中讲究"谦恭礼让，以德服人"，讲究"尚武崇德"[2]，要求习武者有仁慈之心，爱惜别人，爱惜生命，慎用武技。

---

[1] 尊我斋主人. 少林拳术秘诀 [M]. 山西：山西科学技术出版社，2009.
[2] 罗小玲. 中华传统武德的历史内涵及其现代认知 [J]. 搏击·武术科学，2010，7 (7)：25-27.

3. 扶危济困、保家卫国

扶危济困的侠义精神与保家卫国的价值追求是传统武德中熠熠生辉的集中表现，也是为习武者设计的人生价值与理想境界。指习武者在习得武艺后，要将武技合理地运用到社会中去，行侠仗义、翦恶除奸；运用到捍卫民族独立中去，不畏强暴、永不屈服。

（四）武德的继承与当代社会意义

1. 武德的继承

传统武德产生于封建社会，其许多内涵思想体现着封建帝制的伦理纲常和为统治阶级服务的要求，因而有着一定的阶级和时代的局限性。但不可否认的是，传统武德在长期的历史积淀中已逐渐与人们的生活方式、道德情操与处世态度融为一体，如尊敬师长、正直守信等品德仍值得称赞。在当代社会，需要我们挖掘传统武德与现实社会发展内在的价值联系，摈弃那些体现封建等级和宗法观念的糟粕，实现对武德中精华部分的批判继承，使其符合社会主义新时代政治经济现状，符合社会主义核心价值观的要求[1]。

2. 武德思想对当代社会的意义

（1）通过武德教育，推动道德建设

传统武德重视习武过程中的教化，重视习武者自身思想素质与道德修养的提升。武德提倡的尊师重道、诚信谦让、守道敬业的品质，提倡的仁爱仍然适用于当今社会的家庭伦理、社会公德和职业道德建设，契

---

[1] 蔡仲林，周之华. 武术 [M]. 北京：高等教育出版社，2015：26-29.

合于当今社会的人际交往准则。通过武德教育，能够推动对武德优良准则的传承，提升整体社会的思想道德水平。这也进一步要求教师将武德教育贯穿始终，从教学实践中不断引导学生感悟武德思想。

(2) 融合爱国精神，增强民族责任

武术历史与传统文化中涌现出了大量如岳飞、文天祥等为保护民族安危挺身而出的英雄，在他们的身上，体现着源远流长的武德思想中"修己以安人"的道德精神及保家卫国的家国情怀。在当代社会，将传统武德继承与爱国主义精神有机结合，有助于培养社会责任感，树立把国家和人民利益放在首位的价值观，增强民族气节与民族自信。

(3) 挖掘武德精髓，立于世界之林

近年来，武术的国际化推广成为民族传统体育项目未来发展的重要方向之一。在武术推向世界的过程中，不仅需要技术功法、竞赛机制的规范与完善，也需要对武术内涵的不断挖掘。其中，尊师重道、仁爱等武德的精髓思想积淀着中华优秀传统文化，集中反映了中华优秀道德观念，又与人类文化价值需求相适应。加强对独具光彩的武德精髓的传承与重视，能够集中展示中华武术、中华民族、中华文化的精神风貌，为武术走向世界，立于世界体育之林，奠定丰厚的文化底蕴与充足的文化自信。

二、武礼规范

(一) 武礼规范的基本含义

武术文化中的武德培养在很大程度上是依托成套的行为规范以及一些特定的造型等外在动作的形成而表现出来的，不少人将这种行为规范称作"礼",即所谓武礼规范。武德规范在内容上包括习武者语言动作行为、武术服饰配饰与武术场地布置等方面,是抽象的"武德"的外在表现形式。

(二) 武礼规范的代表——抱拳礼

我国目前所推行的针对习武者语言动作的武礼规范种类繁多,较常用的可大致分为徒手礼、持械礼、递械礼与接械礼[1]。其中,以徒手礼中的抱拳礼最具代表性,被广泛认知与采用。

1. 抱拳礼的动作要求

抱拳礼的基本动作要求为并步站立,两臂屈肘于胸前,左手四指并拢伸直,拇指屈拢内扣,右手握拳,左掌心贴于右拳面(左指根线与右拳锋相齐),拳掌合于胸前,与胸相距为本人的2~3拳(20~30厘米)。头正身直,目视受礼者。

2. 抱拳礼的基本内涵

抱拳礼是在传统作揖礼和拱手礼的基础上结合中国传统价值观念改造而形成的最具有中国特色的武术礼仪。左手拇指内扣寓意谦虚自持,右手握拳寓意以武会友,双手胸前合抱寓意天下武林是一家,双臂成圈寓意武林同道。此外还有认为左掌表示德、智、体、美齐备,象征高尚情操;右拳表示勇猛习武,左掌掩右拳相抱,表示武不犯禁,节制用武;两臂屈圆,表示天下武林是一家,谦虚团结,以武会友[2]。武术抱拳礼外,拜师礼和跪拜礼多存在于师徒间,鞠躬礼和抱拳礼多运用于学校武

---

[1] 李金龙,宿继光,李梦桐. 中国武术礼文化及其传承与发展研究 [J]. 山西大学学报:哲学社会科学版,2014,37(4):129-135.

[2] 唐韶军,周琪. 诠释武术"抱拳礼"的精神内涵 [J]. 山东师范大学学报:自然科学版,2005,20(3):115-116.

术教育。抱拳礼这一礼仪规范重视人际往来中的关系处理，与尊重他人、仁爱待人、以和为贵的儒家礼文化思想一脉相承[1]，体现着习武者"克己"的自我道德节制，是武德思想的集中体现。

（三）武礼规范的教育与传承

"文以评心，武以观德"。武礼规范的教育传承是当今武术发展的价值诉求，是推动武德思想深入人心的重要途径，需要武术运动管理机构、科研机构、教育部门的积极推动及每一位习武者、武术爱好者的密切配合。

（1）标准设计：构建合理的武礼规范体系

当前，武礼规范的标准尚不统一[2]，需要武术运动管理机构、科研机构联动，积极组织构建合理的武礼规范体系。基于日常教学训练、武术练习、竞赛表演等不同场合，结合习武者的不同角色定位，探索建立有针对性的、适用于全世界武术爱好者的统一的武礼规范标准体系。此外，要注意武礼规范体系的现代适应性，将抱拳礼、持械礼、递械礼与接械礼等传统武礼发扬光大，识别并摒弃部分带有封建色彩的武礼。

（2）日常教学：重视实践与内涵双重教育

武术教学部门中的教练、教师应不断加强自身武德与武礼相关理论的学习，积极主动地将武礼规范融入日常教学生活之中，在传授技艺、教学套路的同时，注重学生武礼习惯的培养，同时有计划地、系统地在教学中将武礼规范背后的内涵寓意及重要性传授给学生，引导学生在习

---

[1] 邵文东. 论儒家礼文化的特点及内涵 [J]. 青海师范大学学报：哲学社会科学版，2010, 33（2）: 45-47.

[2] 董刚强. 中国武术礼仪研究 [J]. 搏击·武术科学，2011, 8（11）: 27-29.

武之初,便成为谦虚谨慎、言行举止得体的习武者。

(3) 自觉感悟:在践行中内化武礼规范

习武者是践行武礼规范的主体。在习武用武及日常生活中应充分重视武礼规范的学习与运用,严格要求自己,体悟规范、尊重他人、仁爱礼义等文化要义与背景内涵,体悟武礼规范所承载的武德思想,将外在的礼仪内化成自身的德行。同时,习武者应自觉承担起传承武礼与武德文化的责任与使命,为塑造明礼重德的武术形象与国家形象贡献自己的力量。

第二章　武术的基本练习

中国武术有"四击八法十二型"之说。"四击"指的是踢、打、摔、拿四种技击方法。"八法"指的是手眼身法步，精神气力功，即手法、眼法、身法、步法、精神、气息、劲力、功夫八种方法。每一法又有不同的要求，即"拳如流星、眼似电、腰如蛇行、步赛粘、精要充沛、气宜沉、力要顺达、功宜纯"。"十二型"指的是动、静、起、落、站、立、转、折、快、缓、轻、重。每一型的要求是：动如涛，静如岳，起如猿，落如鹊，站如松，立如鸡，转如轮，折如弓，快如风，缓如鹰，轻如叶，重如铁。四击八法十二型合称"二十四要"。

武术中所谓的"法"是为达到技击目的而存在的动作、技术的规范、标准与方法。手法是上肢运动的方法和规范，步法是脚步移动的方法和规范，眼法是眼与动作配合的方法，身法是身体协调运动的方法，此外和精气神相配合，凸出劲力，体现功夫。据《纪效新书》载："学拳要身法活便，手法便利，脚法轻固，进退得宜。"又云："长枪，单人用之，如圈串，是学手法；进退，是学步法，身法。"《手臂录》载："身法乃艺之门户，进退盘旋，皆由身法，身法既正……无不应心矣。"《拳经拳法备要》载："眼者身之主，宜精神注射，破敌全凭之。故认腿认势皆赖乎眼也。兼顾一身，上下相顾，前后左右相防，皆不可不用眼。"以上所云之法，皆古已有之，同学们可阅读相关文献印证拓展。

武术的基础内容包括武术基本技术和基本功。武术基本技术围绕身体躯干和四肢的手、眼、身、步展开。武术基本功则围绕人体各关节的柔韧性、灵活性和肌肉肌腱等身体组织的爆发力而展开，分为头颈功、肩臂功、腰功、腿功、跳跃、平衡、翻滚等。本章节主要介绍武术基本技术和基本功中手法、步法、腿法以及动作组合的练习方法。提高武术初学者对武术的基本动作、基础内容、运动方式、动作路线、技击属性的理解与掌握,为后续拳械套路的学习和进行格斗对抗的训练打下坚实的基础。

第一节　手法练习

一、基本手型与手法

武术的基本手型有三种:拳、掌、勾。其动作要求:

拳:握拳要求四指并拢卷屈,拇指按压在食指和中指的第二指关节上,五指握紧,拳面要平,手腕要直,出拳时手腕要挺腕用劲,旋臂打出,击打时拳背与前臂成一条直线,接触时瞬间发力,快速收回。

掌:四指并拢,拇指弯曲紧扣于虎口处。

勾:五指第一指节捏拢在一起,屈腕。

武术的基本手法有:冲拳、砸拳、架拳、劈拳、贯拳、栽拳、推掌、挑掌、穿掌、撩掌、亮掌、砍掌、按掌、搂手、缠腕等。

二、练习方法与介绍

预备势:两脚左右开立,与肩同宽,两拳抱于腰间,拳心向上,肘尖后顶。

1. 冲拳

分为拳心朝下的平拳,拳眼向上的立拳。

动作说明:挺胸收腹,右拳从腰间向前冲出,转腰、顺肩,肘关节过腰后，右前臂内旋，力达拳面，臂要伸直，高与肩平。左肘向后撑顶，练习时左右交替进行。

2. 砸拳

动作说明：右手手臂上举，左手成掌手臂向下伸直，右手握拳屈肘向下砸落于左掌心，左掌右拳体前相合，两腿微屈。

3. 架拳

动作说明：右拳向下、向左、向上经头前向右上方画弧上架，拳眼向下，目视左方，练习时可左右交替。要求肩松肘屈。

4. 劈拳

动作说明：右手握拳，直臂上举，拳由上向下劈落，力达拳轮。左右手可交替进行。

5. 贯拳

动作说明：手臂微屈，拳由侧下方向斜上方弧形横摆，力达拳面，拳眼斜向下；或屈肘，以拳背为力点，向前伸肘甩臂，拳眼朝上。左右手交替进行。

6. 栽拳

动作说明：右手屈肘，右臂自上向下或前下方猛力直伸，力达拳面。

7. 推掌

动作说明：左拳变掌，前臂内旋，并以掌根为力点向前推出。推击可左右交替进行，要求挺胸、收腹、直腰。要求出掌快速有力，同时拧腰、顺肩、沉腕、翘掌。

8. 挑掌

动作说明：手臂由下向上翘腕立掌上挑，力达四指。

9. 穿掌

动作说明：臂由屈到伸，掌沿身体某一部位穿出，力达掌指。按方位不同分为前穿、后穿、侧穿、上穿。

10. 撩掌

动作说明：手臂伸直，掌由下向前弧形摆出，力达掌心或掌内沿。向后反臂摆动为反撩，力达掌心或掌外沿。

11. 亮掌

动作说明：手臂微屈，掌沿体外侧弧形上举至头前侧方，抖腕翻掌，掌心斜朝上，掌指朝另一侧。

12. 砍掌

动作说明：仰掌横砍为举臂屈肘由外向里甩臂横击，力达掌外沿。俯掌横砍为举臂屈肘于体前，由里向外甩臂横击。

13. 按掌

动作说明：举臂屈肘，俯掌由上向下直按，屈腕，力达掌心。

14. 搂手

动作说明：虎口张开，掌心朝前，由里向外画弧平搂。

15. 缠腕

动作说明：腕关节为轴由内向上、向外缠绕，前臂外旋，抓握对方手腕。

第二节　步法练习

一、基本步型与步法

武术的基本步型有：弓步、马步、仆步、虚步、歇步、坐盘、丁步、点步、横裆步、半马步等。

武术的基本步法有：上步、撤步、进步、退步、盖步、插步、行步、跃步、击步、垫步、弧形步等。

二、练习方法与介绍

1. 弓步

动作说明：左腿屈膝，脚尖微内扣，膝盖不超过脚尖，右腿蹬直，全脚掌着地，脚尖朝斜前方，上体正直，为左弓步，相反为右弓步。左弓步时，身向左拧，右肩前顺为左拗弓步，相反为右拗弓步。注意挺胸、塌腰、沉髋。

2. 马步

动作说明：两腿平行开立，屈膝下蹲，两腿开立距离大约为本人脚长的3倍，即本人三个脚掌的距离，脚尖正对前方，膝盖不超过脚尖，大腿接近水平，全脚着地，重心落于两腿之间。

3. 仆步

动作说明：两脚左右开立，右腿屈膝全蹲，大小腿靠紧，臀部接近小腿，右脚全脚掌着地，脚尖和膝关节外展；左腿挺直平仆，脚尖里扣，全脚着地。两手抱拳于腰间，拳心向上，目平视左方。出左腿为左仆步，出右腿为右仆步。

要点：挺胸、塌腰、沉髋。

4. 虚步

动作说明：两脚前后开立，右脚外展 45°，右腿屈膝半蹲；左脚脚跟离地，脚面绷平，脚尖稍内扣，虚点地面，膝微屈。重心落在后腿上。两手叉腰，眼向前平视。左脚在前为左虚步，右脚在前为右虚步。

要点：挺胸、塌腰、虚实分明。

5. 歇步

动作说明：两腿交叉靠拢全蹲，前脚全脚掌着地，脚尖外展；后脚脚跟提起，脚掌撑地，臀部坐在脚跟和跟腱处，膝盖由前腿膝下伸出，贴于前腿外侧。左脚在前为左歇步，右脚在前为右歇步。

要点：挺胸、塌腰、身正，两腿靠拢贴紧。

6. 坐盘

动作说明：前腿动作与歇步相同，后腿屈膝绷脚面，脚踝外侧大腿、小腿均贴坐在地面上，臀部坐在后脚后跟的内侧面上，胸部贴紧前腿大腿。左腿在前为左坐盘，相反为右坐盘。

7. 丁步

动作说明：两腿屈膝半蹲，两脚靠近约半脚距离，一脚尖点地，脚面绷平，另一脚全脚掌着地，左脚点地为左丁步，相反为右丁步。

8. 点步

动作说明：两脚前后站立，前脚脚前掌点地为前点步。后脚脚跟离地跐起为后点步。

9. 横裆步

动作说明：两脚开立成弓步，两脚尖正对前方，全脚着地，一腿屈膝半蹲，另一腿挺膝伸直。

10. 半马步

动作说明：两脚开立，比马步略宽，一脚尖朝前，另脚外展45°，上体转向外展的脚，两腿屈膝半蹲，重心略偏于后腿。

11. 上步

动作说明：错步站立，前脚不动，后脚越过前脚向前一步。

12. 撤步

动作说明：两脚并列在一条线上，一脚不动，另一脚向后一步。

13. 进步

动作说明：两脚并列在一条线上，一脚不动，另一脚向前一步。

14. 退步

动作说明：错步站立，后脚不动，前脚越过后脚向后退步。

15. 盖步

动作说明：一脚经另一脚前横迈一步，成两腿交叉。

16. 插步

动作说明：一脚经另一脚后横迈一步，成两腿交叉。

17. 行步

动作说明：两腿微屈，步幅均匀地连续快速行走，重心保持平稳。

18. 跃步

动作说明：一脚提起前摆，另一脚蹬地起跳，接着后脚向前先落地。

19. 击步

动作说明：两脚前后开立，与肩同宽。两手叉腰上体前倾，后脚离地提起，前脚随即蹬地前纵。在空中时，后脚向前碰击前脚。落地时，后脚先落，前脚后落。眼向前平视。

要点：跳起置空时，保持上体正直并侧对前方。

20. 垫步

动作说明：两脚前后开立，与肩同宽。后脚离地提起，脚掌向前脚处落步，前脚立即以脚掌蹬地向前上提起，将位置让与后脚，然后再屈膝提腿向前落步。眼向前平视。

21. 弧形步

动作说明：两脚前后开立，与肩同宽。两腿略屈，两脚迅速连续向侧前方行步。每步大小略比肩宽，走弧形路线。眼向前平视。

要点：挺胸、塌腰，保持半蹲姿势，身体重心移动要平稳，不要有起伏，落地时，重心由脚跟迅速过渡到全脚掌。

第三节　腿法练习

一、基本腿法介绍

武术的基本腿法有弹腿、蹬腿、踹腿、点腿、铲腿、勾挂腿等。若按其现代运动方式分类，分为直摆性腿法、屈伸性腿法、扫转性腿法、击拍性腿法。

直摆性腿法四种，包括正踢腿、侧踢腿、里合腿、外摆腿。

屈伸性腿法三种，包括弹踢腿、正蹬腿、侧踹腿。

扫转性腿法两种，包括前扫腿、后扫腿。

击拍性腿法三种，包括拍脚、里合击响、外摆击响。

此外，还有五种跳跃动作，腾空飞脚、旋风脚、旋子、腾空外摆莲、侧空翻。

二、练习方法与要点

1. 弹腿

动作说明：一腿直立或微屈膝，另一腿由屈向前伸踢，脚面绷平，力达脚尖。

2. 蹬腿

动作说明：一腿直立或微屈膝，另一腿由屈向前伸蹬，脚尖勾起，力达脚跟。

3. 踹腿

动作说明：一腿直立或微屈膝，另一腿由屈到伸，脚尖勾起内扣外翻向前方或侧方伸直，力达脚底。

4. 点腿

动作说明：一腿直立，另一腿屈膝提起，大腿靠近胸部，然后向前直伸，脚面绷平，力达脚尖。

5. 铲腿

动作说明：一腿直立或微屈膝，另一腿由屈到伸，脚尖勾起脚向内翻，力达于脚掌外侧沿。

6. 勾挂腿

动作说明：一腿微屈立地，另一腿后屈小腿离地，脚尖勾起，由后向前，脚后跟擦击地面，向斜前方勾踢，力达脚踝。

7. 正踢腿

动作说明：左脚向前上半步，左腿支撑，右脚脚尖勾起向前额处猛踢，两眼向前平视，练习时左右交替进行。要求挺胸、直腰、头正、肩平，踢腿时脚尖勾起绷落或勾起勾落。

要点：收髋用力收腹，踢腿过腰后加速。

8. 侧踢腿

动作说明：右脚向前上半步，脚尖外展，左脚脚跟稍提起，身体略右转，左臂前伸，右臂后举。随即，左脚脚尖勾紧向左耳侧踢起，同时右臂屈肘上举亮掌，左臂屈肘立掌于右肩前或垂于裆前，眼向前平视。踢左腿为左侧踢，踢右腿为右侧踢。

要点：挺胸、直腰、开髋、侧身、收腹要猛。

9. 里合腿

动作说明：左脚向左前方上半步，右脚脚尖勾起内扣并向右上方踢起，经面前向左侧上方直腿摆动，落于左脚外侧。左手掌可在左侧上方迎击右脚掌，击响，也可不做击响动作，眼向前平视。练习时，左右腿交替进行。

要点：挺胸、直腰、松髋、合髋。里合幅度要大，成扇形。

10. 外摆腿

动作说明：左脚向左前方上半步，右脚脚尖勾紧向左侧上方踢起，经面前向右侧上方摆动，直腿落在左腿旁。右掌可在右侧上方击响，亦可不做击响，眼向前平视。练习时左右腿交替进行。

要点：挺胸、塌腰、松髋、展髋。外摆幅度要大，成扇形。

11. 正蹬腿

动作说明：左腿上提，提膝收髋，上提至胸腹，大小腿贴紧，左腿屈伸用力，朝身体正前方蹬出，脚尖勾起，力点在脚跟，为左蹬腿。目视前方，右蹬腿反之。

12. 侧踹腿

动作说明：两腿左右交叉，右腿在前，稍屈膝。随即右腿伸直支撑，左腿屈膝提起，左脚里扣，脚跟用力向左侧上方踹出，上体向右侧倾，目视左脚。练习时可左右交替进行。

要点：挺膝、开髋、猛踹、脚外侧朝上，力达脚跟。

13. 前扫腿

动作说明：前扫腿也叫"前扫蹚"。预备姿势多成右弓步或左仆步或左倒插步，然后重心移至左腿，以左脚前掌为轴心，左腿屈膝全蹲，上体直立，右腿伸直，右脚内扣贴地，由右向前、向左逆时针扫转一周。

练习方法：

①屈膝微蹲，做半站立的前扫，以体会整个扫转动作的概念。

②可先借助扶地扫半周：在右腿开始向前扫转后，两手可俯身扶地于左脚前方，以免旋转中失去平衡而摔倒。

③扶地前扫一周：两手在左侧扶地。

④直身前扫270°后即收右腿，两脚靠拢屈蹲。

⑤过渡到完成扫转一周至一周半。

技术要点：

①开始扫转时，重心由右腿移至左腿之前左脚要先使脚尖外撇，以便于向左转身；脚跟要提起，使转动灵活。

②上体要保持直立，头上顶，两肩平，挺胸、立腰，使头与左脚构成一垂直线，为转动轴心，使身体在旋转中保持平衡。

③旋转中要借腰向左的拧转力和右腿内侧肌群的收缩力，两臂应伴同由右向左平摆，以加速扫转力。

④右脚保持前脚掌不离地即可，不要压得太紧，以减少与地面的摩擦力。

14. 后扫腿

动作说明： 后扫腿也叫"后扫蹚"，通常从左弓步开始。左腿屈膝全蹲以左脚前掌为轴，右脚贴地，上体右转前俯，两手扶地，以拧腰的惯性力和右腿的后绕环力，使右脚沿顺时针方向扫转一周。

练习方法：

①从左弓步开始，屈膝全蹲成左仆步，慢速在地面上移动一周，以弄清动作的运动路线。

②左腿微屈膝，身体站立，上体微向左扭转，然后借腰的右转力向右后方扫右腿，建立拧腰和扫腿的旋转概念。

③按完整动作要求扶地后扫半周或270°。

④按完整动作要求加速扫转，可不必接左弓步定势，任其惯性力扫转一周至一周半。

⑤加控制地接做左弓步的完整动作，一般左手挑掌、右手后勾。

技术要点：

①扫转开始，左脚先内扣，以增大腰部拧转的幅度；扫转中，脚跟要提起，减小轴心的支撑面，使之转动灵活。

②拧腰、扶地动作要迅速，上体前俯，头和两肩伴同向右后方扭转，以增大扫转的初速度；右腿的后扫动作要主动积极，与拧腰、扶地动作衔接紧，应在拧腰、扶地将完成前开始起动，以免动力中断。

③扫转中左腿要保持全蹲，沉髋，重心始终在左脚前掌上，忌弓腰、撅臀，否则容易使右脚扫转时离地腾空。

④扶地时间不宜过长，推离地面后上体要顺惯性力继续向右后方转动。

⑤结束动作时，重心可略移向右脚，同时立腰、挺胸、抬头，即可成左弓步定势。

15. 腾空飞脚

动作说明：腾空飞脚也叫"二起脚"，即在空中连发两腿。可原地或助跑完成。

练习方法：

①做不腾空的单腿飞脚，加上两次击响。左脚向前上步，右脚绷脚面向正前方摆踢，同时以右手背与左手心在头前击响，随即右手掌拍右脚面，左手变勾手移于体侧左上方。此练习为建立手脚配合的概念。

②并步站立，先将左腿向前向上提起，然后屈膝绷脚面收控于体前，紧接右脚蹬地腾空，并立即直腿向前弹踢。此练习为建立两腿交替的概念和身体腾空的本体感觉。

③做三步助跑后，右脚蹬地跳起，左腿屈膝收控于体前，大腿尽量接近身体。身体尽量垂直向上腾起，并配合两臂上摆，体会提气头上顶，蹬地后两手在空中完成第一次击响。该动作着重体会右脚的踏跳动作和空中维持身体平衡。

④两脚前后站立，左脚在前，右脚向前上一步，即蹬地做腾空飞脚。然后再逐渐过渡到三步助跑踏跳动作。

技术要点：

①助跑时动作要轻松自然，最后一步要跨大一些，使助跑中获得的

水平速度在踏跳后变为向上的速度，同时腰背伸直，气息上提，重心先降后起，以免腾空前冲而降低腾空高度。

②踏跳动作要迅速有力，要伸踝、伸膝、伸髋，以充分发挥腿部各肌肉的蹬力；摆动腿与两臂要协同配合用力向上摆，同时要提气、立腰、头上顶。

③在身体达到最高点之前，蹬地腿迅速直腿向前上方弹踢，脚面要绷平，高与肩平，上体微前压，腰宜收紧，使腿与身体折叠，摆动腿屈膝收控于体前，脚面宜绷。

④空中击响要清脆，第一响在摆动腿上摆蹬地提气时进行，第二响在腾空最高点完成，两响连接要紧凑。

16. 旋风脚

动作说明：旋风脚是沿纵轴旋转的跳跃动作。要求摆动腿直摆或屈膝收控，起跳腿伸直里合，腾空转体270°时，左手与里合的右脚击响，在空中完成360°落地。

练习方法：

①上右步接做左脚外摆，然后右腿里合的连续动作，身体随同左转一周，里合腿可在270°处击响。该动作建立两腿的空中动作概念。

②上步直体旋转跳：上右步，脚尖内扣，做抡臂、拧腰、转体的直体纵跳，两臂上摆，注意头上顶和提气的配合。该练习用于建立踏跳瞬间身体各部位协同配合的概念以及在空中旋转的本体感觉。

③原地加助力的旋风脚：两腿屈膝开立，右脚蹬地做原地旋风脚，帮助者在右脚跟处放白蜡杆（棍棒）一端，待蹬地即向上抄。帮助体会充分蹬地后迅速里合的概念。

④在保护帮助下进行：帮助者站于练习者的右侧后方，右手托练习者臀部，左手扶住其左上背，伴同练习者蹬地做上托和左转的动作，以增加向上和旋转的本体感觉。

⑤做上步旋风脚的完整动作，反复体会技术要领。

技术要点：

①上步的步幅要适中，以能使身体重心移在右脚蹬地的反作用线上为准。步子太大势必使蹬地反作用力不能通过重心，使向上的力分散，步子太小则不便发挥股四头肌力量。

②蹬地时脚尖微内扣，蹬地速度要快而充分，伸直踝、膝、髋三个关节；要积极配合抡臂、拧腰、转髋；抡臂要成立圆，顶头、提气。

③腾空后要保持顶头、立腰，两手臂积极向右后方上摆，做到"亮腋"（即手臂打开，亮出腋窝）；左腿要向左后上方做外摆，尽量收控在空中；右腿完成蹬地后即迅速在空中做里合腿，要用脚去找左手，不要用左手去找脚，以保持旋转力。击响要以脚底前掌去迎击左手掌。

④落地动作要轻落站稳，以屈膝、屈髋缓冲落地力量；脚掌先着地可顺势向旋转的反方向碾地，减小旋转惯性。

17. 腾空摆莲

动作说明：

①高虚步挑掌：右脚后撤一大步，同时右臂向前、向上挑掌，左臂后摆至体后。重心后移，左脚回收至身前虚点地面，成高虚步。同时右臂向上、向后、向下、向前绕环一周于身前挑掌，高与肩平，掌指朝上；左臂向前、向上、向后绕环抡摆至身后与肩齐平的部位，掌指上挑。两肩随两臂转动，上体挺胸、直腰、顺肩，两眼随右掌转视前方。

②弧形步上跳：左脚向前进半步；右脚随之向前进一大步，脚尖外展，屈膝略蹲。上右步的同时，右掌弧形回收至腰间，左臂由后经上摆至头前上方。右腿蹬伸上跳，左腿屈膝提起，左脚收扣于身前，身体腾空。右臂在跳起的同时经左臂内侧向上弧行斜上举，左臂顺势摆向身后，两眼随右掌转视左侧，头左转，右肩前顺。右脚落地，左脚随之在身前落步，右脚再进一步，脚尖外展。身体右转，同时右臂顺势下落，左臂前摆。

③腾空摆莲：右脚蹬地跳起，同时左腿向右上方里合踢摆，两手于

头上击响，上体向右旋转，身体腾空。右腿外摆，两手先左后右地拍击右脚面，左腿屈膝收控于右腿侧。上体微前倾，两眼随视两手。

技术要点：

①上步要成弧形。右脚踏跳时，注意脚尖外展和屈膝微蹲。

②跳起时，左腿注意里合扣踢。

③右腿外摆要成扇形，上体前倾，要靠近面前击掌。两手先左后右拍击右脚面，击响要准确响亮。

④在击响的瞬间，左腿屈膝收控于右腿内侧，或伸膝外展置于身体左侧。

⑤在完成动作过程中，要注意起跳、拧腰、转体、里合左腿与外摆右腿等动作紧密协调。

第四节 组合练习

组合练习选取全国体育院校武术教材中的组合短套"五步拳"和全国中学武术教材中的长拳基础套路"少年拳"，作为武术基本技术的熟练筑基。

一、五步拳

（一）简介

五步拳是由弓、马、仆、歇、虚五种步型和拳、掌、勾三种手型，加上起势、收势组合而成的长拳小套路。该套路动作舒展大方、结构短小精悍、易学易记，非常适合初学武术者练习，同时也是北京师范大学体育与运动学院体育专业学生武术课的必学内容之一。习练五步拳既可以达到练习基本功和基本动作的目的，又可以增加习练武术的兴趣，克服冗长套路所带来的枯燥感。

五步拳的动作内容包括：弓步冲拳、弹踢冲拳、马步架打、歇步盖打、仆步穿掌、虚步挑掌。

（二）动作详解

预备势

并步抱拳。

1. 弓步冲拳

左脚向左迈出一步，成左弓步，同时左手向左平搂并收回腰间抱拳，右拳由腰间向前冲拳成平拳，成拗弓步，目视前方（注：平拳为拳心朝下）。

2. 弹踢冲拳

重心前移，右腿向前弹踢；同时左拳由腰间向前冲拳成平拳，右拳收回腰间，目视前方。

3. 马步架打

右脚内扣落地，身体向左转90°，两腿半蹲成马步，同时左拳变掌，臂微屈横架于头左上方，右拳由腰间向右冲拳成平拳。头部右转，目视右前方。

4. 歇步盖打

左脚在右腿后向右倒插一步；同时右拳变掌经头上向左下盖掌，掌心朝下，掌指朝左，身体随之左转90°，左掌变拳收回腰间，目视右掌。然后，两腿屈膝下蹲成歇步；同时左拳向前冲出成平拳，右掌变拳收回腰间。目视左拳。

5. 仆步穿掌

两腿直立，身体左转 90°，左拳变掌，掌心朝下，右拳变掌，掌心朝上，经左手背上穿出，同时左腿提膝，左掌顺势收至右腋下，目视右手。紧接上动，左脚向左侧落步，右腿屈膝全蹲成左仆步，左掌外旋使掌心朝外，掌指朝左，上体向左转，左掌沿左腿内侧向前穿出，目视左掌。

6. 虚步挑掌

重心向前移至左腿，立起成半蹲，左腿屈膝前弓，右脚向前上步成右虚步；同时左掌向上、向后划弧成正勾手，右手由后向下、向前顺右腿外侧向上挑掌，目视右掌。

收势

左脚向右脚靠拢并步，两手变拳收抱腰间。

本套动作可左右反复连续练习，习练时，可在虚步挑掌后右脚再前移半步成右弓步冲左拳，这样可接上述动作练习另外一边，左右式相反。

二、少年拳

（一）简介

少年拳（第二套）是中学武术教材中的长拳基础套路。全套往返两段，共计 12 个动作，又称"少年拳十二动"。其特点是套路短小、内容精悍、动作舒展、节奏分明、转折灵活、起伏多变，既简单易学又有少量难度动作，是武术初学者的筑基套路。

（二）动作详解

预备势

两脚并拢直立，两手握拳屈肘抱于腰侧，两肩后展，拳心向上，下颌微收，头向左转，目视左前方。

1. 抢臂砸拳

①左脚向左跨一步，以前脚掌着地，上体右转，左拳变掌向右前下方伸出，掌心向下。

②上动不停，向左后方转体180°，同时左手向上、向左、向下绕环屈臂外旋，使掌心向上置于腹前；右手向右后、向上抢起下砸，以拳背砸击左掌心作响，同时右腿屈膝提起，在砸拳的同时下跺震脚成并步半蹲，上体稍前倾。目视前下方。

动作要点：转体、绕环、抢臂的动作要协调一致，砸拳与震脚要同时完成。

攻防含义：左手抢臂掳抓，右拳抢起下砸。

2. 望月平衡

右脚后撤一步起立，同时右拳变掌，两手左右分开上摆，左手在头左斜上方抖腕亮掌；右手至右侧平举部位抖腕成立掌，掌心向右；左腿屈膝，小腿向右上提贴于右膝窝，脚面向下。眼随左掌转动，在抖腕亮掌的同时向右转头。目向右平视。

动作要点：抖腕、转头、撂腿的动作要同时进行。

攻防含义：回顾身后。

3. 跃步冲拳

①上体左转前倾，左腿向前提起，左手向左下后摆至体后；右手以

掌背向左下后挂至左膝外侧，掌心均向内，目视左下方。

②左脚向前落步，右腿屈膝向前上提，左脚随即蹬地向前跃出，两臂向前向上绕环摆动，目视右掌。

③右脚落地全蹲，左脚随即落地向前伸直平铺地面成仆步；两臂同时继续由上向右、向下绕环，右掌变拳收抱于右腰侧，左掌屈臂成立掌停于右胸前。目视前方。

④左掌经左脚面向外横搂，同时重心前移，右腿蹬直成左弓步；左掌变拳收抱于腰侧，右拳向前冲出，拳心向下。目视右拳。

动作要点：跃步要远，落地要轻。跃步时要与两手的动作协调相随。

攻防含义：跃步接近对方后，右拳前击。

4. 弹踢冲拳

重心移至左腿，右腿屈膝提起，在膝盖接近水平时，脚面绷平猛力向前弹踢；右掌收抱于腰侧，左拳向前冲出，拳心向下。目向前平视。

动作要点：弹踢时力点达于脚面，支撑腿可微屈。

攻防含义：接上势向前踢打。

5. 马步横打

右脚向前落步，脚尖内扣，左拳收抱于腰侧，右拳臂内旋向右后伸出，在向左转体 90°成马步的同时，向前平摆横打。目视右拳前方。

动作要点：横打与转体的动作要协调一致，并要借转体拧腰的力量发力。

攻防含义：接上势，右拳横贯对方头部。

6. 并步搂手

右脚向左脚并拢下蹲，右拳变掌直接向右小腿外侧下搂，至右小腿旁变勾手继续后摆停于体侧后方，勾尖向上。目视右方。

动作要点：并步与搂手要同时进行，上体正直微前倾。

攻防含义：抄搂对方踢击之脚。

7. 弓步推掌

上体向左转体 90°，左脚前上一步成左弓步；同时，右勾变拳收抱于腰侧，左拳变掌向前推出，掌心向前，目视前方。

动作要点：转体、上步与推掌的动作要协调一致。

攻防含义：转身前推对方。

8. 搂手勾踢

①右拳变掌经后下直臂向上、向前绕环落于左腕上交叉，同时重心移至左腿。

②上动不停，两臂向下后摆分掌搂手，至体侧后反臂成勾手，勾尖向上，同时右脚尖上勾，脚跟擦地面，向左斜前方踢出。身体随之半面向左转。目视左前方。

动作要点：两腕交叉和分掌搂手的动作要连贯，勾踢时力点达于脚腕内侧。

攻防含义：下搂对方抓己之左手的同时，勾踢其前脚。

9. 缠腕冲拳

①两勾手变掌前摆于腹前，左手抓握右手腕，右腿屈膝，小腿自然下垂。

②上动不停，右手翻掌缠腕，在向右转体的同时臂外旋用力屈肘后拉于右腰侧抱拳，右脚踩地震脚下蹲，左腿屈膝提起。

③左脚向左侧跨一大步，右脚蹬地随之滑动，两腿下蹲成马步，同时左手变拳经左腰侧向左冲出，拳眼向上。目视左掌前方。

动作要点：屈肘后拉与转体、跨步与冲拳要同时，抓握、缠腕、屈肘后拉、转体、震脚要连贯。

攻防含义：缠拿对方捉己之右腕，随即左拳冲其头部。

10. 转身劈掌

①右脚蹬地屈膝上提向右转体 90°，随身体直立两拳变掌直接上举，在头前上方以右手背击左掌心作响。目视前方。

②上动不停，继续向右后转体 180°，右脚向前落步成右弓步，同时左掌变拳收抱于腰侧，右掌下劈成侧立掌，小指一侧向前。目视前方。

动作要点：转体以左脚掌为轴转 270°，动作要连贯、平稳；右脚落步要下踩并与劈掌动作一致。

攻防含义：转身后右掌下劈对方面部。

11. 砸拳侧踹

①右脚蹬地屈膝上提，重心移至左腿并向左转体 90°，成提膝直立姿势；同时，左拳变掌置于腹前，掌心向上，右掌变拳上举至头前上方，在右脚下踩震脚成并步下蹲的同时，以拳背砸击左掌作响。目视右拳前下方。

②右腿直立，左腿屈膝上提，脚尖上勾，以脚跟向左下方踹出与膝盖同高，上体稍向右倾斜；同时左掌变拳收抱于腰侧，右拳上举横架于头前斜上方，拳心向上。目视左方。

动作要点：砸拳与震脚要同时完成，侧踹要快速有力，身体要稳定。

12. 撩拳收抱

①左脚向左落地并向左转体 90°，成左弓步；右拳由上、向后、向下，以拳面擦出停于左膝前上方；左拳变掌拍击右拳背作响。目视右拳。

②左脚蹬地起立向右转体 90°；两臂上举，两手变掌于头前上方交叉，掌心向前。目视前方。

③上动不停，左脚收回与右脚并拢，两掌变拳左右分开后，屈肘收抱于腰侧。头向左转，目视左前方。

动作要点：撩拳要有力，拍击要响亮，收抱动作要连贯。

攻防含义：下撩对方裆部。

收势

直立。两拳变掌，直臂下垂，头向右转，目视前方。

参考文献

全国体育院校教材委员会. 中国武术教程（上册）[M]，北京：人民体育出版社，2004.

第三章　健身长拳的技术动作与教学法

武术具有的健身、强身、防身、修身功能使其成为学校体育教育的重要科目。在当前爱国尚武的倡议下和武术教育立德树人的目标中，作为我国民族传统体育运动项目的武术，正逐渐发挥其在文化走出去的国家战略中的品牌符号与价值。北京师范大学体育与运动学院作为以教师教育、教育科学为特色且具有百年文化底蕴的体育专业人才培养院校，在培养新时代的中小学武术教学师资队伍的时代任务和目标诉求下，有针对性地引入当前中学武术的教材内容，建立从理论到实践的操作对接。搭建学生爱国主义和武德教育的重要平台，促进当前高校大学生的身心健康发展，使武术初学者和体育专业的学生群体通过武术项目了解自己民族的文化，提高学练武术的运动兴趣，为武术技能进一步地深入提高和学习民族传统体育的其他项目奠定基础，并成为将来继续学习和工作后的终身体育项目。

长拳是武术运动中姿势舒展大方、动作节奏鲜明、迅捷快速有力的拳术的总称，其内容创编结合了传统武术中的查拳、华拳、红拳、花拳、炮拳等拳种套路，是国内外武术竞赛的经典运动项目，演练时手腿并用、闪展腾挪、大开大合。

本章节选取的内容为教育部审定的义务教育教科书《体育与健康（七年级）》武术教材·健身长拳，由人民教育出版社出版，面向初中一年级的学生。该套路短小精炼，易教易学，体现了北方拳种的攻防技法特色。在学练中同学们可感受到中国武术特有的身体运动方式和基本的攻防技击方法，形成端正挺拔的身体姿态，提高上下肢协调配合的身体运动能力，培养勇猛顽强、积极进取、尚武崇德的优良品质，引发对中华传统文化的探究欲。

第一节 健身长拳的技术内容及特点

一、健身长拳的动作内容

健身长拳的技术动作包括冲拳、推掌、按掌、顶肘、弹踢、戳踢、钉脚、闪身等基本动作和起势、开步双劈、按掌前推、搂手勾踢、缠腕斩拳、闪身冲拳、弹踢穿顶、掼拳戳脚、闪身砍推、收势的套路动作。全套动作共分两段，每段十个动作，前后动作相同。

第一段：一、起势，二、开步双劈，三、按掌前推，四、搂手勾踢，五、缠腕斩拳，六、闪身冲拳，七、弹踢穿顶，八、掼拳戳脚，九、闪身砍推，十、收势。第二段：反向练习第一段动作，完成往返全套动作。

二、健身长拳的技术特点

"健身长拳"的编写过程中，吸收了查拳、潭腿、少林拳、八极拳、戳脚等多种传统拳种的特色动作，并增加了闪身防挡的技击动作。目的是让学生在学练过程中，知晓自己身体的正确姿态，提高身体的协调性和稳定性，了解武术的攻防技法，学会闪身防守和躲避伤害的方法，了解、尝试并体验中国武术丰富的拳种技术内容和技击文化体系。这些具有直观技击作用的动作，可以有效引起学生们的习练欲望，同时根据当前学生体能和遇到突发事件时自我防卫能力差的现实情况，在"健身长拳"套路中设计了三次闪身防挡的动作，强化学生学习闪身，躲避伤害，以突出武术在学生日常生活中的实用性。

第二节　健身长拳的教学步骤及方法

一、健身长拳的教学步骤

①教会学生武术基本功，做好学练前的身体素质准备。
②教会学生长拳的基本技术和运动方法。
③教会学生"健身长拳"的基本动作和套路。
④巩固提高所学技术动作，学习反向动作，完成往返全套动作。
⑤让学生了解"健身长拳"每个动作的身体形态与攻防含义。
⑥让学生掌握"健身长拳"全套动作的技法演练。
⑦组织学生练习"健身长拳"，进行分组练习和集体演练。
⑧通过"健身长拳"技术学习，塑造学生的身形体态，增强体质，
⑨在教学中主动传授中国武术的文化知识，积极地引导学生关注传统文化，增强民族自豪感，培养学生朝气蓬勃的进取精神和坚韧不拔的意志品质，以及敢为人先、勇于担当的责任意识和尚武精神。

二、健身长拳的教学方法

第一段

预备势

动作方法：
两脚并步，身体正直站立，挺胸、收腹，目视前方。

动作要点：

头正、颈直、立腰、两腿夹紧、目视前方。

重点和难点：

武术要求"坐如钟、站如松、行如风"。预备势动作为整个套路的起始开端，因此，站立的整体姿势一定要有挺拔向上和朝气蓬勃的演练精神状态。

易犯错误与纠正：

易犯错误之一：端肩。纠正：强调收下颌和头部上顶。

易犯错误之二：双拳离开腰部，抱拳不紧。纠正：强调双肘后夹。

1. 起势

动作方法：

双手左掌右拳在胸前相合，成"抱拳礼"；随即，两手握拳（左掌变拳）迅速收回腰间；同时头向左转，目平视左前方。

动作要点：

拳掌变换要准确，头向左转要迅速。

重点和难点：

"抱拳礼"的手型和整体的姿态。"抱拳礼"是习武者表示对教师和同学的尊敬，作为中华传统礼仪的重要组成部分，是武德的体现。因此要严肃认真、集中精力、全神贯注。并步抱拳是即将开始打拳的动作，要有临战的意识和状态。完成起势动作后，强调要有"站如松"身体挺拔直立的感觉，精气神要足。

易犯错误与纠正：

易犯错误之一："抱拳礼"的动作完成后双肘下垂。纠正：强调两个大臂要抬起接近水平。

易犯错误之二：双拳收抱腰间时头部前探。纠正：强调顶头收下颌。

2. 开步双劈

动作方法：

左脚向左开步；同时左掌变拳，两拳在腹前交叉，右拳在上；目视右拳；两臂立圆轮转，经头上向左右劈至与肩平，头向右转，目视右拳。

动作要点：

两臂轮转立圆，双劈要有力。

重点和难点：

双劈拳是长拳的典型拳法。攻防含义是两拳同时抡劈左右两侧的假想敌人，因此两拳双劈的动作难点是抡臂要做得立圆舒展，两拳劈得要有力。

易犯错误与纠正：

抡劈时两臂的肘关节弯曲，不能借助身体之力。纠正：教学时教师可强调并要求两臂劈出后身体要顶头立身，两拳要"左右撑顶"。

3. 按掌前推

动作方法：

左脚向左侧方上一步成半马步，同时上体向右闪，左拳变掌下按，掌心向下，右拳屈肘收至右腰间，目视下按方向；右腿蹬地伸直成弓步，同时右拳变掌向前立掌推出，左掌随之屈肘收至右肘下方，目视前推方向。

动作要点：

闪身时重心放在右腿，推掌时右腿要蹬地。

重点和难点：

按掌前推是查拳的典型掌法。攻防含义是在上体右闪的同时，用左掌按敌方手臂进攻，随即用右掌反击其胸部。因此重点和难点都是上步右闪按掌的动作。

易犯错误与纠正：

闪身时上体不动，只是摆头。纠正：教师在开始教本动作时，既强调左脚向左前方上步，同时上体向右闪身。

4. 搂手勾踢

动作方法：

左掌向下、经左侧上摆至头上成架掌，右掌经内收向下搂出成勾手，同时左腿蹬地站起，右脚勾脚尖经微屈膝向左斜上方勾踢，目视前方。

动作要点：

两臂动作要舒展，勾踢向左斜上方。

重点和难点：

勾踢是我国武术中的典型低腿法，很多传统拳种都有勾踢的腿法。攻防含义是在右手搂假设敌手臂或头部的同时，用右脚勾踢对方的前脚，使之摔倒。右手搂勾的同时向左斜上方勾踢是该动作的重点和难点。

易犯错误与纠正：

直腿向前摆。纠正：可让学生弓步勾手架掌站好，专做右腿的斜向勾踢动作。

5. 缠腕斩拳

动作方法：

右腿屈膝上提，右勾手变掌上摆，左掌下落至右手腕上；右掌外旋抓握变拳，拳心向上；身体向右拧转，右脚向右后撤步震踏，左脚掌随之收至右脚内侧点地，同时双臂用力后拉，右拳至腰间，头向右转，目视右拳；右腿蹬伸，左脚侧上一步两腿站直，同时左手握拳向左直臂侧斩至与肩平，头向左转，目视左拳。

动作要点：

缠腕要划弧，后拽和斩拳要有力。

重点和难点：

武术中有"打、踢、摔、拿、靠"等几类攻防技法。"缠腕斩拳"是武术中擒拿和击打结合的典型动作。缠腕是武术中擒拿对方手腕之法，很多传统拳种中都有，也是本动作的教学重点和难点。斩拳是横击的拳法。学生掌握动作后要强调两种技法的结合。

易犯错误与纠正：

易犯错误之一："缠腕"动作手臂动作掀肘。纠正：强调左手搭扶右腕时要下垂双肘。

易犯错误之二：右手的缠绕动作不明显。纠正：强调右手掌外旋划弧之后再抓握。并可单独进行右掌的练习。

易犯错误之三：震脚后拽的动作无力。纠正：强调震脚不是在原地，要以身带动两臂后拽。

6. 闪身冲拳

动作方法：

身体向右转，身体重心移至左腿，右脚随之脚跟虚起成虚步，同时上体左闪，左拳变掌随转身向右推挡，右拳在腰间不变，目视左掌；左腿蹬地右脚上步成弓步，同时右拳向前冲出，左掌变拳屈肘收至腰间，目视右拳；上体向右拧转，左拳向前冲出，同时右拳屈肘收至腰间，目视左拳。

动作要点：

闪身时重心放在左腿，两次冲拳要连贯有力。

重点和难点：

闪身冲拳是长拳和少林拳中的典型动作。武术中非常重视闪身的动作，以闪避对手的进攻和外界对身体的伤害，同时也显示出自己躲闪的身法。手挡闪身是该动作的重点和难点。该势转身的幅度较大，闪开后随即连续的两次冲拳要有力。

易犯错误与纠正：

易犯错误之一：转身时身体重心不稳。纠正：强调左腿支撑身体重心，转身时要下蹲。

易犯错误之二：冲左拳时用不上力。纠正：强调上体向右拧转，在右拳后收的同时冲左拳。

7. 弹踢穿顶

动作方法：

以右脚掌为轴，身体向左后方拧转，同时左拳变勾随转身搂至身后，左腿随之绷脚尖弹踢，目视转身后的前方；左脚向前落地成弓步，同时上体向左转，右拳变掌向前穿出，掌心向上，目视右掌；上体及两臂姿势不变，身体重心前移，右脚在左脚内侧震踏；右脚蹬地，左脚向前上步成马步，同时左勾手变拳，经下方向上屈臂顶肘，右掌内旋握拳屈臂收至胸前，目视顶肘方向。

动作要点：

左腿要屈伸弹踢，穿掌和顶肘要顺势有力。

重点和难点：

本动作的重点是转身的"勾手弹踢"；难点是"上步顶肘"。"勾手弹踢"是"潭腿"中的典型腿法；"上步顶肘"是"八极拳"的典型肘法。动作连贯完成时要表现出顺势出招、连贯迅猛的气势，转身之后弹踢、穿喉、顶肘进攻要连续不断。

易犯错误与纠正：

易犯错误之一："勾手弹踢"转身动作不顺畅。纠正：强调右脚掌为轴，身体向左后方拧转，保持重心再弹踢。

易犯错误之二："上步顶肘"的左肘上抬过高。纠正：强调左肘下沉前撞，左拳高与鼻平。

8. 掼拳戳脚

动作方法：

左脚向左活步，同时身体向左侧闪，双拳变掌下摆，目斜视前方；两臂向内相合，右掌外旋变拳向内横击，左掌随之相合于右前臂，同时右脚经脚跟擦地向前踢出，目视右拳；身体向左拧转，右脚以脚底向下钉踢，同时右拳屈臂下挡，左掌随之上架于头部左侧，目视右前方。

动作要点：

右腿戳踢高不过膝，两臂动作要协调舒展。

重点和难点：

戳踢和钉脚是"戳脚"的特色腿法。本动作的上肢动作学生较易掌握，重点是活步闪身要有准备前扑之势，为接着的横掼戳踢做动作上的铺垫。难点是戳踢和钉脚的腿法要清晰并连贯有力；整体动作要表现出"灵活多变"。

易犯错误与纠正：

易犯错误之一：活步闪身动作呆板。纠正：强调本动作的闪身即攻的攻防含义。

易犯错误之二：戳踢和钉脚的腿法不清晰。纠正：强调戳踢的脚跟要擦地而出，踢假设敌的胫骨，接着右脚内扣，用脚下钉假设敌的脚面，两种腿法要顺势有力。练习时体验一下含义。

9. 闪身砍推

动作方法：

以左脚掌为轴，身体向右拧转，同时右腿屈膝上提，左掌外旋横砍，右拳随之屈肘收至腰间，目视左掌；右脚向前落地成弓步，同时上体向左拧转，左掌变勾直臂搂摆至身后，右拳随之变掌，经左手上向前推出，目视右掌。

动作要点：

闪身要明显，砍、推的手法变换要清晰。

重点和难点：

本动作是闪身的另一种方式，重点和难点是在起身的同时闪身并砍掌。

易犯错误与纠正：

易犯错误之一：闪身时向后仰。纠正：强调闪身的同时还要砍掌反击到对方，因此上体一定要向左侧闪，身体和神态要表现出防守反击的意识。

易犯错误之二：勾手推掌动作不舒展。纠正：强调左手勾尖向上，在上体正直的前提下，尽量直臂后举；同时推掌要有力。

10. 收势

动作方法：

左脚向右脚并拢，身体直立；同时右掌握拳，左勾手变掌，两臂向内相合成抱拳礼，目视前方；左掌变拳，双拳同时屈肘收至腰间，同时头向左转，目视左前方。

该式其他"动作要点"和"重点难点"等，同于"起势"。

第一段动作教学之后，要组织学生熟练第一段动作。当学生能够较熟练的完成，即可让学生进行反向的第二段练习，因第二段动作和第一段相同，所以此时组织学生进行练习可以进一步熟练所学动作，同时因为变换了方向，也可增加学生的练习兴趣。

第二段

健身长拳的第二段即反向练习第一段动作。

学生练习"健身长拳"往返两段的全套动作有一定的运动量，学生练习之后会稍有累感，教师此时可让学生调整呼吸稍加放松，同时提示学生练习时要克服疲劳，用坚韧的意志品质保证完成好每一个动作，并要求最后精神抖擞的收势。

第三节　健身长拳的教学建议及评价

一、健身长拳的教学建议

（一）教师在教学之前要明确提出安全注意事项，并在每次课前加以强调

"健身长拳"的动作具有明显的技击作用，容易引起学生的学习兴趣和练习的积极性。因此教师在教学之前要明确提出和强调安全注意事项，讲明武术可以防身，同时也存在伤害他人的危险。在学练武术的过程中，严禁随便打闹，禁止用武术动作开玩笑，以免造成对同学身体的伤害。

（二）根据"健身长拳"动作结构，每节课在教学和练习套路之前，可先让学生练习相应的基本动作

按照武术的传统学习方法，学习长拳套路之前，先要了解和练习所学套路中的特色基本内容。每节课教师可从以下基本动作中挑选2~3个，如健身长拳中的冲拳、推掌、顶肘、闪身按掌、弹踢、戳踢、钉脚等动作，组织学生进行单式练习，即为学习"健身长拳"奠定基础，也可在文化课学习的余暇，用单式练习缓解学习的疲劳，或可以根据教学内容和学生的学习情况自行创编。

（三）"健身长拳"的动作示范要尽量精彩

武术教学要求教师具有一定的武术示范水平，才能激发学生的学习

兴趣，教学"健身长拳"时这一特点非常重要。"健身长拳"的动作对于有其他体育运动项目基础的体育教师而言，难度不大，因此教师在课前一定要认真备课，将拳术练得规范和有劲力，进行良好示范。尤其是第一次武术课中，争取用精彩和规范的示范激发学生的学习兴趣和学习欲望，为后面的教学奠定"武缘和人缘"基础。

（四）主要采用"集体教学"和"领做结合精讲"的教学方法

让学生较好的掌握"健身长拳"，需要在课上充分的利用时间。因此，要以以教师为主导的集体教学形式为主。用团体的教学和练习带动掌握动作慢和对武术兴趣不高的学生，同时引导学生建立团体意识。领做结合精讲是武术新授课的必要和主要的教学手段，"健身长拳"的教学过程中这一特点非常重要。"健身长拳"的动作名称、动作过程和动作要领等内容对初学者来讲都是术语，过多讲解学生很易产生厌烦。因此，教学时教师的讲解一定要简明，要配合领做进行，让学生通过模仿和反复练习尽快掌握动作及要领。

（五）一视同仁与区别对待相结合，根据学生差异性因材施教

教师在"健身长拳"的教学过程中，对动作技术的规范性要做统一要求，但特别要注意因材施教，对掌握动作较好的学生进行口头鼓励，对身体协调性差的学生要重点进行辅导，防止其持续明显错误动作到定型，同时，要特别注意不要过分细致地强求动作细节。

（六）讲解武术动作的攻防含义要适度

武术动作是有技击内涵的，向学生介绍武术动作的技击含义，可以使学生加深对武术动作本质的理解。如果不讲动作的攻防含义，学生会

因为不明确动作的用途而做不准动作。但讲解和组织不当则具有一定程度的危险。如过多讲解动作的攻防含义,学生的自控能力差,容易打闹和不认真学习单人动作,同时也容易发生伤害事故。因此,教师给学生讲解武术动作的攻防含义一定要适度,点到即可。

(七) 讲解武德和传统文化知识教育要有趣味

"健身长拳"本身就是民族传统文化,其中的内容是学生平时少见和不理解的。在进行教学时必然要对这些内容给学生进行相应的解释,一般在传授某个具体动作时顺势讲解背后的文化内涵,即对学生进行民族传统文化教育。但教师讲解时一定要用通俗的语言,目的是使学生能够听懂理解,以风趣、幽默的语言为最好。在"健身长拳"的教学过程中,通过介绍动作和套路中蕴含的传统文化和民俗知识,可以对学生进行文化素养教育,培养学生的爱国主义情操。

(八) 以德为先,"抱拳礼"贯穿始终

"抱拳礼"是国际武术联合会规定的武术礼节,也是"健身长拳"的起势动作,体现着我国的传统礼仪。在教学过程中,应向学生讲解"抱拳礼"的含义,并运用于整个教学过程中的师生之间。从开始就让学生接受中国传统礼仪文化的熏陶,做到"以礼始以礼终"。建议在课的开始时师生互行"抱拳礼"并相互"问好",课结束时师生互行"抱拳礼"并道"再见",同时要求学生在练习套路,教学比赛的前后行"抱拳礼",培养学生虚心求学的严谨态度,树立良好的学风。

(九) 每节课要给学生提出明确的课后练习要求

让学生较好的掌握"健身长拳",不仅需要在课上充分利用时间,还

需要学生课下自己主动进行练习。教师要告诉学生，学练武术需要坚韧的毅力和花费很多时间和精力才能掌握的技艺，因此武术又称"功夫"。在体育课上学练的武术，只是对拳术的初期尝试，掌握了课上所学的内容，可以锻炼身体，了解武术的攻防特色和基本常识，真正达到武术的要求还需下大的功夫。因此，教师在每节课的下课时要给学生提出明确的课下练习次数和安全要求。对于练习次数的规定，需要符合学生的实际情况，一般要求学生课后练习学习内容每天至少1遍，一周5～10遍以上较为合适。

二、健身长拳的教学评价

武术教师对学生在体育课上掌握"健身长拳"的程度，可以参照下表对学生做评价。

（一）"健身长拳"教学效果评价表

评 价 内 容	优	良好	合格
1. 学生能自觉遵守安全注意事项，在教学课上听指挥，不打闹			
2. 学生通过老师的示范，能产生对"健身长拳"的兴趣，有主动学练和了解武术知识的愿望			
3. 通过教学和练习，学生能够记住每个动作名称和全套动作的顺序			
4. 学生在集体练习时能够清晰表现每个动作的运动路线和运动幅度			
5. 学生自己能把"健身长拳"的每个动作打出劲力，并有眼神的配合			
6. 学生已经知晓"健身长拳"每个动作的攻防含义，并能简单讲解和展示			

续表

评 价 内 容	优	良好	合格
7. 学生掌握了健身长拳的全套动作，能熟练地进行演练，并有在同学面前展示的愿望			
8. 学生能够协助老师，帮助掌握动作慢的同学，并感到帮助人的快乐			
9. 学生课后能找时间用"健身长拳"锻炼身体			
10. 学生通过"健身长拳"课程的学习，能够关注武术，并比较主动的上网查看武术资料			

（二）"健身长拳"评价建议

①教师在每节课的课堂上对所教内容要提出简明的要求，并随时要对提出的要求进行语言评判。

②学生学会"健身长拳"的套路之后，可依据上表对学生进行初次评价并记，以便和最后的评价进行对比。

③充分利用最后的考核，督促学生进行"健身长拳"的练习。

（三）"健身长拳"单元教学计划建议

教学目标	★教会学生"健身长拳"的基本动作和套路，让学生了解"健身长拳"每个动作的身体形态、攻防含义和全套动作的技法演练 ★在教学过程中组织学生练习"健身长拳"，增强体质，塑造身形体态和朝气蓬勃的尚武精神 ★在教学过程中引导学生关注我国的民族传统文化，增强民族自豪感，培养自己蓬勃向上的进取精神和坚韧不拔的意志品质

续表

课次	教学内容	重点难点	教学目标	教学措施	辅助教材
第一次课	一、手型：拳、掌	拳、掌手型的变换	熟练拳和掌的手型规格	听教师口令变换手型	
	二、冲拳、推掌	冲拳和推掌要有"寸劲"	熟练的基本拳法和掌法	强调冲拳和推掌要夹肘	
	三、步型：马步、半马步、弓步	每种步型的规格和变换	熟练基本步型	编操练习	
	四、学习健身长拳1~3动 预备势	即将演练的精神状态	精神饱满	教师洪亮口令引导	
	（一）起势	"抱拳礼"的手型和整体的精神姿态	掌握套路初始动作	教师领做并要求学生模仿	
	（二）开步双抡劈	抡臂要做得立圆舒展，两拳劈得要有力	掌握双拳抡劈的动作	简要讲解，明确示范，强调立圆路线	
	（三）按掌前推	上步右闪按掌的动作	掌握闪身防守的动作和推掌反击	强调上体右闪，推掌时右腿要蹬地助力	
第二次课	一、手型：拳、掌	拳、掌规格手型的变换	熟练拳和掌的手型规格	听教师口令变换手型	
	二、冲拳、推掌	冲拳和推掌要有"寸劲"	熟练的基本拳法和掌法	强调冲拳和推掌时要夹肘进行	

续表

课次	教学内容	重点难点	教学目标	教学措施	辅助教材
第二次课	三、步型：马步、半马步、弓步	每种步型的规格和变换	熟练基本步型	适当的站桩练习	
	四、复习健身长拳1~3动	强调动作的规格和劲力	进一步熟练1~3动作	听教师口令集体练习	
	五、学习健身长拳4~5动（四）搂手勾踢	右手搂勾的同时向左斜上方勾踢	掌握"搂手勾踢"的动作	教师分手法和腿法两部分讲解，再示范完整领做	
	（五）缠腕斩拳	缠腕和斩拳两种技法的结合	掌握"缠腕斩拳"的动作	重点讲解示范缠腕，再示范完整领做	
第三次课	一、复习学过的拳掌手型、冲拳推掌手法	手型的变换；手法的劲力	提高手型和手法的质量	听教师口令集体练习	
	二、学习勾手和顶肘	勾手的屈腕；顶肘的手臂屈肘和高度	掌握勾手的手型和顶肘的动作	用体操口令组织学生进行练习	
	三、学习"闪身按掌"和弹踢	闪身的动作；绷脚尖的腿的屈伸	学会闪身和弹踢的腿法动作	一令一动的分解练习	
	四、复习健身长拳1~5动	强调动作的规格和劲力	进一步熟练1~5动作	教师强调要领，反复练习	

续表

课次	教学内容	重点难点	教学目标	教学措施	辅助教材
第三次课	五、学习健身长拳6~7动 （六）闪身冲拳	手挡闪身的动作和连续冲拳的劲力	掌握"闪身冲拳"的动作	教师重点讲解闪身的动作	
	（七）弹踢穿顶	转身的"勾手弹踢"和"上步顶肘"	掌握"弹、踢、穿、顶"的动作	教师简要讲解示范分解动作的运动路线	
第四次课	一、复习学过的拳掌手型、冲拳推掌手法	手型的变换；手法的劲力	提高手型和手法的质量	听教师口令集体练习	
	二、复习勾手和顶肘	勾手的屈腕；顶肘的手臂屈肘和高度	熟练勾手的手型和顶肘的动作	一令一动的分解练习	
	三、学习"戳踢钉脚"	两种腿法的连贯	提前预习下次课要学的腿法	教师带领，反复练习	
	四、复习"闪身按掌"和弹踢	闪身的动作；绷脚尖的腿的屈伸	熟练闪身和弹踢的腿法动作	教师带领，反复练习	
	五、复习健身长拳1~7动	每动的技法规格	进一步熟练和连贯所学的动作	集体、分组和个人自主练习	
第五次课	一、复习学过的冲拳、推掌、顶肘	三种基本动作的劲力	提高三种基本动作的规格和劲力	学生喊口令变换手法练习	

续表

课次	教学内容	重点难点	教学目标	教学措施	辅助教材
第五次课	二、复习闪身按掌和弹踢	闪身的动作；绷脚尖的腿的屈伸	熟练闪身和弹踢的腿法动作	教师组织进行集体练习	
	三、复习健身长拳1~7动	每动的技法规格	进一步熟练和连贯所学的动作	听教师的口令进行集体练习	
	四、学习健身长拳8~10动（八）掼拳戳脚	戳踢和钉脚的腿法要清晰连贯有力	掌握"掼拳戳脚"的动作	教师简要讲解示范腿法的运动路线	
	（九）闪身砍推	在起身的同时闪身并砍掌	掌握"闪身砍推"的动作	教师简要讲解；示范分解动作	
	（十）收势	本动难点同于"起势"	掌握"收势"动作	教师完整示范并领做	
	五、健身长拳1~10动复习			听教师口令集体练习	
第六次课	一、练习学过的基本动作	手型手法的准确和清晰变换	巩固手型和手法	按体操口令进行练习	
	二、复习健身长拳1~10动	记住全套动作	熟练健身长拳全套动作	教师用口令指挥练习	
	三、练习健身长拳反向动作	适应反向练习	熟练掌握全套动作	教师口令指挥集体练习	
	四、分组练习	往返动作的熟练程度	熟练掌握正反全套动作	各组学生喊动作名称练习	

续表

课次	教学内容	重点难点	教学目标	教学措施	辅助教材
第七次课	一、练习学过的基本动作	手型手法的准确和清晰变换	巩固手型和手法	按体操口令进行练习	
	二、复习健身长拳全套动作	全套动作的顺序	熟练健身长拳全套动作	喊动作名称的口令集体练习	
	三、纠正健身长拳1~5动	动作的准确性、劲力、攻防意识	进一步提高1~5动的质量	教师在集体练习中纠正	
	四、分组练习	往返全套动作的熟练程度	熟练掌握正反全套动作	各组学生喊动作名称练习	
第八次课	一、练习学过的基本动作	手型手法的准确和清晰变换	巩固手型和手法	按体操口令进行练习	
	二、复习健身长拳全套动作	记住全套动作	熟练健身长拳全套动作	听教师的口令的节奏指挥	
	三、纠正健身长拳6~10动	动作的准确性、劲力、攻防意识	进一步提高6~10动的质量	教师在集体练习中纠正	
	四、分组练习	往返全套动作的熟练程度	熟练掌握正反全套动作	各组学生喊动作名称练习	

续表

课次	教学内容	重点难点	教学目标	教学措施	辅助教材
第九次课	一、练习学过的基本动作	手型手法的准确和清晰变换	巩固手型和手法	按体操口令进行练习	
	二、讲解考核标准和要求复习健身长拳1~10动	考核标准和要求	明确考核标准和要求	要求学生要有发挥水平的意识	
	三、练习健身长拳全套	记住全套动作	熟练健身长拳全套动作	听教师的口令集体练习	
	四、观摩和教师讲评	全套动作的演练能力	提高所学动作，完成往返全套动作。考前准备	全体集合听教师讲评	
第十次课	一、练习学过的基本动作	手型手法的准确和清晰变换	巩固手型和手法	按体操口令进行练习	
	二、练习健身长拳全套	考核标准和要求	明确考核标准和要求	听教师的口令集体练习	
	三、考核	依次进行	健身长拳全套动作的展示	教师评价	
	四、教师讲评			全体集合听教师讲评	

参考文献

人民教育出版社课程教材研究所体育课程教材研究开发中心. 义务教育教科书教师教学用书·体育与健康（七年级全一册）·武术 [M]. 北京：人民教育出版社，2012.

第四章　健身南拳的技术动作与教学法

　　武术具有的健身、强身、防身、修身功能使其成为学校体育教育的重要科目。在当前爱国尚武的倡议下和武术教育立德树人的目标中，作为我国民族传统体育运动项目的武术，正逐渐发挥其在"文化走出去"的国家战略中的品牌符号与价值。北京师范大学体育与运动学院作为以教师教育、教育科学为特色且具有百年文化底蕴的体育专业人才培养院校，在培养新时代的中小学武术教学师资队伍的时代任务和目标诉求下，有针对性地引入当前中学武术教材的内容，建立从理论到实践的操作对接。搭建学生爱国主义和武德教育的重要平台，促进当前高校大学生的身心健康发展，使武术初学者和体育专业的学生群体通过武术项目了解自己民族的文化，提高学练武术的运动兴趣，为武术技能进一步地深入提高和学习民族传统体育的其他项目奠定基础，并成为将来继续学习和工作后的终身体育项目。

　　本章节选取的内容为教育部审定的义务教育教科书《体育与健康（八年级）》武术教材·健身南拳。南拳是流传于中国南方各地诸拳种的统称，其特点拳势刚烈、步法稳固，身形周正刚健，手型手法多变（多有一种步型不变，变换多种手法的拳势），多桥法，擅标手，动作刚健朴实，发劲时随势呐喊，以声助气助力，腿法和跳跃较少，以手臂进行攻防的桥法和麒麟步是南拳的典型技法。

　　本章节的内容为人民教育出版社《体育与健康》初中二年级的武术教材"健身南拳"，该套路短小精炼，易教易学，体现了南方拳种的攻防技法特色。在学练中同学们可感受到武术南拳特有的身体运动方式和基本的攻防技击方法，形成端正挺拔的身体姿态，提高上下肢协调配合的身体运动能力，培养勇猛顽强、积极进取、尚武崇德的优良品质，引发对中华传统文化的兴趣。

第一节 健身南拳的技术内容及特点

一、健身南拳的动作内容

健身南拳的技术动作包括南拳的基本手型、虎爪、缠桥、挡桥、切掌、左右蝶掌、左右踩腿等基本动作和起势、收势的套路动作。全套动作共分两段，每段十个动作，前后动作相同。

第一段：一、起势；二、架桥双砸拳；三、缠桥切掌；四、麒麟步双蝶掌；五、踩腿撞拳；六、挡桥冲拳；七、闪身虎爪；八、上步抽拳；九、架桥双砸拳；十、收势。第二段：反向练习第一段动作，完成往返全套动作。

二、健身南拳的技术特点

南拳是明代以来流传于我国长江以南各省（福建、广东、广西等）的一大类拳种的总称，流派众多，各具特色。健身南拳的内容创编主要吸取了传统南拳中的经典特色动作，内容选编了架桥、圈桥等桥法；虎爪、蝶掌、冲拳、抽拳等手法；麒麟步、跳步等步法，以及踩腿等南拳特色的攻防技法，展现了南拳的丰富手法变化和身步用劲的技法特色，这些动作具有直观的技击作用，便于引起学生的学习兴趣和学习欲望。

南拳"周正刚健"的身型在学练过程中可以使学生端正身体姿态；多变的手法和稳固有力的步法可以提高学生上下肢协调配合的身体运动能力，修正身体姿态和提高身体的协调性；威猛的拳势可以培养学生勇猛顽强、积极进取、尚武崇德的优良品质。其中穿插闪身动作，突出体现生活中防身避险的实用功能。同时，南拳也是国内外武术比赛表演的经典项目，动作刚劲有力并有特色，容易引起学生的学习兴趣，适合初学者和学生群体习练。

第二节　健身南拳的教学步骤及方法

一、健身南拳的教学步骤

①教会学生武术基本功，做好学练前的身体素质准备。
②教会学生南拳的基本技术和运动方法。
③教会学生"健身南拳"的基本动作和套路。
④巩固提高所学技术动作，学习反向动作，完成往返全套动作。
⑤让学生了解"健身南拳"每个动作的身体形态与攻防含义。
⑥让学生掌握"健身南拳"全套动作的演练。
⑦组织学生练习"健身南拳"，进行分组练习和集体演练。
⑧通过"健身南拳"技术学习，塑造学生强健的身形体态，增强体质。
⑨在教学中主动传授中国武术的文化知识，积极地引导学生关注传统文化，增强民族自豪感，培养学生朝气蓬勃的进取精神和坚韧不拔的意志品质，以及敢为人先、勇于担当的责任意识和尚武精神。

二、健身南拳的教学方法

第一段

预备势：并步直立

动作方法：两脚并步，身体正直站立，挺胸、收腹，目视前方。
动作要点：两腿夹紧、立腰、头正、颈直。
教学重点与难点：身体的挺直站立；眼睛的平视和精神。
易犯错误：挺肚子、肩不平。
纠正方法：强调收腹挺胸；平肩正项。

1. 起势

动作方法：双手左掌右拳在胸前相合，成"抱拳礼"；随即，两手握拳（左掌变拳）迅速收回腰间；同时头向左转，目平视左前方。
动作要点：拳掌变换要准确，头向左转要迅速。
教学重点与难点：收拳与转头要同时进行。
易犯错误：头左转时向后仰。
纠正方法：强调双肘后加，转头后下颌内收。

2. 架桥双砸拳

动作方法：右脚向右撤步，身体向左拧转，同时双手握拳向左斜上方架出，右手在外，目视双拳；双腿屈蹲成马步，同时双拳向左右两侧下砸，目视右拳；双腿蹬伸跳起并拢，同时双拳收至腰间，头向左转，目视左侧方。
动作要点：双拳下砸要有力，头向左转要迅速。
教学重点与难点：双拳下砸的劲力。

易犯错误：双拳下砸无力。

纠正方法：强调双拳上架时身体要挺立；下砸时，双拳要随身而行，翻腕要有力。

3. 缠桥切掌

动作方法：左脚向左上步成半马步，同时左拳变掌向内划弧抓按（缠桥），右拳在腰间变掌，目视前方；右腿蹬地伸直成弓步，同时右掌向前横掌切出，目视右掌。

动作要点：抓按要向右下方，切掌要迅速有力。

教学重点与难点：缠桥时的手法与步法的协调。

易犯错误：缠桥时与左脚上步不协调。切掌无力。

纠正方法：强调缠桥时要随转身而行，上体不要左转；切掌时要蹬地、拧腰的同时出掌。

4. 麒麟步双蝶掌

动作方法：左脚向右摆步；右脚跟提起；同时双手变掌，左掌外旋屈肘收于腰间，掌心向前，掌指向下；右掌内旋屈肘收于胸前，掌心向右，掌指向上；目视左侧方；右脚经左脚前上一步，左脚跟提起；同时左臂翻转屈肘收于胸前，左掌心向右，掌指向上；右臂翻转屈肘于腰间，右掌心向前，掌指向下，目视右侧方；左脚向前上一步成半马步，同时头向左转，目视前方；随即右腿蹬地伸直成弓步；同时双掌左上右下同时向正前方推出；目视前方；同时发喊"嗨"声。

动作要点：双掌摆收要贴身，双蝶掌前推要有力。

教学要点：双掌摆收和推掌与麒麟步和上步的协调配合。

教学重点与难点：双掌摆收与麒麟步的配合。

易犯错误：麒麟步的步型高，双推掌无力。

纠正方法：强调第一步和第二步要屈腿下踩，第三步要顺势上步，双掌摆收要同时完成。蝶掌前推时双掌之间的距离不要太大；右腿要用力蹬地。另外，提醒学生要用力发声，强调发声是人的助力行为，同时还可振奋精神，宣泄紧张情绪。

5. 踩腿撞拳

动作方法：上体向左拧转；同时左掌外旋屈肘收于腰间，掌心向前，掌指向下；右掌内旋屈肘收于胸前，掌心向右，掌指向上；目视右掌；上体向右拧转，同时双掌向前横切，目视双掌；双手向后捋抓，左拳至腹前，右拳摆至身后，同时右脚尖外展向前踩踢，目视前下方；右腿后撤成弓步，同时左拳上架，右拳屈臂向前上方抄击，目视前方。

动作要点：双切掌要借转腰之力，捋手踩腿和撤步撞拳均要上下协调有力。

教学重点与难点：捋手踩腿的劲力。

易犯错误：捋手踩腿使不上劲力。

纠正方法：强调踩腿时左腿屈蹲，右脚尖外摆；双手后捋和右腿前踩要同时完成。

6. 挡桥冲拳

动作方法：左脚后撤一步，同时右拳屈肘收至腰间，左臂向下格挡，目视前下方；左脚上步成弓步，同时右拳向前冲出，左拳屈肘收至腰间，目视前方，发"嗨"声。

动作要点：撤步和上步要快，挡桥和冲拳均要有力。

教学重点与难点：撤步之后的上步冲拳。

易犯错误：撤步之后直接上步成弓步。

纠正方法：强调撤步之后身体重心保持在右腿成半马步，再蹬地挺直成弓步，这样冲拳才能有力。

7. 闪身虎爪

动作方法：上体向左拧转闪身，左脚随之撤步成虚步，同时右掌变爪向左抓挡，爪心向右，左拳在腰间变爪，爪心向前，目视右掌；左脚落实蹬地站起，右腿屈膝上提，上体向右拧身左闪，同时左爪向右前方推爪，右爪下拉屈肘后收，目视左爪。

动作要点：闪身要明显；出抓要沉肘有力。

教学重点与难点：闪身的动作和闪身的意识。

易犯错误：闪身的动作不明显。

纠正方法：讲解生活中躲闪正面撞击的事例，强调脚步和身体闪躲同步。

8. 上步抽拳

动作方法：右脚向下震踏，左脚随即上步，同时左爪变掌内收至右肩前，左爪变拳后摆至身后，目视左侧方；身体向左拧转，右脚向前上步，同时左掌经下搂摆至头部左上方上架，右拳经斜上抡抽至身体左下方，头随之右转，目视右侧。

动作要点：上步下搂和抡抽均要舒展，协调有力。

教学重点与难点：左手下搂和右拳抡抽的动作。

易犯错误：下搂和抡抽的动作不协调。

纠正方法：先降低难度，学练自然上步的上肢动作，熟练后再强调步型。

9. 架桥双砸拳

动作方法：左腿蹬伸站起，右脚随之跟步，同时左掌变拳，双手握拳向上方架出，右手在外，目视双拳；双腿屈蹲成马步，同时双拳向左右两侧下砸，拳心向上，目视右拳；双腿蹬伸跳起并拢，同时双拳收至腰间，头向左转，目视左侧方。

动作要点：上架要顺势舒展，双拳下砸要有力，头向左转要迅速。

教学重点与难点：动作的劲力和精神状态。

易犯错误：双拳左右下砸时，两臂未弯曲，砸拳动作无力。

纠正方法：双砸拳手臂要有一定弧度，精神要始终振奋。

10. 收势

动作方法：至此可双手成掌放下，结束第一段的动作教学。

第一段动作教学之后，要组织学生熟练第一段动作。当学生能够较熟练的完成，即可让学生进行反向的第二段练习，因第二段动作和第一段相同，所以此时组织学生进行练习可以进一步熟练所学动作，同时因为变换了方向，也可增加学生的练习兴趣。

第二段

健身南拳的第二段即反向练习第一段动作。练至"并步抱拳"，双手成掌放下还原成预备势。学生练习"健身南拳"往返两段的全套动作有一定的运动量，练习之后会稍有疲惫感，教师此时可让学生在原地踏步中调整呼吸，并主动放松，同时提示学生再练习时要克服疲劳，用坚韧的意志品质保证完成好每一个动作，并要求最后精神抖擞的收势。

第三节　健身南拳的教学建议及评价

一、健身南拳的教学建议

（一）教师在教学之前要明确提出安全注意事项，并在每次课前加以强调

"健身南拳"的拳术特色突出，动作刚劲有力，具有明显的技击作

用，容易引起学生的学习兴趣和练习的积极性。但也容易让性格活泼的学生用此打闹。因此，教师在教学之前要明确提出和强调安全注意事项，讲明武术可以防身的同时也存在伤害他人的危险。明确要求学生在课上可以在老师的组织下对动作进行有限制的体验，但在学练动作的过程中和课下不能用此随意打闹，禁止用所学的南拳动作开玩笑，以避免造成对同学和自己身体的伤害。

（二）在每节课教学和练习"健身南拳"套路之前，要组织学生练习南拳的基本动作，让学生明显感到与"健身长拳"的区别

"健身南拳"内容的创编所选取的都是具有明显南拳特色的动作，教师教学和学生学练时容易区分于"健身长拳"。在每次课的准备活动中可以从以下南拳基本动作中挑选 2~3 个动作或组合，组织学生进行单动练习，使学生了解南拳的动作特点，尽快熟悉南拳的技术劲力，这样即体现了武术的传统学习方法，也掌握了所学套路中的特色基本内容，为学习"健身南拳"奠定了基础。同时也便于学生在文化课学习的余暇随时练习，缓解学习的疲劳。

以下列举可选的南拳基本技术内容，教师也可根据学生情况自行组合创编。

1. 健身南拳的基本手型

基本手型主要有拳、掌、虎爪、蝶掌四种。

拳，手指要握紧；手腕要挺直。拳眼向上为立拳。拳心向下为平拳。

掌，四指要紧并伸直，拇指弯屈紧扣于虎口处。立掌背伸；小指侧在前。

虎爪，五指要分开，手指要扣抓，力达指尖。

蝶掌，两掌手型要正确，两掌上下距离约一掌。

教师在教学中要重点强调每种手型的规格，组织学生练习时，重点要求学生准确完成不同的手型并能快速变换。

2. 健身南拳的基本步型和步法

南拳的马步、弓步、半马步等步型同于长拳，但比长拳的步型略高。教师在教学南拳的马步、弓步、半马步等步型时，要重点强调每种步型的规格，组织学生练习过程中，要有一定的静力性站桩练习和一种步型的反复练习。以增强腿部力量和使步型尽快定型。

南拳最有特色的步法是麒麟步，教师在教学南拳的麒麟步等步法时，要重点强调步法的规格和节奏。组织学生练习过程中，除一种步型的反复练习之外，还可以与步型站桩交替进行练习，这样可使学生尽快掌握南拳的步法。

3. 健身南拳基本动作

基本动作主要有左右蝶掌、缠桥切掌、左右踩腿等基本内容。

(1) 左右蝶掌

预备势：左脚向左开步，双手成掌屈肘收抱于腰间。一八拍：

左摆掌：左臂屈肘收于右胸前，掌心向右，掌指向上；右臂屈肘于腰间，右掌心向前，掌指向下；目视前方。

双蝶掌：双掌左上右下同时向正前方推出，两掌根相距约一掌宽。

右摆掌：左掌外旋屈肘收于腰间，掌心向前，掌指向下；同时右掌内旋屈肘收于胸前，掌心向左，掌指向上；目视前方。

双蝶掌：双掌右上左下同时向正前方推出，两掌根相距约一掌宽。
如此依次反复进行。

动作要点：双掌摆收要贴身；推出时要沉肘。

教师要重点强调双摆掌和双推掌的规格和力度，组织学生练习过程中，可以摆掌和推掌分开反复练习，这样可使学生尽快掌握南拳的基本手法。

(2) 缠桥切掌

预备势：左脚向左开步，双手成掌屈肘收抱于腰间。一八拍：

左缠桥：左掌在身前划弧抓按，至腹前屈肘握拳，拳心向下；右臂屈肘于腰间，掌心向前；目视左拳。

右切掌：右掌向正前方外旋推切，臂微屈；目视右掌。

右缠桥：右掌在身前划弧抓按，至腹前屈肘握拳，拳心向下；左臂屈肘于腰间，掌心向前；目视右拳。

左切掌：左掌向正前方外旋推切，臂微屈；目视左掌。

如此依次反复进行。

动作要点：缠桥抓握要有力；切掌要沉肘。

教师要重点强调缠桥和切掌的规格和力度，组织学生练习过程中，要强调缠桥和切掌的手臂姿势均要屈肘，这样可以使学生的动作更加有力。

(3) 左右踩腿

预备势：双脚并拢站立，双手握拳屈肘收抱于腰间。一八拍：

左脚向左斜前方开步成左弓步，右脚脚尖外展向前踩踢；右脚向右斜后方撤步成弓步，左脚向右脚并步；右脚向右斜前方开步成右弓步，左脚脚尖外展向前踩踢；左脚向左斜后方撤步成弓步，右脚向左脚并步。

如此依次反复进行。

动作要点：弓步要平稳，踩腿要有力。

教师要强调踩腿时脚尖要外展，力点在脚掌。

（三）"健身南拳"的动作示范，要充分展示南拳的劲力和威势

南拳与长拳在外观上的区别主要是劲力充实，威势雄壮，首次课给学生示范时一定要明显突出南拳的这两个特点。本教材"健身南拳"的套路虽然短小，但动作特色明显。对于具有其他体育运动项目基础的体育教师，又在"健身长拳"的基础上，只要在授课之前花费一定时间进行准备和练习，就能在课堂示范中表现出劲力充实，威势雄壮的南拳特色，从而达到激发学生学习兴趣的要求。因此教师在课前一定要认真备课，在第一次武术课中争取表现出南拳的特色，激发学生的学习兴趣和欲望，使学生的动作尽快表现出南拳特色。

（四）在教学中要强调南拳步法的稳固和手法的劲力

步法稳固和手法劲力是初学者体现南拳特色之处，特别是麒麟步，每一步都要扎实，每一步之间都要快稳连贯，这是体现步法稳固的基础。在此基础之上，手法与步法紧密结合，动作幅度稍小于长拳，刚劲有力。对此，教师在示范和教学中要加以注意。

（五）启发学生发现长拳与南拳的不同

相比北方专门突出腿法的"潭腿""戳脚"等传统拳种，以及北方拳种的多样腿法，南拳则主要体现出手型和手法的多样性，因此有"南拳北腿"之说。民间还有种说法是南方人大都生活在舟船上，动手或比武时多用手法便于站稳发力，如用腿法则"起腿半边空"，易失去身体平衡。而北方人生活在广袤的平原或草原，腿力强健而善使腿踢。虽然"健身南拳"选择的都是南拳的特色经典动作，但对于不了解武术的初学者而言还是难以区分的。对此，教师可以在南拳教学的间歇和调整时间

内，向学生讲解示范南拳与长拳的区别，讲解二者形成的文化差异。教师教会学生南拳套路之后，要鼓励学生拓宽眼界，可以翻阅各类武术专业期刊或登录武术专业网站进行学习，使学生了解更多南拳与长拳的知识，达到可以区别南拳与长拳动作特色的程度。

（六）在教学过程中，教师要组织学生敢于"发声"

"健身南拳"中的"麒麟步双蝶掌"和"挡桥冲拳"都要发声，教师在初次教学时，会遇到大部分学生不好意思发声、个别学生发怪声的现象，此属正常。此时教师应郑重其事地组织学生集体练习发声，并要求学生尽量大声呼喊。同时告知学生发声是南拳助威、助势、助力的特色技法，对现实生活中在自身极限下用力时的帮助非常重要，如搬运重物。另外，大声地发声也是宣泄不良情绪的方法之一。但要提示学生不要在非练习场地和时间里发声，以免影响他人。

（七）要激励学生在课下经常练习

教师不仅需要在课上充分利用时间组织学生进行练习，还需要提示学生课下自己主动进行练习。教会学生南拳套路之后，还要告知学生南拳手型和手法多变换，步型步法稳固扎实。练习时，肌肉的紧张度和用力程度较大，可以健壮体格、发达上肢肌肉，有助于形体的健美，适应未来社会发展以及身体、心理和谐发展的需要。鼓励学生在文化课学习之余进行主动练习，不仅可以不断提高"健身南拳"的熟练性和力度，也可缓解学习疲劳，提高学习效率，真正达到武术课学习效果。

（八）"以礼始以礼终"，文化教育贯穿始终

武术礼仪要贯穿教学过程的始终，开始上课和下课时师生要互敬

"抱拳礼",日常生活中见到师长要行"鞠躬礼"。强化学生对中国传统礼仪文化的认同,将文化教育贯穿学校教育的始终,让学校武术教育深刻地影响和渗透至每一位习练者的生活,由技入道,至武为文,化技术为文化,让德性育人格。

二、健身南拳的教学评价

武术教师对于学生在体育课上掌握"健身南拳"的程度,可以参照下表对学生做评价。

(一)"健身南拳"教学效果评价表

健身南拳	是	一般	否
1. 了解学练南拳的安全注意事项,并能自觉遵守			
2. 主动了解有关南拳的传统文化知识,有学练健身南拳和了解武术器械知识的愿望			
3. 练拳之前能用体育课学过的准备活动热身			
4. 学练时能够记住每个动作的轮廓和动作名称			
5. 能够清晰表现每个动作的运动路线和运动幅度			
6. 能够有劲力地打出每个动作,并有眼神的配合			
7. 了解每个动作的攻防含义,并能略加展示			
8. 敢于配合动作发声,并表现出"刚健有力"的气势			
9. 掌握了健身南拳的全套动作,并能熟练地进行演练,有在同学面前展示的愿望			
10. 能够协助老师帮助掌握动作慢的同学,并感到帮助人的快乐			
11. 练拳之后能够用体育课学过的整理活动放松身体			

(二)"健身南拳"评价建议

①教师在每节课的课堂上对所教内容要提出简明的要求,并要随时对提出的要求进行语言评判。
②学生学会"健身南拳"的套路之后,教师可依据上表对学生进行初次评价并记录,以便和最后的评价进行对比。
③充分利用最后的考核,督促学生进行"健身南拳"的练习。

(三)"健身南拳"单元教学计划建议

教学目标	★教会学生"健身南拳"的基本动作和套路,让学生了解"健身南拳"每个动作的身体形态、攻防含义和全套动作的技法演练 ★在教学过程中组织学生练习"健身南拳",可增强体质,塑造强健的身形体态和朝气蓬勃的尚武精神 ★在教学过程中引导学生关注我国的民族传统文化,增强民族自豪感,培养自强不息的进取精神和坚定顽强的意志品质					
课次	教学内容	重点难点	教学目标	教学措施	辅助教材
第一次课	一、手型:拳、掌	拳、掌手型的变换	熟练不同手型规格	听教师口令变换手型	
	二、冲拳、推掌、切掌	冲拳和推掌要有"寸劲"	熟练的切掌掌法	强调冲拳、推掌、切掌劲力	
	三、步型:马步、半马步、弓步	每种步型的规格和变换	熟练基本步型	编操练习	

续表

课次	教学内容	重点难点	教学目标	教学措施	辅助教材
第一次课	四、学习健身南拳1~3动 预备势	身体的挺直站立；眼睛的平视和精神	精神饱满	教师洪亮口令引导、领做并要求学生模仿	
	（一）起势	收拳与转头要同时进行	掌握套路初始动作	简要讲解示范，强调下砸随身体而行	
	（二）架桥双砸拳	双拳下砸的劲力	掌握双拳抡砸的动作		
	（三）缠桥切掌	缠桥时的手法与步法的协调	掌握缠桥防守和切掌反击	强调缠桥时要随转身而行，上体不要左转；切掌时要在蹬地、拧腰的同时出掌	
第二次课	一、手型：爪、蝶掌	爪、蝶掌手型的变换	熟练爪、蝶掌的手型规格	听教师口令变换手型	
	二、步型、步法：弓步、麒麟步	麒麟步的规格和变换	熟练麒麟步型	麒麟步分解练习	
	三、左右蝶掌、左右踩腿	双手变换要协调	熟练的双手的掌法变换	强调双蝶掌的劲力	
	四、复习健身南拳1~3动	强调动作的规格和劲力	进一步熟练1~3动作	听教师口令集体练习	

续表

课次	教学内容	重点难点	教学目标	教学措施	辅助教材
第二次课	五、学习健身南拳4~5动（四）麒麟步双蝶掌	双掌摆收与骑龙步的配合	掌握"麒麟步双蝶掌"的动作	教师重点讲解步法与手法的配合，再领做	
	（五）捋手踩腿撞拳	捋手踩腿的劲力	掌握"踩腿撞拳"的动作	重点讲解示范踩腿，再示范完整领做	
第三次课	一、复习学过的拳掌手型、学习"虎爪"	手型的变换	熟练"虎爪"手型	听教师口令集体练习	
	二、练习麒麟步、左右蝶掌、双推虎爪	每动的动作规格	进一步熟练	用体操口令组织学生进行练习	
	三、复习健身南拳1~5动	每动的动作规格	进一步熟练1~5动作	用分解动作口令组织学生进行练习	
	四、学习健身南拳6~7动（六）挡桥冲拳	撤步之后的上步冲拳	掌握"挡桥冲拳"的动作	教师分两动教学，强调撤步上体正直	
	（七）闪身虎爪	闪身的动作和闪身的意识	掌握"闪身虎爪"的动作	教师重点讲解闪身的动作，练习中强调闪身意识	

续表

课次	教学内容	重点难点	教学目标	教学措施	辅助教材
第四次课	一、复习学过的健身南拳手型和基本手法	手型的准确；手法的劲力	提高手型和手法的质量	听教师口令集体练习	
	二、复习左右蝶掌、双推虎爪、左右踩腿	手法和腿法的规格和劲力	熟练基本手法，掌握南拳的用劲	一令一动的分解练习和喊口令练习	
	三、练习纠正起势——麒麟步双蝶掌	南拳的体式与用劲	加深对南拳动作的感受	教师带领，反复练习	
	四、练习纠正踩腿撞拳——闪身虎爪	闪身的动作和意识	熟练闪身和虎爪的动作	教师带领，反复练习	
	五、练习健身南拳1~7动	每动的技法规格	进一步熟练和连贯所学的动作	集体、分组和个人自主练习	
第五次课	一、复习学过的健身南拳手型和基本手法	手型的准确；手法的劲力	提高手型和手法的质量	听教师口令集体练习	
	二、复习左右蝶掌、双推虎爪、左右踩腿	每动的技法规格	熟练基本手法，掌握南拳的用劲	一令一动的分解练习和喊口令练习	
	三、复习健身南拳1~7动	动作的清晰、连贯有力	进一步熟练和连贯所学的动作	听教师的口令进行集体练习	
	四、学习健身南拳8~10动（八）上步抽拳	左手下搂和右拳抡抽的动作	掌握"上步抽拳"的动作	简要讲解示范左右手的运动路线，再配合上步	

121

续表

课次	教学内容	重点难点	教学目标	教学措施	辅助教材
第五次课	（九）架桥双砸拳		掌握"架桥双砸拳"的动作	教师简要讲解示范，口令分解教学	
	（十）收势	本动难点同于"起势"	保持动作的形态和神态	教师完整示范并领做	
	五、健身南拳1~10动复习	精神状态		听教师口令集体练习	
第六次课	一、练习学过的健身南拳基本动作	手型手法的准确和清晰变换	巩固手型和手法的规格	按体操口令进行练习	
	二、复习健身南拳1~10动	全套动作的记忆	熟练健身南拳全套动作	教师用口令指挥练习	
	三、练习健身南拳反向动作	适应反向练习	熟练掌握全套动作	教师口令指挥集体练习	
	四、分组练习	往返动作的熟练程度	熟练掌握正反全套动作	各组学生喊动作名称练习	
第七次课	一、练习学过的健身南拳基本动作	手型手法的准确和清晰变换	巩固手型和手法	按体操口令进行练习	
	二、复习健身南拳全套动作（第一段和第二段）	全套动作的顺序	熟练健身南拳全套动作	喊动作名称的口令集体练习	
	三、重点纠正健身南拳1~5动	动作的准确性、劲力、攻防意识	进一步提高1~5动的质量	教师组织集体练习并进行纠正	

续表

课次	教学内容	重点难点	教学目标	教学措施	辅助教材
第七次课	四、分组练习	往返全套动作的熟练程度	熟练掌握正反全套动作	各组学生喊动作名称练习	
第八次课	一、练习学过的健身南拳基本动作	手型手法的准确和清晰变换	巩固手型和手法	按体操口令进行练习	
	二、复习健身南拳全套动作	全套动作的熟练	熟练健身南拳全套动作	听教师口令的节奏指挥	
	三、重点纠正健身南拳6~10动	动作的准确性、劲力、攻防意识	进一步提高6~10动的质量	教师在集体练习中纠正	
	四、分组练习	往返全套动作的熟练程度	熟练掌握正反全套动作	各组学生喊动作名称练习	
第九次课	一、练习学过的健身南拳基本动作	手型手法的准确和清晰变换	巩固手型和手法	按体操口令进行练习	
	二、讲解考核标准和要求 复习健身南拳1~10动	考核标准和要求的理解	明确考核标准和要求	要求学生要有发挥水平的意识	
	三、练习健身南拳全套	记住全套动作	熟练健身南拳全套动作	听教师的口令，集体练习	

续表

课次	教学内容	重点难点	教学目标	教学措施	辅助教材
第九次课	四、观摩和教师讲评	全套动作的演练能力	提高所学动作质量,完成往返全套动作;考前准备	全体集合听教师讲评	
第十次课	一、用学过的健身南拳基本动作做准备活动	简讲要领和特色	进入考核状态	按体操口令进行练习	
	二、练习健身南拳全套	按考核标准和要求练习	做好考试准备	听教师口令的集体练习后,个人准备	
	三、考核健身南拳	依次进行	健身南拳全套动作的展示	教师评价	
	四、教师讲评	本阶段健身南拳课的学习情况	总结和提示课后自练的注意事项	全体集合听教师讲评	

参考文献

人民教育出版社课程教材研究所体育课程教材研究开发中心. 义务教育教科书教师教学用书·体育与健康(八年级全一册)·武术[M]. 北京:人民教育出版社,2013.

第五章　健身短棍的技术动作与教学法

武术因具有的健身、强身、防身、修身功能使其成为学校体育教育的重要科目。在当前爱国尚武的倡议下和武术教育立德树人的目标中，作为我国民族传统体育运动项目的武术，正逐渐发挥其在文化走出去的国家战略中的品牌符号与价值。北京师范大学体育与运动学院作为以教师教育、教育科学为特色且具有百年文化底蕴的体育专业人才培养院校，在培养新时代的中小学武术教学师资队伍的时代任务和目标诉求下，有针对性地引入当前中学武术的教材的内容，建立从理论到实践的操作对接。搭建学生爱国主义和武德教育的重要平台，促进当前高校大学生的身心健康发展，使武术初学者和体育专业的学生群体通过武术项目了解自己民族的文化，提高学练武术的运动兴趣，为武术技能进一步地深入提高和学习民族传统体育的其他项目奠定基础，并成为将来继续学习和工作后的终身体育项目。

短棍是武术中的无刃短器械，本是对短棒类武术器械的总称，后指以鞭杆、手杖等短棍、短棒类武术器械为形制、集各家技法形成的棍法体系。因其无刃，故它的每一部位，均可握持，经常调手换把，从而形成了持梢用把、持把用梢、持中间用两端等一系列梢把并用的技法。运用时，击首则尾应，击尾则首应，击中则首尾相应，变化莫测。

本章节选取的内容为教育部审定的义务教育教科书《体育与健康（九年级）》武术教材·健身短棍，由人民教育出版社出版，面向初中三年级的学生。该套路短小精炼，易教易学，体现武术短器械的攻防技法。

其中包括平抢棍、斜劈棍、下挂棍、斜撩棍、侧点棍等棍稍的攻击方法，有配合腿法的戳踢挑把、钉脚盖把、上步戳把等棍把的攻击方法。在学练过程中要求活把，突出生活中使用器械的实用功能。青少年学练短棍，可以提高对生活实用工具的认知和具备使用工具的基本能力。

第一节　健身短棍的技术内容及特点

一、短棍概述

（一）短棍的技术体系

短棍是生活中十分易得的木制简便工具，是武术的短器械之一，也称"鞭杆"。短棍便于携带，既可作为生活中的实用工具，又可作为防身的武器。古代北方称"棒"，南方称"棍"，古代人们出远门时，常常带条短棍，以做防身或工具之用。如山西驼骡鞭，初传于古代代州（今山西代县一带）。代州人为了换取生活物资，要将当地特产用骡子或毛驴运输到山西西北口外（今内蒙一带），但在旅途中常遭强盗抢劫，迫使他们通过习拳练武提高防身自卫能力，并常用随身携带的鞭杆进行搏斗。后经历代武师对鞭杆实战技术进行加工，创编成多种套路，并不断充实和完善。因此，短棍的使用方法逐渐在实践中积累起来，并形成各种用于健体防身的短棍技法。

短棍的棍法主要有劈、戳、挑、扣、点、拦、架等。其技法中融入了多种武术器械的使用技巧，练习短棍的技法和套路时，需单手或双手持短棍，经常调手换把，棍梢和棍把并用，即梢把并用。短棍的传承发展，主要分为手杖类器械和鞭杆类器械。短棍中的手杖类器械，主要流传于华中地区，以少林拳系短杖为代表。短棍中的鞭杆类器械，主要流传于西北地区和华北地区，西北地区以甘肃陇南、甘谷、秦安、武山、通渭等地的习传者较多。广为流传的有：伏虎棍、缠海鞭、九环鞭、子胥鞭、太师鞭、铁门扭丝鞭、五虎群羊鞭、黑虎鞭、蛟龙鞭、梅花鞭、桥梁救主鞭、川龙鞭、九回窜子、五阴七手十三法等。在华北地区，山西习传者尤众。流传于晋北、吕梁、太原和晋中一带的鞭杆主要有：五花鞭、八仙鞭、十五手点穴鞭、十八式单手鞭、二十四式、三十六式、六十三鞭、八合鞭、子母鞭、驼骡鞭、十字鞭、综合鞭杆等。

传统短棍有鞭杆门之称。由鞭杆拳、胸鞭、腰鞭、袖鞭、尺鞭、掌鞭及相关功法组成。鞭杆拳：一般与鞭杆套路合一，如驼骡鞭空手练就是一套完整的拳术。胸鞭：长由地面至心口，适合两人对打及功法练习。腰鞭：长13把，适合双手及单手习练，目前流行的短棍多以此长度为准。袖鞭：长从肩至中指，适合单手习练及功法练习。尺鞭：长与尺骨长度相同，适合于点穴及功法习练。掌鞭：长约10厘米，用于暗器及功法练习。功法练习：有两人对拧双棍、推短棍、对缠棍、缠指等。由于短棍易于取材、携带和习练，实用性强，几乎各拳种内均有短棍类器械，从而形成了不同拳种短棍的技术特色。流传于不同地域的短棍技法，则多受当地流行拳种的影响。例如，山西短棍受形意拳技术风格的影响，架势工整，棍多贴身，劲力风格较为明显。西北短棍受"条子（长度超过身高的棍）"技法影响较多，多倒把、泼辣多变、快速有力。

（二）短棍的基本技法

短棍是用质地坚实的硬木制作，一般选用质地坚硬而稍重的白蜡杆、牛筋棍、藤条等材料制成。选择短棍长度的方法是：身体自然直立，大臂垂直于地面，抬前臂至水平，地面距前臂上沿高度即为适合本人的短棍长度。棍的粗头直径大约 2 厘米，为把端；细头略细于把端，为梢端。

短棍是一种无刃短器械，它的每一部位均可握持。从而形成了持梢用把、持把用梢、持中间用两端等一系列技法。运用时，击首则尾应，击尾则首应，击中则首尾相应，变化莫测。短棍将身棍关系视如手足关系，强调棍如人之手，使棍成为身体的一部分。短棍的基本技法包括：执中法、倒手换把、梢把互济、身棍合一、棍走弹力、单双互换等。

（1）执中法

执就是执掌、掌握、控制、运用的意思。一手握棍把端或梢端，另一手半握于中段，握中段之手即是执中之手，短棍技法变化全在执中之手的虚实、转换、进退变化之中。短棍的运用重在执中，掌握执中的道理才能很好地运用短棍的一系列技法。执中法主要有三种技法：①执中虚实法：执中手虚握棍或半握棍时为虚，称为活把，利于变化，如执中手的阴阳变化、松紧变化、把位变化等。执中手瞬间握实为实，称为硬把，是发力时用的技法之一，如棍法中的戳棍、点棍、劈棍等技法。②执中手转换法：执中手在棍法运用中处于连续的转换状态。主要有滑把——执中手在短棍中段自如滑动、阳把——执中手换把手心朝上、阴把——执中手换把手心朝下、虚把——执中手虚握棍中段、实把——执中手实握棍中段。③执中进退法：执中手握棍向前滑为进，向后滑为退。

（2）倒手换把

倒手是使短棍在左右手之间灵活转换，即左右手都有攻防技法，左右两边均可以自如发力。换把是左右手可以自如地以各种把法执握于把端、中段和梢端，并使出相应的攻防技法。倒手换把是短棍重要的基本技法之一，倒手不灵就不能体现出短棍的梢把并用，换把不活则体现不出短棍的瞬息多变。

(3) 梢把互济

所谓梢把互济是指梢把两端可以迅速自如地转换攻防技法，一端防守，另一端进攻，或两端轮流进攻或者防守。如把端拦挂、梢端进击，把端拦裹、梢端戳击等。

(4) 身棍合一

由于短棍的优势就在于短，它可以很方便地贴身缠裹穿插，这样就可以充分与身体形成和谐的整力，如戳棍、劈棍、挑棍等棍法均是贴身进攻技法。

(5) 棍走弹力

短棍演练时身、棍之力道有如弹簧，短棍对弹力的要求较高，弹力的产生一方面是要求周身协调如弓蓄；另一方面是运用执中技法，使短棍的两端产生快速翻转的弹性力，在抽、甩、云、贯等技法中，贯穿弹性鞭打劲。

(6) 单双互换

是指短棍技法既有单手技法也有双手技法，而且单双手技法可以自如地相互转换。在单手技法中可融入刀法、剑法；双手技法中可融入枪法、长棍法。

短棍是当前国内外武术表演和竞赛的运动项目，也是大众健身的简便器械。

二、健身短棍的动作内容

健身短棍的技术动作包括劈棍、戳棍、挑把、戳把等基本动作和起势、平抡斜劈、挂棍前劈、闪身栏架、三把连击、斜撩斜劈、上步前戳、侧身闪点、左右横扫、收势的套路动作。全套动作共分两段，每段十个动作，前后动作相同。

第一段：一、起势；二、平抡斜劈；三、挂棍前劈；四、闪身栏架；五、三把连击；六、斜撩斜劈；七、上步前戳；八、侧身闪点；九、左右横扫。第二段：反向练习第一段动作，完成往返全套动作。十、收势。

三、健身短棍的技术特点

"健身短棍"的编写过程中，主要吸取了传统短棍和武术器械中的经典特色动作，展现短棍的劈、戳、挑、扣、点、拦、架的丰富棍法和梢把并用、调手换把、棍身合一的身械协调用劲方式。目的让学生在了解、感受、尝试中国武术丰富内容的同时，了解武术器械的攻防技法，知晓自己使用器械的正确身体姿态，提高身体的协调性，引导和启发学生运用生活实用工具的意识和能力，提高生活中躲避伤害和持械防护的技术能力。

第二节　健身短棍的教学步骤及方法

一、健身短棍的教学步骤

①讲解武术器械和短棍的基础知识。
②教会学生短棍的基本技术和使用方法。
③教会学生"健身短棍"的基本动作套路。
④巩固提高所学技术动作，学练反向动作，完成往返全套动作。

⑤让学生了解"健身短棍"每个动作的身体形态与攻防含义。
⑥让学生掌握"健身短棍"全套动作的技法演练。
⑦组织学生练习"健身短棍",进行分组练习和集体演练。
⑧通过"健身短棍"技术学习,锻炼学生使用工具的能力。
⑨在教学中主动传授武术器械的文化知识,力求让学生在学练的过程中直观了解和体验到中国武术器械的丰富内容,在教学过程中让学生感受到使用武术器械的身体运动方式和短棍攻防技法的运用,以便能引起当今学生的学练兴趣和符合当代社会生活的实际需要。

二、健身短棍的教学方法

第一段

预备势:并步持棍
动作方法:身体直立,两脚并步;右手持棍于身体右侧。
动作要点:两腿夹紧、立腰、头正、颈直。
教学重点与难点:身体的挺直站立;右手持棍的垂直。
易犯错误:站立不挺拔,持棍无力。
纠正方法:强调收腹挺胸;持棍使棍身靠在肩前。

1. 起势

该式分为两动:持棍敬礼、收棍甩头。
动作方法:右手持棍与左掌在胸前相合,成"抱拳礼";两手迅速收回腰间;同时头向左转,目平视左前方。
动作要点:持棍礼要准确精神,头向左转要迅速。
教学重点与难点:持棍礼的双手动作。

易犯错误：持棍不正，双手无力。

纠正方法：强调持棍两肩和两肘要平，右手要用力握住棍身。

2. 平抢斜劈

该式分为三动：弓步持棍、插步平抢、马步斜劈。

动作方法：左脚向左侧开成弓步，同时左手在右手上抓握棍身，双手将棍平担于右肩；身体向右拧转，双手将棍向右平抢，同时左脚向右脚后插步，目视左侧；身体向左拧转，右脚向右上步成马步，同时双手将棍向右斜劈，头向右转，目视棍梢。

动作要点：平抢和斜劈方位要准确，上下要协调有力。

教学重点与难点：平抢和斜劈棍的运动路线。

易犯错误：斜劈棍运动方向不对。

纠正方法：强调斜劈棍的运动路线要近乎平圆轮转；双手抢至右腰侧。

3. 挂棍前劈

该式分为两动：提膝挂棍、弓步劈棍。

动作方法：身体向左拧转，左腿屈膝上提，同时左手活把将棍梢挂摆至身后，头向左转，目视前方；左脚向前落步成弓步，同时上体向右拧转，左手活把将棍梢向前抡劈，目视棍梢。

动作要点：挂棍要随转身擦身而行；劈棍要沿立圆下劈。

教学重点与难点：挂棍的双手配合动作。

易犯错误：双手同时抓握进行挂棍，显得不协调并无力。

纠正方法：强调左手持棍要活把，右手要随右手而行。

4. 闪身拦架

动作方法：左腿蹬地伸直，上体后闪，身体重心右移成右弓步，同时左手活把，右手握棍把向后抽拉上架，目视左侧方。

动作要点：左腿蹬地与右手握棍把抽拉要同时进行。

教学重点与难点：栏架的双手动作配合。

易犯错误：手把不活，动作没有幅度。

纠正方法：强调左手活把，右手持棍抽拉拧转，双手动作要随步型变换而行。

5. 三把连击

该式分为三动：戳踢挑把、钉脚盖把、上步戳把。

动作方法：身体重心前移，上体向左拧转，同时右手活把将棍把经下向前上撩出，左手持棍随之屈臂配合至右肩前，同时右脚勾脚尖，脚跟经擦地向前踢出，目视棍把；身体向左拧转，右脚以脚底向下钉踢，同时双手活把配合，将棍把下盖回抽，目视右方；身体右转，右脚上步成弓步，同时双手配合将棍把向前戳出，目视棍把。

动作要点：三种把法与腿法结合要上下协调，连贯有力。

教学重点与难点：钉脚盖把的动作。

易犯错误：完成钉脚的同时棍未回收。

纠正方法：强调钉脚的同时，右手要活把，双手将棍收拉至身体左侧，为上步戳把奠定基础。

6. 斜撩斜劈

该式分为三动：转身下挂、上步斜撩、撤步下劈。

动作方法：身体向右拧转，同时左手活把将棍稍经上向前下挂出，目随棍稍；左脚向前上步，同时上体向左拧转，双手持棍由下向前上方斜撩，并顺势轮转至身后，目视前方；右脚向后撤步，身体随之屈蹲成半马步，同时双手持棍由上向下斜劈，目视棍稍。

动作要点：斜撩和斜劈动作要舒展，要借助身体拧转之力。

教学重点与难点：斜撩棍的力点和方向。

易犯错误：斜撩棍力点和方向不明确。

纠正方法：强调转身下挂的动作定位，臆想此时双手持刀，刀刃向下；由此再用刀刃向上斜撩。

7. 上步前戳

动作方法：右腿蹬地，左脚上步，右脚随之跟进成跪步；同时上体向左拧转，双手持棍将棍梢向前平戳，目视棍梢。

动作要点：双手持棍要随转体屈臂，再将棍梢向前平戳。

教学重点与难点：前戳棍的双手配合。

易犯错误：前戳棍双手配合不协调。

纠正方法：强调左手先向前活把，再用右手持棍把前戳。

8. 侧身闪点

该式分为两动：上步抽棍、闪身点棍。

动作方法：右脚向前上步，身体左转站起；同时左手活把将棍梢抽拉至身体左侧下方，目随棍梢；身体向左拧转，同时左手活把，右手配合将棍梢侧向经上向右侧点出，头向右转，目随棍梢。

动作要点：双手配合要协调，要经侧向立圆点出，力达棍梢端。

教学重点与难点：侧点棍的双手配合。

易犯错误：侧点棍双手配合不协调。

纠正方法：强调左手先向下活把下挂，再将棍梢经上向右侧点出。

9. 左右横扫

该式分为三动：提膝抽把、转身横击、并步平抡。

动作方法：身体向右拧转，右腿屈膝上提，同时右手将棍把贴身向后抽拉至身体右下方，目随棍把；身体向左拧转，右脚向前落步成弓步，同时双手配合将棍把向左横击，左手顺势收至左腰侧，目视棍把；身体向右拧转站起，左脚向右脚并步，同时双手活把配合将棍向右平抡至右肩上，目随左侧。

动作要点：横击和平抡要随转身而行，活把并有力。

教学重点与难点：提膝抽把的身体动作。

易犯错误：抽把时身体和双手配合不协调。

纠正方法：强调身体右转带动右腿提膝，同时左手活把，右手随身体转动抽拉棍把。

至此练习反向动作，此时可接练第二段动作。也可双手下落成"并步持棍"，结束第一段的动作。

10. 收势

该式分为三动：并步持棍、持棍敬礼、并步持棍。

动作方法：右手持棍下落至腰间，同时左手握拳下落至腰间，目仍视左侧；右手持棍与左掌在胸前相合，同时头向右转，目视前方成"持棍礼"；右手持棍后收，左掌下落至体侧，目视前方。

动作要点：精神要饱满，转头要迅速。

教学重点与难点：持棍姿势的定型。

易犯错误：站立不挺拔，持棍无力。

纠正方法：强调收腹挺胸保持"精气神"。

第二段

平抡斜劈、挂棍前劈、闪身栏架、二把连击、斜撩斜劈、上步前戳、侧身闪点、左右横扫，练至此动时，做"收势"。

第三节　健身短棍的教学建议及评价

一、健身短棍的教学建议

（一）课前教师要认真练习"健身短棍"，充分备课

"健身短棍"的动作不难，只要教师提前认真练习，就可以达到在体育课上比较精彩的示范效果。因此，教师课前需要花费一定时间和精力，进行示范动作和课上讲解内容的准备，同时还需要教师考虑课上合理地组织管理。

（二）首次课要明确规定禁止用短棍打闹

短棍虽无尖刃，但挥动起来还是有致伤的可能性。因此，教师在短棍的首次上课之前，一定要明确规定所有学生在课上的学练过程中不能用短棍随意打闹。练习短棍套路时，教师要安排好练习场地，拉开间距，并要求学生养成练习之前先看身体四周是否有其他同学的习惯，然后再开始练习，避免造成对同学的伤害。

另外，教师还要提示学生在课下练习时要严肃对待，选择宽敞无障碍的地方，不能用短棍随意打闹，持短棍行走时要在身体侧面下方持棍，不能边走边挥摆，以避免对同学和自己造成伤害。

(三) 第一次课要引导学生认识短棍

为便于教学,学练短棍的第一次课要给学生明确讲解短棍的基础知识。如短棍各部位名称、选取短棍的方法、短棍的握法等。短棍一般用白蜡杆制成,选则符合自己身高的短棍长度方法,可以通过身体直立时将棍的一头着地,另一头至心口窝(约1.2米)的选择办法。另一种方法是用自己握拳的宽度衡量,从棍一头至另一头以十三个把位为宜。短棍中粗的一头称为"棍把",细长的一头称为"棍梢",中间称为"棍身"。接着要交给学生短棍的双手握法和单手握法,这样便于教师以后课上的讲解。

(四) 在拳术习练的基础上传授棍法,以基本棍法为教学先导

在学习短棍之前,要组织学生练习两遍"健身长拳"或"健身南拳"。因为器械动作是以拳术动作为基础的,短棍的身体动作是以拳术套路的动作为基础的。所以应先组织学生练拳,从而有助于提升短棍的教学质量。

为尽快使学生掌握和表现出短棍的劲力特点,在正式教学短棍套路之前,教师可以组织学生进行换把练习、劈棍、戳把、抢棍、挑把等基本动作,让学生尽快适应"健身短棍"的学练。或每节课在练习健身短棍套路之前,要让学生先练习相应的基本棍法,引导学生进入武术器械的学习状态。

以下基本内容,教师可自行选择,也可以根据课题学习的实际情况自行创编。

1. 换把练习

预备势:两脚开步,左手持棍把屈肘置于左肩前,右手在身体右侧直臂持棍身,头向右转,目视棍梢。

向左换把：右手松握棍，直臂持棍上摆，同时左手松握棍随之上伸，至双手接触时两手互换位置，左手持棍身直臂下落与肩平，右手持棍把屈肘置于右肩前，头随之左转，目视棍梢。

向右换把：动作同于向左换把。动作方向相反。如此依次反复进行。

动作要点：双手换把要松紧适度；棍梢要经头上划弧摆转。

教师要重点强调双手换把要协调自然。

2. 戳把

预备势：两脚开步，右手持棍把屈肘置于右肩前，左手在身体左侧直臂持棍身，头向右转，目视棍把方向。

左手推和右手侧伸相结合，双手持棍向右戳出，至右臂伸直，左臂屈肘置于胸前，目视棍把方向。然后左臂回拉，右臂随之屈肘，还原成预备式。

如此依次反复进行。

动作要点：双手持棍要松紧适度；两肘关节要自然屈伸。

教师要重点强调棍身要靠近胸前运行。

3. 抡劈棍

预备势：两脚左右开立，左手在前，右手在后，双手持棍把置于身前，棍身与地面平行目视前方。

身体左转，左手外旋，将棍梢活把划弧下挂至身后，同时右手内旋，随之屈臂收至胸前，目视前方；身体右转，同时左手活把将棍经上向前抡转，右手顺势随之，双手将棍向前劈出，目视前方。

如此依次反复进行。

动作要点：双手配合要协调，轮转要圆，劈棍要有力。

教师要强调以左手为主的双手活把配合。

4. 平抡棍

预备势：两脚左右开立，左手在前，右手在后，双手持棍把，棍身担于右肩上，头向右转，目视前方。

向左平抡棍：身体向左拧转，双手配合将棍梢经身前平抡至身后，担于左肩上，头向左转，目视前方。

向右平抡棍：动作同于向左平抡棍。动作方向相反。如此依次反复进行。

动作要点：双手紧靠，抡棍要平圆，力达棍梢。

教师要强调在蹬地拧身的同时双手随棍自然翻转。

5. 平抡斜劈

预备势：两脚左右开立，左手在前，右手在后，双手持棍把，棍身担于右肩上，头向左转，目视前方。

向左平抡棍：身体向左拧转，双手配合将棍梢经身前平抡至身后，担于左肩上，头向右转，目视前方。

向右斜劈棍：身体向右拧转，同时双手配合将棍梢经身前斜劈至身体右侧，右手置于右腰间，头向右转，目视棍梢。

双手左肩持棍：身体向左拧转，双手持棍担于左肩上，头向右转，目视前方。

向右平抡棍：身体向右拧转，双手配合将棍梢经身前平抡至身后，担于右肩上，头向左转，目视前方。

向左斜劈棍：身体向左拧转，同时双手配合将棍梢经身前斜劈至身体左侧，右手置于左腰间，头向左转，目视棍梢。

双手右肩持棍：身体向右拧转，双手持棍担于右肩上，头向左转，目视前方。

如此依次反复进行。

动作要点：要沿平圆和斜圆轮转，抡劈棍均要有力。

教师要强调双手随棍自然翻转。

（五）要注意练习队形的间隔距离

组织学生学练拳术时，适宜每个学生的间隔以两臂侧平举的距离为准，这样的距离可确保在徒手练习时学生的手不会相互碰到。学习和练习短棍时，要以每个学生右手持短棍和左手的两臂侧平举的间隔距离为准，这样在练习短棍时学生之间不会被棍碰到。

（六）强调身体与短棍要协调一致

武术器械的传统理论强调"身械合一""身棍合一"，即把短棍看成是身体的组成部分，将器械作为身体化的自然延长，使用短棍如同运用自己的手臂一般，这样短棍在使用起来才能得心应手。教师在教学过程中要强调这一观念。

（七）教学中要随时强调短棍的"活把"

在短棍的教学过程中，教师要根据所教的棍法，强调"活把"。"活把"就是练习棍术、枪术等长器械时，双手要随着棍法的变化，在棍身上灵活移动。术语称之为"活把"。练习短棍时更要注意"活把"，因为棍短，手把不活就不能把短棍的应用部分突出出来，棍法表现的就不充分。因此首先要明确每种棍法，在不同棍法变换时双手要松紧适度，变化灵活。

（八）启发学生发现短棍的实际功用

短棍在现代是武术中的短器械和不常用的工具，但在古代却是人们的常用之物。主要作用有：①出门远行护身壮胆，遇到强盗和野兽时可以自卫。②能将所带之物挑在短棍一端，担在肩上省力。③用扁担挑重物时，可以用一肩挑担，另一手柱着短棍保持平衡并节省体力。教师可以在教学的间歇和调整时间内，向学生讲述这些内容，同时启发学生发现和拓展短棍的更多功用。

（九）养成学生主动探索知识和主动锻炼的意识

教师教会学生短棍套路之后，要鼓励学生进一步拓宽眼界，对于在学练中遇到的问题及疑问，积极主动地查阅各类武术专业期刊和武术专业类网站。使学生了解更多的武术知识，从而关注武术和民族传统文化的发展。同时，告知学生们武术器械技术的掌握需要不断地反复练习，鼓励学生们在文化课学习之余主动进行习练，从而发现问题、克服不足。这样不仅可以提高"健身短棍"动作的熟练性和掌握程度，也可以缓解学习疲劳，提高学习效率，起到事半功倍的效果，真正达到武术课学习的效果。

二、健身短棍的教学评价

武术教师对学生在体育课上掌握"健身短棍"的程度，可以参照下表对学生做评价。

（一）"健身短棍"教学效果评价表

健身短棍	是	一般	否
1. 了解学练短棍的安全注意事项，并能自觉遵守			
2. 主动了解短棍和武术器械的传统文化知识，有学练健身短棍和了解武术器械知识的愿望			
3. 练短棍之前能用体育课学过的准备活动热身			
4. 学练时能够记住短棍每个动作的轮廓和动作名称			
5. 能够清晰表现短棍每个动作的运动路线和运动幅度			
6. 能够把每个短棍动作打出劲力，并有眼神的配合			

续表

健身短棍	是	一般	否
7. 了解每个短棍动作的攻防含义			
8. 演练健身短棍的全套动作时，双手"把法"熟练			
9. 已经掌握健身短棍的全套动作，并能熟练地进行演练，有在同学面前展示的愿望			
10. 能够协助老师帮助掌握动作慢的同学，并感受到帮助人的快乐			
11. 练习短棍之后能用体育课学过的整理活动放松身体			

（二）"健身短棍"评价建议

①教师在每节课堂上对所教内容要提出简明的要求，并要随时对提出的要求进行语言评判。

②学生学会"健身短棍"的套路之后，教师可依据上表对学生进行初次评价并记录，以和最后的评价进行对比。

③充分利用最后的考核，督促学生进行"健身短棍"的练习。

（三）"健身短棍"单元教学计划建议

教学目标	★ 让学生了解短棍的器械特点和基本棍法，引导学生使用工具的意识 ★ 教会学生"健身短棍"的套路，让学生了解"健身短棍"的每个身体动作的和棍法，了解不同棍法的攻防含义和器械套路的练习方法 ★ 在教学过程中组织学生练习"健身短棍"，增强体质，塑造强健的身形体态和朝气蓬勃的尚武精神

第五章 健身短棍的技术动作与教学法

续表

课次	教学内容	重点难点	教学目标	教学措施	辅助教材
第一次课	一、简介短棍和各部位名称	短棍各部位名称	短棍各部位名称	教师持棍介绍	
	二、学习换把练习	双手的换位	双手的换位	强调两手接近时换握	
	三、学习平抡棍	棍的平圆路线	学会双手平圆抡棍	教师口令组织练习	
	四、平抡斜劈	斜劈的路线	学会双手斜向抡棍	教师口令组织练习	
	五、学习健身短棍1~2动 预备势	身体的挺直站立；右手持棍的垂直	学会直立持棍	教师领做要求学生模仿	
	（一）起势	持棍礼的双手动作	掌握"持棍礼"	讲解示范，强调臂要平	
	（二）平抡斜劈	平抡和斜劈棍的运动路线	掌握"平抡斜劈"动作	强调区分两种棍法的运动路线	
第二次课	一、练习换把	双手的换位	熟悉棍性	强调两手接近时换握	
	二、练习平抡棍	棍的平圆路线	学会双手平圆抡棍	教师口令组织练习	
	三、学习劈棍	抡劈的路线	学会双手立向抡棍	教师口令组织练习	
	四、复习健身短棍1~2动	强调动作的规格和劲力	进一步熟练1~2动作	听教师口令集体练习	
	五、学习健身短棍3~4动（三）挂棍前劈	挂棍的双手配合动作	掌握"挂棍前劈"的动作	教师重点讲解挂劈棍手法，再领做	

143

续表

课次	教学内容	重点难点	教学目标	教学措施	辅助教材
第二次课	（四）闪身栏架	栏架的双手动作配合	掌握"闪身栏架"的动作	重点讲解示范栏架的双手动作并领做	
第三次课	一、练习换把、平抡棍	双手对棍的运转	进一步熟悉棍性	强调两手换握和使棍时松紧适度	
	二、练习劈棍	棍的立圆路线	学会左手活把	教师口令组织练习	
	三、学习戳把	戳把的持棍	学会双手运用棍把	教师口令组织练习	
	四、复习健身短棍1~4动	强调动作的规格和劲力	进一步熟练1~2动作	听教师口令集体练习	
	五、学习健身短棍5~6动（五）三把连击	钉脚盖把的动作	掌握"三把连击"的动作	复习已学"健身长拳"的戳脚钉踢，然后讲解使棍手法，再领做	
	（六）斜撩斜劈	斜撩棍的力点和方向	掌握"斜撩斜劈"的动作	重点讲解示范斜撩棍的力点和方向，并领做	

续表

课次	教学内容	重点难点	教学目标	教学措施	辅助教材
第四次课	一、练习换把、平抡棍	双手对棍的运转	进一步熟悉棍性	强调两手换握和使棍时松紧适度	
	二、练习劈棍、戳把	棍的两端力点	掌握棍两端的技法	教师口令组织练习	
	三、练习三把连击	三种把法的使用	熟练三种把法	教师口令组织练习	
	四、练习纠正健身短棍1~3动	棍梢抡转的棍法	熟练棍梢抡转的棍法和动作规格	教师领做练习	
	五、练习纠正健身短棍4~6动	每动的把法和撩棍规格	熟练棍梢抡转的棍法和动作规格	教师领做练习	
	六、练习健身短棍1~6	每动的棍法	进一步熟练和连贯所学的动作	集体、分组和个人自主练习	
第五次课	一、练习换把、平抡棍	双手对棍的运转	进一步熟悉棍性	强调两手换握和使棍时松紧适度	
	二、练习劈棍、戳把	棍的两端力点	掌握棍两端的技法	教师口令组织练习	
	三、练习三把连击	三种把法的使用	掌握"三把连击"的动作	教师口令组织练习	
	四、复习健身短棍1~6动	强调每动的棍法和劲力	进一步熟练1~6动作	听教师口令集体练习	

续表

课次	教学内容	重点难点	教学目标	教学措施	辅助教材
第五次课	五、学习健身短棍7~9动 （七）上步前戳	前戳棍的双手配合	掌握"上步前戳"的动作	讲解戳棍手法，再领做	
	（八）侧身闪点	侧点棍的双手配合	掌握"侧身闪点"的动作	讲解点棍的力点和方向并领做	
	（九）左右横扫	提膝抽把的身体动作	掌握"左右横扫"的动作	讲解双手的配合并领做	
第六次课	一、练习学过的健身短棍基本棍法	棍法的准确和清晰变换	熟练棍法，提高力度	按体操口令进行练习	
	二、复习健身短棍1~9动	全套动作的记忆	熟练健身短棍全套动作	教师用口令指挥练习	
	三、练习健身短棍反向动作	适应反向练习	熟练掌握全套动作	教师口令指挥集体练习	
	四、分组练习	往返动作的熟练程度	熟练掌握正反全套动作	各组学生喊动作名称练习	
第七次课	一、练习学过的健身短棍基本棍法	棍法的准确和清晰变换	熟练健身短棍全套动作	按体操口令进行练习	
	二、复习健身短棍全套动作	全套动作的顺序	进一步提高1~5动的质量	喊动作名称的口令集体练习	
	三、重点纠正健身短棍1~5动	动作的准确性、劲力、攻防意识	熟练掌握正反全套动作	教师组织集体练习并进行纠正	

续表

课次	教学内容	重点难点	教学目标	教学措施	辅助教材
第七次课	四、分组练习	往返全套动作的熟练程度		各组学生喊动作名称练习	
第八次课	一、练习学过的健身短棍基本棍法	棍法的准确和清晰变换	熟练棍法，提高力度	按体操口令进行练习	
	二、复习健身短棍全套动作	全套动作的熟练	熟练健身短棍全套动作	听教师的口令的节奏指挥	
	三、重点纠正健身短棍6~9动	动作的准确性、劲力、攻防意识	进一步提高6~9动的质量	教师在集体练习中纠正	
	四、分组练习	往返全套动作的熟练程度	熟练掌握正反全套动作	组织各组学生喊动作名称练习	
第九次课	一、练习学过的健身短棍基本棍法	棍法的准确和清晰变换	熟练棍法，提高力度	按体操口令进行练习	
	二、讲解考核标准和要求 复习健身短棍1~9动	考核标准和要求的理解	明确考核标准和要求	要求学生要有发挥水平的意识	
	三、练习健身短棍全套	记住全套动作	熟练健身短棍全套动作	听教师的口令的集体练习	
	四、观摩和教师讲评	全套动作的演练能力	提高所学动作，完成往返全套动作考前准备	全体集合听教师讲评	

147

续表

课次	教学内容	重点难点	教学目标	教学措施	辅助教材
第十次课	一、用学过的健身短棍基本动作做准备活动	简讲要领和特色	进入考核状态	按体操口令进行练习	
	二、练习健身短棍全套	按考核标准和要求练习	做好考试准备	听教师的口令的集体练习后，个人准备	
	三、考核健身短棍	依次进行	健身短棍全套动作的展示	教师评价	
	四、教师讲评	本阶段健身短棍课的学习情况	总结和提示课后自练的注意事项	全体集合听教师讲评	

参考文献

人民教育出版社课程教材研究所体育课程教材研究开发中心. 义务教育教科书教师教学用书·体育与健康（九年级全一册）·武术［M］. 北京：人民教育出版社，2014.

第六章　对抗基本练习

　　对抗练习属于双人练习的一种形式，主要目的是为了提高对抗双方的攻防技击能力和实战化水平。对抗练习是所有技能主导类格斗对抗性项目的重要训练内容之一，是提高格斗竞技水平的重要途径和坚实基础。一名专业格斗运动员的基本技术练的再好，若缺乏长期艰苦的对抗性训练，也无法成为高水平运动员。由此可见，对抗性练习对于提高个人攻防能力从而达到强身避险的目的至关重要。对抗练习的内容丰富，方法多样，根据发展个人不同方面的对抗能力可选择相应的组合方式、训练方法及手段。例如，提高左冲拳攻防能力，可选用提高一方左冲拳进攻能力和发展另一方针对左冲拳防守能力的左冲拳拳法隔空练习、左冲拳拳法递招练习、左冲拳拳法条件实战练习等对抗性练习方式。但是无论选择什么样的练习方法，均离不开攻与防这对基本矛盾的组合练习形式。

　　当前，学校武术教育除了学习武术套路内容以提高身体素质和达到强身健体、修身养性的教育目的之外，引入对抗性项目对于学生能打敢拼的意志品质的培养和防身自卫、强身避险的现实生活的需求有着重要的作用和意义。

第一节　攻防组合练习

一、组合形式

攻防组合练习是指双方按照一攻一防或相互攻防的形式进行有条件的对抗性练习。攻防组合练习是对抗基本练习的重要组成部分，是提高实战能力的重要途径。攻防组合练习要求与实战水平近似，目的在于提高攻守双方在实战过程中的攻防对抗能力，即一方面在于提高进攻方的攻击能力，包括培养进攻方的距离感、时机感、时间差、节奏感、得分意识等。另一方面则在于培养防守方对各种进攻方法的自我防护能力，包括培养防守方的快速反应能力、判断的准确性、防守的成功率等。根据攻防组合的方式主要可以分为拳法攻防组合练习、腿法攻防组合练习、摔法攻防组合练习三种基本的攻防组合方式。

（一）拳法攻防组合练习

拳法攻防组合练习是指一方采用拳法进攻，另一方根据进攻方所使用的拳法而采取相应的防守技术的练习方式。拳法攻防组合练习是提高散打运动员拳法攻防能力的重要途径。根据不同的拳法技术和不同的防守方法，拳法攻防组合的形式多样，训练中可根据散打运动员的个人训练水平、个人特点、提高某种拳法的进攻能力和某种拳法的防守能力等进行自由合理搭配。比如，左冲拳进攻与左手拍挡防守的组合练习方式、右冲拳进攻与左手拍压防守的组合练习方式、左贯拳进攻与左挂挡防守的组合方式、右贯拳进攻与下躲闪防守的组合方式等。

（二）腿法攻防组合练习

腿法攻防组合练习是指一方采用腿法进攻，另一方根据进攻方所使用的腿法而采取相应的防守技术的练习方式。腿法攻防组合练习是提高散打运动员腿法攻防能力的重要途径。根据不同的腿法技术和不同的防守方法，腿法攻防组合的形式多样，训练中可根据散打运动员的个人训练水平、个人特点、提高某种腿法的进攻能力和某种腿法的防守能力等进行自由合理搭配。比如，正蹬腿进攻与左手拍挡防守的组合练习方式、侧踹腿进攻与左手拍压防守的组合练习方式、鞭腿进攻与左挂挡防守的组合方式、转身后摆腿进攻与跳步躲闪防守的组合方式等。

（三）摔法攻防组合练习

摔法攻防组合练习是指一方采用摔法进攻，另一方根据进攻方所使用的摔法而采取相应的防守技术的练习方式。摔法攻防组合练习是提高散打运动员摔法攻防能力的重要途径。根据不同的摔法技术和不同的防守方法，摔法攻防组合的形式多样，训练中可根据散打运动员的个人训练水平、个人特点、提高某种摔法的进攻能力和某种摔法的防守能力等进行自由合理搭配。比如，抱腿前顶摔与双腿后蹬下压的组合练习方式、抱腿旋压摔与推肩收腿的组合练习方式、抱腿搂腿摔与腿插中间的组合方式等。

二、练习方法

（一）隔空练习

隔空练习是两人在身体不接触的情况下，防守方针对进攻方的进攻动作及时做出相应防守动作的练习方法。此法能有效地提高练习者快速反应的能力和动作速度，提高攻防意识，同时又可消除练习者的惧怕心理，提高练习兴趣。隔空练习的目的是为了提高对方攻防动作的观察判断，选择时机及时做出相应动作反应的能力。此种练习可分为一攻一防和相互攻防两种形式，训练时可根据不同的训练目的选择适当的练习方式，但是要求练习要尽量接近实战水平，以便有效地提高攻守双方的实战能力。

隔空练习需要特别注意的是：主动练习的一方动作要逼真、规范，要处理好方法、节奏和距离的变化；被动配合的一方要精力集中，反应及时，动作迅速、规范；双方的距离应以不触及对方为度，恰到好处；双方要相互关照，配合和谐。

（二）递招练习

递招练习是由教师或同伴根据不同的教学目的，以各种攻防方法为信号，要求练习者做出相应的（练习前就已规定的）攻防动作的一种方法。递招练习的最大特点是可使练习者在完全没有心理压力的情况下完成击打动作。因此，在教学的初级阶段或周期性的阶段任务中用于提高练习者的反应速度、动作速度和熟练各种攻防方法。为提高某个单个或组合动作的运用能力，由教练员或助手使用规定的方法反复地向练习者递招，而练习者则根据递招的具体情况做出相应的攻防动作，由此来提高反应速度，建立起稳定的条件反射，直至动作技术的运用进入自动化阶段。递招练习多用于防守和防守反击技术的训练。

递招练习，可分为接触身体和不接触身体两种形式。接触身体的练习，递招一方如有条件可穿戴些安全保护器材，练习者适当控制动作的力度，避免击伤对方；不接触身体的练习，双方相隔的距离不应太远，避免与实战脱离，可能的话，递招一方应配合做些闪躲性防守，使练习者既能充分发挥出动作速度和力度，又不至于触及身体，避免被击中而受伤。

（三）加难练习

加难练习是在原来正常要求的基础上加大完成质量、练习密度、动作强度、心理负荷等方面难度的练习方法。如为了提高摔法的成功率，根据实际情况可有目的地安排一个体重较大的对手配合练习；为了提高攻防技术的成功率或培养心理品质，可安排一个能力较强的对手配对练习或实战；为了提高实战耐力，可安排几个人轮流对抗一个人的"车轮战"，或增加实战局数、延长实战时间等。

加难练习可使练习者更加有效地提高技、战术水平，建立巩固的条件反射，加大对神经系统的刺激强度，提高专项素质，培养顽强的意志品质和作风。但需要注意的是，增加难度时必须根据学生的实际能力和水平，循序渐进，不能盲目冒进。否则，效果会适得其反，甚至会造成不应有的教学事故或伤害。

（四）变易练习

与加难练习相反，变易练习是在原来正常要求的基础上降低了对完成质量、练习密度、动作强度、心理负荷等方面难度的练习方法。

变易练习法在技术教学的初级阶段和运动技能初步建立时采用较多。有时对那些已经初步掌握了动作，但自信心不强的学生采用变易练习法也很有必要。它不仅可以尽快地建立条件反射，巩固动力定型，而且可以增强练习者的兴趣和信心。如某学生刚掌握了转身摆腿的进攻方法，但在实战中无法击中对手，在安排配对时，选择的对手条件可适当差一些，如步伐不太灵活、反应速度较慢，或体重级别较轻等。

（五）模拟练习

模拟练习是模仿实战中某一技术和战术运用特征、某一运动员的打法特点、某一实战场景的氛围等进行有针对性的练习。这种练习在培养战术意识、提高心理承受能力以及在实战中的应变能力等方面都有很好的练习效果。

模拟练习，关键在模拟，模拟要逼真、形象，动作要准确、到位。而练习者必须根据具体情况迅速做出相应的打法，在把握时机、感觉距离、判断空间以及动作的速度和力度上都要从难、从严、从实战出发，保证练习质量。

（六）假实战

假实战是指攻守双方两人相互配合，在动作力度和速度有所控制的前提下进行的近似实战的练习。假实战练习比较接近实战，它对培养学生在实战中灵活运用技术、增强战术意识、提高把握距离和时机的能力等都有一定作用。特别是进行热身练习时，容易提高练习者的兴奋性，较快地进入竞技状态。

然而，假实战毕竟还是假的，特别是练习者需要控制动作的速度和力度，如长期如此，势必会导致对动作的力度和速度形成习惯性控制。因此，在教学的提高阶段用于热身时可适当使用。

（七）条件实战

条件实战是指有条件限制的实战。这是初学阶段或根据阶段训练内容以及为提高某些运动员的某种能力而设置的一种常见的训练手段，具有较强的针对性，是进行实战的基础。条件实战大致可分为拳的实战、腿的实战、摔的实战、拳与腿的实战、拳与摔的实战、腿与摔的实战六种，其中还可以根据具体的训练内容和要求进行细化。

条件实战可使习练者在较低或没有心理压力的状态下进行实战，以便更能集中精力、专一提高某一个或几个技、战术，快速形成特定的条件反射。

条件实战对双方练习者的技、战术都有严格的规定，练习时务必严格按照规定进行，注意互相理解，互相帮助，互相切磋。

（八）实战

实战练习是两人按照一定的规则进行的对抗练习，它是检验和提高技术、战术的重要方法，也是总结、积累实战经验的有效措施。实战练习既能全面检验其他训练方法的训练成果，又能在实战环境下发现运动员在智能、技能、体能、心能（心理能力）方面存在的问题。实战练习从方法上来讲，最符合一切从实战出发的客观条件，运动员能直接感受实战动态变化的真实情况，从而建立符合客观条件的动作条件反射能力。但是过多的实战练习，运动员容易产生运动损伤，或者产生厌战的心理障碍，不利于改善动作技术。不同的训练方法有不同的作用，要根据训练课的目的、任务、内容，将各种训练方法有机结合并妥善安排。

实战练习可参照当前通用的散打竞赛规则，也可根据具体情况附加一些新的要求。实战练习时如有裁判员裁决，更能增加实战的激烈程度和技战术运用的有效性。因为实战练习是实实在在的比赛，既要要求练习者百倍地投入精力，从每一个动作的攻防、每一个战术的运用都全力以赴，力争打好每一次比赛，又要排除斤斤计较胜负心态的干扰，敢于大胆地使用技术和战术，从成功与失败中不断总结经验。如对手实力强，自己可有意地提高自己的长处，发展优势；如对手实力较弱，自己则有意地提高较差的技术，使自己的弱项得到改善。

需要特别指出的是，实战练习需要身体的直接对抗，难免会发生击伤、撞伤、摔伤等伤害事故，每一名练习者都要承受一定的心理压力，尤其是初级阶段的练习者心理压力更大。因此，安排实战练习要适时、适度，绝不能过早、过频，以免产生心理障碍或伤害事故。

第二节　散打技术内容

散打的基本技术，是指散打运动员在实战中完成进攻与防守动作的方法，是散打运动员技能水平的重要因素。根据动作的组成，可将散打技术大致分为单个动作技术和组合动作技术两大类。其中单个动作技术有实战姿势、拳法、腿法、摔法、步法、防守法、跌法等，组合动作技术有拳法组合、腿法组合、拳腿组合、拳摔组合等。另外，根据动作的应用功能，可将散打技术大致分为主动进攻型技术和防守反击型技术两大类。在散打比赛中，运动员根据攻守平衡的对抗原理，将单个和组合技术不断地运用到进攻和防守之中。

散打运动员所掌握的技术越全面，达到的运动技能越高，也就越能有效地使用单个技术和组合技术。全面的技术训练也有利于发展运动员技术上的个人特点，使之形成自己的技术风格。

一、基本技术

（一）单个技术

1. 实战姿势（预备姿势）

散打的实战姿势一般分为左手在前的"正架"和右手在前的"反架"两种。运动员可以根据自己的习惯和爱好，选择一种合适的实战姿势作为最初学习散打的定势。本书均以正架为例。

步型：要求两脚前后开立，距离稍大于肩。前脚掌稍内扣，后脚跟微离地。两膝微屈，身体重心在两腿之间。躯干：要求身体侧向前方，含胸收腹。手臂和头部：要求手型为四指内屈，并拢握拳，大拇指横压于食指和中指的第二节指节上。前臂的肘关节夹角在 90°～110°，与鼻同高，肘下垂，后臂的拳在颌下，屈肘贴靠于胸肋，下颌微收。目平视，合齿闭唇。

2. 基本拳法

（1）冲拳

①左冲拳：由实战姿势，即由左脚、左手在前的正架势开始，右脚微蹬地面，重心微向前脚移动，上体微右转。同时左臂由屈到伸并内旋 90°，直线向前冲出，发力于腰，力达拳面。

②右冲拳：右脚微蹬地，并以前脚掌向内转，转腰送肩，上体左转。同时右臂由屈到伸并内旋 90°，直线向前冲出，力达拳面。

（2）贯拳

①左贯拳：上体微向右转，同时左拳收至左侧下颚处，双手呈护头姿势，然后向外约 45°，向前、向内成平面弧形横击，臂微屈，拳心朝下。同时转腰发力，力达拳面或偏于拳眼侧。

②右贯拳：左拳收至左侧下颚处，双手呈护头姿势，右脚微蹬地并以前脚掌向内转，合胯并向左转腰，右手向外约 45°，向前、向内成平面弧形横击，同时上体左转，腰胯发力，力达拳面或偏于拳眼侧。

（3）抄拳

①左抄拳：左拳收至左侧下颚处，双手呈护头姿势，上体微左转，重心略下沉，腰迅速向右转，发力于腰，左拳由下向前上方勾击，上臂

和前臂夹角在 90°~110°，拳心朝里，力达拳面。

②右抄拳：左拳收至左侧下颚处，双手呈护头姿势，右脚蹬地，扣膝合胯，腰微右转。同时右拳向下、向前、向上勾击，上臂与前臂夹角在 90°~110°，拳心朝里，力达拳面。

(4) 鞭拳

①左鞭拳：实战姿势站立，重心移至左脚，右脚经过左脚前插步，上至左脚左前方，同时左拳与右拳一起回收至胸前。上体左右拳转换。身体左转 180°，重心移至右脚，转头后视。左脚经右脚向右后方撤步，上体继续左转 180°，同时左拳反臂由屈到伸，向外、向左横向鞭打，拳眼朝上，发力于腰，力达拳背。

②右鞭拳：实战姿势站立，重心移至左脚，右脚经过左脚后插步，左拳与右拳一起回收至两侧下颚。身体向右后转 180°，动作不停，上体继续向右转体 180°，同时右拳反臂由屈到伸，向外、向右横向鞭打，拳眼朝上，发力于腰，力达拳背。

3. 基本腿法

(1) 蹬腿

①左蹬腿：右腿微屈支撑，左腿提膝抬起，勾脚，当膝稍高于髋时，以脚领先向前蹬出，髋微前送，力达脚掌。

②右蹬腿：身体重心前移至左腿，左腿微屈支撑，身体稍左转；右腿屈膝前抬，勾脚，以脚领先向前蹬出，髋微前送，力达脚掌。

(2) 踹腿

①左踹腿：身体重心移向右腿，右腿微屈支撑；左腿屈膝抬起与髋同高，小腿外翻，脚尖勾起，由屈到伸展髋、挺膝向前踹出，上体微侧倾，力达脚底。

②右踹腿：身体左转 180°，左脚尖外摆，重心移至左腿，左腿微屈支撑；同时右腿屈膝抬起与髋同高，大腿内收，脚尖勾起，脚掌正对攻击目标，随后由屈到伸向前踹出，上体微侧倾，力达脚底。

（3）鞭腿

①左鞭腿：右腿微屈支撑，上体稍向右侧倾；左腿屈膝向左侧摆起，扣膝，绷脚背，随即向前挺膝鞭甩小腿，力达脚背至小腿前下端。

②右鞭腿：身体左转 90°，重心移至左腿；同时右腿以大腿带动小腿屈膝前摆，扣膝绷脚，随即向前挺膝鞭甩小腿，力达脚背至小腿下端。右腿屈膝落地成反架。

（4）勾腿

①左勾腿：右腿弯曲，膝稍外展，上体稍右转，收腹合胯；左腿以大腿带动小腿，直腿向前、向右弧线擦地勾踢，挺膝勾脚，力达脚弓内侧。

②右勾腿：重心移至左腿，左腿弯曲，左脚外展，身体左转 180°，收腹合胯；右腿以大腿带动小腿，直腿向前、向左弧线擦地勾踢，挺膝勾脚并内扣，力达脚弓内侧。

（5）摆腿

①左摆腿：右脚向左前上步，右腿独立支撑，身体向左后转体 360°，上体稍侧倾；同时左腿经右后向前摆起，脚面绷平，力达脚掌，目视左脚。

②右摆腿：重心移至左腿支撑，身体向右后转 360°，随转体，上体稍侧倾；同时右脚离地，右腿经左后向前摆起，脚面绷平，力达脚掌，目视右脚。

(6) 扫腿

①前扫腿：以右前扫腿为例，重心移至左脚，左腿屈膝全蹲后，以左脚掌为轴，身体左转180°；右腿由后向前旋转横扫，发力于腰，力达脚弓内侧至小腿下端。同时左臀着地，左大腿小腿盘叠。

②后扫腿：重心移至左腿，屈膝全蹲，以左脚前脚掌为轴向右后转体180°，两手扶地；右腿向左后方弧线擦地直腿后扫，脚掌内扣，发力于腰，力达脚后跟至小腿下端背面。同时臀部着地，左腿盘叠。

(7) 劈腿

①左劈腿：身体重心移至右腿，左腿屈膝抬起送髋，上体保持正直或稍后倾，左脚高举过头后快速下压（如刀劈木柴一样），用脚掌或脚后跟下砸对方的头部。

②右劈腿：身体重心移至左腿，右腿屈膝抬起送髋，右脚高举过头后快速下压（如刀劈木柴一样），用脚掌或脚后跟下砸对方的头部。击打目标后右脚自然下落成反架，再还原成预备势。

4. 基本摔法

(1) 贴身摔

①抱腿前顶：双方由实战姿势开始，上左步，身体下潜闪躲，然后两手抱对方双腿膝窝下部，两手用力回拉。同时用左肩前顶对方大腿根部或腹部，将对方摔倒。

②抱腿旋压：右脚蹬地，上左步，身体下潜，重心移至左腿。同时左手抄抱对方大腿内侧，右手抱住对方小腿后，以左脚掌为轴，身体向右后方旋转，以右手提、左肩压的合力，将对方摔倒。

③抱腿搂腿：上步，身体下潜闪躲，然后左手抱对方右后腰，屈肘右手抱其左膝窝用力回拉，使对方的左腿离地。左腿抬起前伸，由前向

第六章 对抗基本练习

后搂挂对方的支撑腿,同时用左肩向前顶靠对方肋部将其摔倒。

④折腰搂腿:下闪,两臂抱住对方腰部,右腿抬起,并以小腿由前向后搂挂对方左小腿,同时两手抱紧对方腰部,上体前压其胸,使其后倒。

⑤压颈搂腿:双腿被对方抱住后,立即俯身屈髋并向左转腰,以左手压推对方后颈部,右手向上搂托对方左膝关节,将对方向前翻滚倒地。

⑥夹颈打腿:左手虚晃对方,左脚上步,并向右转体,右手迅速抓住对方左前臂,左臂从对方右肩穿过后屈臂夹抱对方颈部。右脚向后插半步与左脚平行,臀部抵住对方小腹,身体立即右转,同时用左小腿向后横打对方小腿外侧,将对方挑起摔倒。

(2) 接招摔

①抱腰过背:对方用左贯拳攻击头部时,立即向左闪身,左脚向前上半步,同时左臂由对方右腋下穿过,搂抱对方后腰,右手挂挡对方左拳后迅速夹握对方左前臂。然后身体右转,右脚向后插半步,双腿屈膝,臀部抵住对方小腹。继而两腿蹬伸,弓腰,头向右转,将对方背起后摔倒。

②夹颈过背:对方用左贯拳攻击头部时,立即以右手挂挡对方左拳后迅速夹握对方左前臂,同时左臂由对方右肩穿过后,屈臂夹住对方颈部。右脚向后插半步与左脚平行,两腿屈膝,臀部抵住对方小腹。然后身体右转,两腿蹬伸,弓腰,头向右转,将对方背起后摔倒。

③穿臂过背:对方用左贯拳攻击头部时,立即向左闪身,同时左脚向前上半步,右手挂挡对方左拳后迅速夹握对方左前臂,同时左臂从对方左臂下穿过并上挑至肩上,身体右转,右脚向后插半步屈膝,臀抵住对方小腹。继而两腿蹬伸,弓腰,头向右转,将对方背起后摔倒。

④接腿前切:当对方以左踹腿或左鞭腿进攻时,立即用里抄抱腿方法,抄抱其小腿后,左脚随即向前上步,换右臂掀抱其小腿,以左前臂下端外侧为力点向前切压对方的胸部或面部,使其摔倒。

161

⑤接腿下压：当对方用左鞭腿进攻时，立即以里抄抱其腿后，右腿立即向后撤步，上体右转，左手回拉。同时躯干前屈，用肩胸下压对方左腿内侧，将对方摔倒。

⑥接腿勾踢：当对方用右鞭腿进攻肋部时，立即抢先进步，并向左转身，同时用右手臂抄抱其膝关节以上部位，左手搂抱对方小腿。随后用右手迅速向对方颈部下压，右脚勾踢对方支撑腿脚踝处，同时上体右转，右手回拉，将对方摔倒。

⑦接腿挂腿：当对方用右鞭腿进攻肋部时，立即以左脚抢先进步，用左手外抄抱其右小腿，右腿抬起前伸，以小腿由前向后搂挂其支撑腿。同时右手用力向前、向下推压其右肩，将其摔倒。

⑧接腿摇涮：当对方以左踹腿、左蹬腿或左鞭腿进攻时，立即用双手抄抱其脚踝处，然后两腿屈膝退步，两手用力向后向斜下方回拉，继而跨左步，上右步，双手由内向下、向左上方弧形摇荡，将对方摔倒。

⑨接腿上托：当对方以左踹腿或左蹬腿进攻胸部时，立即用双手抄抱其脚踝处，然后双手屈臂向前上方推托，将对方摔倒。

⑩接腿别腿：当对方用左鞭腿进攻时，立即抄抱其腿，接着身体下潜上左步，右脚跟半步，继而左脚插在对方的支撑腿后面别腿，上体右转用胸臂下压对方前腿，将对方摔倒。

5. 基本步法

①前进步：后脚蹬地，前脚先向前进半步，后腿紧接跟进半步。

②后退步：前脚蹬地，后脚先后退半步，前脚再回收半步。

③收步：左脚向后收步至右脚旁，脚掌点地，重心偏于右腿。

④撤步：左脚向后撤一步，脚跟离地，成右脚在前、左脚在后。右脚脚尖外展，重心偏于右腿。

⑤上步：后脚经前脚前上一步，同时两臂前后交换，成反架姿势。

⑥进步：基本动作同前进步，但要求前后两脚同时快速移动。

⑦退步：基本同后退步，惟两步要快速移动。

⑧插步：后腿经前腿后插一步，脚跟离地，两脚略呈交叉。

⑨垫步：后脚蹬地向前脚内侧并拢，同时前腿屈膝提起。

⑩纵步：单腿纵步，前腿屈膝上提，后腿连续蹬地向前移动；双腿纵步，两脚同时蹬地，使身体向上或向前后、左右跳跃移动。

⑪闪步：左（右）脚向左（右）侧移半步，右（左）脚随之向左（右）滑步，同时身体向右（左）转动约90°。

⑫跳闪步：双脚同时蹬地跳起，快速轻灵地向前后、左右闪躲。

⑬侧跨步：左（右）脚向左（右）侧跨半步，右（左）脚略向左（右）脚靠近，两膝弯出。同时右拳向斜下方伸出，左拳回收至左腮旁。

⑭换步：左脚与右脚同时蹬地并前后交换，同时两臂也前后交换成反架姿势。

6. 基本防守法

（1）接触性防守

①拍挡：由正架实战姿势开始，左（右）手以拳心或掌心为力点向里横向拍挡，同时上体微左（右）侧闪。完成动作后即刻回位。

②挂挡：左（右）手屈臂向后挂挡置于同侧耳廓处，肘尖下垂，同时上体微左（右）转。完成动作后即回位。

③拍压：左（右）拳变掌，以掌心为力点由上向下在腹前拍压，屈肘，前臂接近水平，指尖朝内。完成动作后即刻回位。

④外抄抱：左手屈臂外旋，上臂紧贴肋部，前臂水平，手心朝上，同时右手屈臂紧护胸、面部位，立掌或半握拳，手心朝左形成合抱状。同时上体微左转。完成动作后即刻回位。

⑤里抄抱：左手屈臂向下、向里紧贴腹前，手心朝上，同时右手屈臂紧贴胸前，立掌或半握拳，虎口朝上，掌心朝前，两手形成合抱状。上体微含胸。完成动作后即刻回位。

⑥外截：左（右）拳由上向下、向左（右）后斜挂，拳心朝里，肘

尖朝后，臂微屈。同时上体微左（右）转。完成动作后即刻回位。

⑦里挂：左臂内旋，左拳由上向下、向右斜下挂防，拳眼朝内，拳心朝左。同时上体微右转。完成动作后即刻回位。右手的方法一样，方向相反。

⑧掩肘：左（右）臂弯曲回收，前臂外旋，上臂贴近左（右）肋，在腰微向右（左）转的同时向内、向腹下滚掩，拳心朝里，以前臂尺骨下端（小指侧）为防守力点，含胸、收腹、低头。完成动作后即刻回位。

⑨阻挡：身体微前移，提肩缩颈，以肩部和手心阻挡对方直线拳法或腿法的进攻。

⑩阻截：左腿屈膝略抬，脚尖朝上，以脚掌为力点前伸阻截，脚掌朝前下方。

（2）非接触性防守

①提膝：重心移至右腿，同时左腿屈膝提起。

②收步：由实战姿势开始，前脚由前向后脚收步，接近后脚时前脚掌虚点地，重心落于后腿。

③后闪：重心后移，梗脖缩颈，躯干略向后闪躲。

④侧闪：两膝微屈，俯身，躯干向右侧或左侧闪躲。

⑤下躲闪：两腿屈膝，沉胯、缩颈，使重心下降，上体向下弧形躲闪，两手紧护躯干以上部位。

⑥跳步躲闪：两脚蹬地使身体向后，向左或向右跳闪。

7. 基本跌法

①前滚翻：由站立姿势开始，身体全蹲，双手撑地，重心移至两手上。两脚用力蹬地，同时低头屈臂，团身向前滚动，然后双手抱小腿成蹲立，再站起。

②后滚翻：身体全蹲，双手向后撑地。低头含胸，团身快速后倒，经臂、腰、肩、后脑依次向后滚动。然后双腿蹲立，双手推撑站立。

③鱼跃抢背：A. 鱼跃左抢背：左脚在前，右脚在后，屈膝蹲立。两脚蹬地，同时团气，两臂向前摆伸，身体腾空。随后左臂向右下伸，低头，左肩顺势触地，团身向左前方滚翻，右腿着地的同时右手拍地，完成后站起。B. 鱼跃右抢背：同鱼跃左抢背，惟方向相反。

④前倒（栽碑）：并腿站立，上体前倒。同时闭气，两臂摆伸，顺势双手撑地，屈臂缓冲。

⑤后倒：两脚分开或并步站立，屈膝下蹲。然后闭气，上体后倒，收下颌，在肩背触地的同时，两手在体侧拍地。

⑥左右侧倒：两脚分开站立，左（右）腿屈膝下蹲。然后闭气，上体向左（右）侧倒，左（右）前臂内旋，在大腿外侧触地，右（左）手指朝内，手臂微屈，在体侧拍地。

⑦左右斜后倒：两脚分开站立，右（左）脚向右（左）前伸，左（右）膝弯曲。上体向左（右）斜后倒，同时闭气。随后小腿、大腿、左（右）臀依次触地，左（右）手内旋在体侧拍地。

（二）组合技术

1. 拳法组合

拳法组合主要有左右冲拳、左右贯拳、左右抄拳、左冲右贯拳、左贯右冲拳、左贯右抄拳、左冲右鞭拳等。

2. 腿法组合

腿法组合主要有左右蹬腿、左右踹腿、左右鞭腿、左蹬右踹腿、左踹右鞭腿、左鞭右蹬腿、左踹右摆腿等。

3. 拳腿组合

拳腿组合主要有左右冲拳接右鞭腿、左蹬腿接左右冲拳、左鞭腿接左冲右贯拳、左贯拳右冲拳接右踹腿、左冲拳接左踹右鞭腿、左冲拳右贯拳接右蹬腿等。

4. 拳摔组合

拳摔组合主要有左冲拳接抱腿前顶、左贯拳接抱腿旋压、左冲拳右贯拳接抱腿搂腿、左冲拳接夹颈过背、左贯拳接夹颈打腿、左右冲拳接抱腰搂腿等。

(三) 应用型技术

应用型技术主要包括主动进攻型技术和防守反击型技术两大类。

1. 主动进攻型技术

主动进攻型技术，是指实战双方处在无效距离的对峙中，一方因时因势地突然通过快速的步法移动抢占有效的距离后，而运用的最合理的攻击方法。主要用于两种情况：第一，根据强攻、抢攻的战术，出其不意，攻其不备，直取空当，在精神气质和动作气势上压倒对方。第二，对于防守紧密、沉着应战、反应较快的对手而采用的战术打法，做到指上打下、声东击西、以假护真，达到转移进攻的目的。但无论是强攻、抢攻，还是巧攻，都是进攻型技术中既有区别又统一的整体，所以在实战中只有做到"虚实相生"，才能随机应付复杂多变的战况，从而取得胜利。当然，进攻型技术不能局限于以下介绍的这些，也可根据自己的身体特点和习惯来组编，这样既有利于全面、系统地运用技术，也有利于形成自己独特的打法，以便掌握比赛的主动权。

2. 防守反击型技术

防守反击型技术，是指在实战中一方突然发起抢攻（含假动作）时，另一方能及时、有效地进行防守反击的攻防方法。以下介绍的只是供习练者了解和掌握防守反击型技术的部分打法。在练习和实战中，可以根据双方的不同情况，以合理多变的技术动作进行反击。另外，防守后的反击动作可以是单一动作，也可以是组合动作。对于组合动作的反击，可以衔接前面介绍过的组合动作，这里就不再重复介绍了。

二、散打的技术特征及要求

为了叙述方便，本教材把散打技术归类为实战姿势、步法、防守法、跌法、踢打法、摔法和防守反击法等。下面介绍各项技术的特征及要求。

（一）实战姿势的技术特征及要求

散打的实战姿势，通常也称预备姿势。武术运动中，不同的拳种有不同的预备姿势，如形意拳用三体式、长拳多用高虚步、南拳多用半马步，八卦掌则用摆扣步等，其特点都是局限于本拳种的需要或某个典型动作。练习者可以通过长时间磨炼和反复实践而把它运用的得心应手。然而，分析某个姿势是否合理，则需要从实战的需要出发，用科学的方法加以研究。不管选用什么样的实战姿势，它都应具有以下三个优点。

1. 便于运用进攻方法

实战时，运动员必须准确地把握进攻的时机，而时机是靠运动员应急的敏感性来获得的。特别是防守反击时，对方时而用拳，时而用腿；时而打上，时而击下，而且距离不断变化，这对实战姿势时两手所放的位置和两脚所站的距离至关重要。因此，实战姿势应便于灵活地变换和运用各种进攻方法，并使之发动迅速。

2. 便于防守

散打的防守方法有时是闪躲防守，如后闪、侧闪、下躲闪等；有时是用四肢防守，如左右拍击、格挡、阻截等。选用的散打实战姿势是否有利于防守，应着重体现在两个方面：一是身体的投影面要小，即暴露给对手所击打的身体部位要少；二是防守面大。因此，实战姿势要求身体侧向站立，两臂一上一下，紧护头部和躯干，使胸、腹、裆等得分或要害部位都处于有效的保护之内。另外，还要求竖项梗脖，下颌微收，闭嘴合齿，以缩小咽喉的暴露面。

3. 便于步法移动

散打实战时，运动员需要根据攻防动作的特点和要求，在不同的时机、距离、条件下不断而迅速地转换步法和姿势。实战姿势应便于步法的移动，身体重心在两腿之间，不论做前后左右的移动，都是等长距离，无须明显地倒换重心。另外，两腿微屈，使身体总是处于一种欲动的"弹性"状态，以增加步法移动的灵活性。

（二）步法的技术特征及要求

散打中的步法在各拳种中有不同的内容。目前，比赛常用的步法有进步、迟步、纵步、垫步、上步、撤步、闪步、跳闪步等。步法的快慢、移动距离的大小，直接影响着攻防的效果。散打对步法的技术要求是：

1. 活

是指步法移动、变换要灵活敏捷。运动时轻松自如，虚实变换，让对手抓不住身体的重心所在，给对手造成判断困难。判断对手的重心所在，是使用方法的依据。比如对手用右贯拳进攻，身体重心必须落在前脚，如果在防守反击时以右勾腿踢其前脚，此时对手欲以前腿做反击已不可能了。散打步法要活,首先力量是基础,膝关节、踝关节弹性要好;其次在站立时两脚相距不宜太宽,两膝弯曲不能过大,身体重心尽可能不向一边倒(除必要的进攻外),实战中应该是"动态型",尽量避免"静止型"。

2. 疾

是指步法移动的速度。双方交手前都处在相持和窥视状态之中,互相保持着一定的距离,任何一方发动进攻,必须以快速的步法接近对方,在有效距离施以技法,进攻才能生效。同样,防守一方也必须具备有快速的后退和躲闪能力,防守或反击能力。

3. 稳

是指步法移动的稳定性。掌握了对方的身体重心及移动的规律,破其稳定才可以巧取胜。例如,有的运动员冲拳时只注重力度而使身体重心过分前移,过多地超出了支撑面,对手如顺势一带就失去平衡。还有的运动员使用腿法进攻时,一味追求腿的击打高度,造成支撑腿站立不稳,如对手掀托其腿部便会倒地,这些都是步法不稳的结果。

4. 准

是指步法移动的准确性。准确地移动步法,能为进攻、防守和防守反击赢得时间。进攻时的步幅太小,不能产生最佳效果,也会影响到二次进攻和回位防守。防守步法移动的距离不够,有可能被击中;而移动过多,又不利反击,错失良机。把握步法移动的准确性,主要取决于运动员的时空感觉能力,而这种能力的获得,有赖于长期的实践和不断的摸索。

（三）防守方法的技术特征及要求

准确、巧妙地防守，一则能保护自己，二则可为更好地进攻创造条件。防守是积极主动的，其目的是更好地进攻。防守技术大体分为两类：一类是接触性防守，即通过肢体的拦截达到防守目的，如左右拍挡、挂挡、抄抱等；另一类是非接触性防守（或称闪躲防守），即通过身体姿势的变化或是位置的移动达到防守的目的，如下躲闪、左右侧闪、后闪等。两类防守技术有不同的特点，非接触性防守能充分发挥四肢的攻击作用，接触性防守有较大的保险性，与前者相比较容易掌握。在实战中，要根据不同的情况和目的，运用不同的防守技术，或者根据个人的擅长，侧重不同的防守方法。但两类不同的防守法，其技术要求是有区别的。

1. 接触性防守的技术特征及要求

（1）防守面要大

防守面要大是指在实战中要立足于防一片，不要防一点，尽量提高防守的成功率。例如，以左手拍挡对方的冲拳时，上臂和前臂的夹角要小，前臂近似垂直，使从头到腹都处在保护之下，对手的冲拳高一点或低一点都能防守到。若把肘尖向外一翻，前臂呈水平，防守面就小多了，而且容易防守落空。再如以右格挡防守对手的左贯拳为例，肘尖应尽量下垂，五指伸开，躯干右侧也相应侧屈，使头至右肋均能得到保护。

（2）动作幅度要小

动作幅度要小这在防守技术中是不容易做到的，特别是缺乏实战经验的运动员，由于紧张与恐惧心理的影响，加之正确动作未定型，一遇对手（尤其是强手）的进攻，就会手足无措，只想迎挡对手，以致动作幅度过大，结果影响了防守的准确性。防守动作幅度要小，但应以防守的效果和是否有利于反击为准，不能只图幅度小而失去了防守和反击的作用。

(3) 还原转换快

还原转换快指的是防守后回原位或转换进攻时间或连续变换几种防守的间隔要短。如拍挡以后，防左转防右，或防上变防下等的转换，还原要快。动作间的转换快慢，与动作幅度、结构有关。幅度大转换慢，结构不合理也影响转换的速度。合理的攻防动作结构应该是：打上防下、打下防上，击左护右、击右护左。既便于攻防的转换，也能给对手一种攻之有法、防之严密的畏惧感。

2. 非接触性防守的技术特征及要求

(1) 时机恰当

时机恰当是说要求防守的时间与进攻的时间恰到好处，不早不晚。闪躲过早，对手则转移进攻或变换招法，晚了则有被击中的可能。因此，要求练习者需具备较好的反应能力。

(2) 位移准确

位移准确指躲闪对方的进攻时，身体姿势的改变或距离的移动要有高度的准确性。移动距离短了，往往易被击中；距离长了或幅度过大了，势必会给反击增加难度，甚至贻误战机。

(3) 整体协调

整体协调是对身体协调性的要求，是指不论是前避后撤，还是左右躲闪，都必须注意整体性、一致性。如下躲闪对方的冲拳或贯拳，应由踝关节开始，膝、胯、腰、颈、头等关节都要同时弯曲收缩。有的练习者只是一仰头，躯干和腿都不动，形成了躲头不躲身、不躲腿的错误，如果对手是指上打下的组合招法，就会顾此失彼。

（四）跌法的技术特征及要求

跌法，是指双方在使用摔法的过程中，为了达到保护自己而采用的各种倒地动作。跌法和摔法相互依存，有摔法就必然会出现被摔倒的现象，因而说摔法中包括了跌法不无道理。但从其技术功能而言，摔法为进攻，跌法为防守（也称保护）；从其技术特点而言，这是完全不同的两种类型。散手中的跌法较多，但从摔倒的不同方位划分，有向前后直倒或滚翻的，有左右侧摔或斜前、斜后跌扑的，有腾空和不腾空的翻摔等。不同的跌法有不同技术，下面介绍跌法中的共性特点。

1. 缓冲

任何一种跌法，首要的一点是在躯干触地之前，以双手或双脚先着地，再通过各关节的化解，缓冲给地面的作用力，达到减轻对内脏器官的震动以保护自己的目的。如前倒（套路术语称栽碑），必须先以两手或两前臂着地，左右侧倒、斜倒等也是如此。

2. 低头（勾头）

颈椎和后脑是支配人的一切活动的神经中枢和"司令部"。当身体突然倒地而发生震动时，由于颈部肌肉力量薄弱，颈椎往往极易受伤；当身体后倒时，也会因为后脑先着地而出现脑震荡。因此，跌法中的低头，是避免或减少颈椎和后脑受伤的关键性技术。

3. 团身

在倒地的瞬间，尤其是向前后倒地瞬间，通过团身（结合闭气），一则能缓解对内脏器官的震动，二则能迅速地逃离对手，达到保护自己的目的。

4. 闭气

在倒地的一瞬间，通过突然闭气，能够反射性地引起胸、腹肌肉紧缩，从而增大体内的压力，增强躯体接触地面的弹性，犹如一个打足了气的球，摔在地上会反弹起来，缓解了地面对五脏六腑的反作用力。

5. 臂内旋

旋臂，即在倒地（尤其是向斜方位倒地）的瞬间，同侧臂内旋，使虎口朝内，在极大冲力的情况下，肘关节及肩关节顺势依次滚动弯曲着地，达到自我保护的目的。通过临场观察和统计，在散打比赛中，由于倒地方法不当而出现肩、肘关节损伤的现象不少，必须引起运动员的足够重视。

6. 接触面要大

接触面要大是指尽量增大身体倒地瞬间接触地面的表面积，以减轻对身体局部的震动。因此，在倒地的一刹那，要求手掌辅助拍地，以增大接触面积，缓冲对身体的震荡。

（五）踢打的技术特征及要求

散打中的进攻技术分为踢、打、摔三大类。所谓踢打法，即为腿法和手法。在目前散打实战时，运动员需要带手套，实际手法中也只能以拳法为主。按动作的结构归类，踢打法可分为直线型、横线型、上下型和旋转型四种；直线型包括冲拳、掸拳、蹬腿、踹腿等；横线型包括贯拳、鞭腿、勾腿等；上下型包括抄拳、劈拳等；旋转型包括转身鞭拳、转身摆腿和前、后扫腿等。任何一种进攻方法都存在着动作的起止点、受力点和运行路线三方面的规格要求，改变哪一个方面，都会导致方法的改变或是错误的产生。因此，每学习一种方法都必须严格要求并准确地掌握它。现将踢打法共性特征归纳如下。

1. 速度快

踢打技术如能发挥出"快"的特点，就会收到使对手防不胜防的效果。影响动作的快慢，原因是多方面的。

(1) 肌肉力量是基础

进攻动作的完成最终是靠肌肉的收缩而产生力量，没有力量作为物质基础，想做到快速进攻是不可能的。

(2) 掌握用力技法是关键

力量和速度，在没有掌握用力的技法以前是很难成正比例发展的。任何武术流派的用力技法都要求刚柔结合，刚柔是用力技法中相辅相成、互相依存的两个方面。刚柔相济、先柔后刚、刚后必柔这种周期性的放松、收缩、放松就是武术用力的技法所在。只有肌肉处在完全放松的状态下，才能产生第二次的最大收缩力量。

(3) 避免动作的"预摆"是根本

每一个踢打方法的运行路线和动作的起止点都是有严格要求的，有的运动员为了加大力量而把动作的幅度做得很大，或带有"预兆"，如先收后放、先引后打等，无意中增加了动作的运行时间，提前暴露了进攻意图，结果达不到快速出击的效果。

2. 力量重

力量重是指踢、打动作的力度要求。散打比赛，运动员处在你追我退或你攻我防的激烈拼搏中，所用方法必须有一定的力度才能取得"清晰有效"而得分的效果，同时也才能给对方一种威胁。例如，甲方使用左冲拳进攻乙方，乙方欲进身以摔法反击，若甲方冲拳力量很大，乙方便会担心被重击而受伤,进身也就不那么果断。反之,力度很小,乙方心里不畏惧,进身抱摔时也就毫无顾虑了。再如,甲追乙退,乙方欲以左踹腿阻截,若力度小,则不但不能挡住甲方的冲击,反而会因踹腿而反作用于自己,造成自己倒地。如何加大攻击方法的力度呢?除了运动员必须具备力量素质外,还要提高全身发力的协调性,在现有素质条件下发挥出更大的能量。任何一个动作的发力,都是通过腰的作用点而贯至四梢(两手和两脚)的,没有高度的协调性,很难使动作发力完整。例如右冲拳或右贯拳,先是通过后脚的蹬地和前脚的制动,然后使力传至腰,又通过腰传至臂,最后达于手。一个动作只靠局部力量是有限的,必须全身协调一致,同时配合呼气,闭气蓄劲,以气催力,达到意、气、力三者合一,使力量更加完整。

3. 力点准

进攻技术的力点(受力点),是构成技术方法的重要特征,必须准确无误。力点准,不但是方法错误,而且极易造成损伤。如鞭腿要求绷脚面,力点在脚背弓处或小腿胫骨下端,若把力点放在脚背的趾端,则大大地减轻了动作的力度,有时还会踢伤脚趾。造成力点不准的原因一是动作外形上的错误,如该绷脚的却放松,该勾脚的却绷脚,该旋转的没有旋转;二是腕、踝等关节部位在用力的一瞬间紧张不够,梢节松弛;三是动作运行路线的错误,如鞭腿做成斜上撩踢,力点落在了脚弓内侧;四是距离判断错误,如勾腿时离对手较远,着力点落在了脚的拇指上。因此,平时的训练必须一丝不苟地抓好动作规格,多打移动靶和固定靶,体会动作的准确性,才能在实战中提高判断和运用的能力。

4. 预兆小

所谓预兆,是指做动作前预先暴露了进攻意图。动作有预兆,这是散打运动员普遍容易出现的错误,也是致命的错误。在实力相当的比赛中,由于动作有预兆,对手一旦抓住了规律,进攻不但不能实现,反而会给对手创造反击的良机，导致比赛的失败。动作预兆有多种表现形式，如动作前有的习惯眨眼、皱眉、咧嘴，有的身体先往下松再击打，有的手、脚明显先后引再出击，有的打拳先动步，有的起腿前先明显地倒换重心上体后仰等。克服动作预兆，首先要求练习者在思想上高度重视，每学一种方法都要严格要求；其次是练习的初级阶段最好在教师或同伴的指导与监督下进行，有条件的可面对镜子练习，使动作正确进而巩固定型。

5. 方法巧

散打比赛靠力量取胜固然重要，但以巧取胜则艺高一筹。方法的巧妙，必须与攻击对手的时机、掌握对手重心、控制动作的力度以及采用灵活多变的战术等有机地结合起来，才能收到最佳的效果。例如，甲方以垫步左踹腿进攻乙方，乙方若趁甲方垫步重心向上时，迅速用左蹬腿阻击其腹部以上部位，甲方则必因受击而后倒。再如，甲方以左贯拳打乙方头部右侧，乙方左闪身以左冲拳直线反击甲方的头部，很有可能将其击倒，或者在甲方重心落在左脚的瞬间使用右勾腿反击，也能产生较好的效果。

（六）摔法的技术特征及要求

散打中的摔法分贴身抱摔和接招摔两种，贴身抱摔包括夹颈、抱腰、抱腿的各种贴身摔法；接招摔包括接住对方进攻的各种拳法和腿法之后运用夹臂和抱腿的摔法。散打中的摔法很多，不同的方法有不同的技术要领。但由于受散打竞赛规则和护具的限制，散打中的摔法应该朝着快和巧的方向发展，如何使散打中的摔法运用得更加快速和巧妙，概括起来有以下技术要求。

1. 借势

借势，是指在运用各种摔法时，借助对手重心不稳或将要失去平衡的姿势，稍加力量将其摔倒。如甲方连续使用拳法追击，乙方在步步退守的情况下突然下蹲后倒，使用"蹬枝"方法将甲方摔下擂台。此招就是借助了对手连续打拳而突然击空，重心前倾的不利姿势，使"蹬枝"的方法既省力效果又好。再如，甲方以右鞭腿攻击，乙方在抄抱其腿的刹那，快速上步切掌将其击倒，或者在接腿的瞬间用摇涮的方法将其摔倒，这两招也是借助了对手鞭腿时身体向斜后侧倾的姿势。借势，关键是掌握好时机。一般来说，在动作发力的瞬间一旦击空，身体就会处于失衡状态，如果能在此时顺其失衡的方位稍加外力，效果极佳。还有，在对手动作发力的同时，如果顺其发力的方向稍加外力，也会收到事半功倍的效果。

2. 掀底

掀底，是指采用摔法（尤其是接腿摔法）时，为破坏对方的支撑而采用掀、拉、摇、托等方法，将对方摔倒。例如，甲方被乙方抱住右腿后，乙方尽量向上或向左右掀托其右腿，甲方必然会因左腿（底部）失去支撑能力而被摔倒。值得注意的是，对于下肢柔韧性较差的运动员，产生掀底效果较快，而对柔韧性较好的运动员来说，必须以掀至对方摔倒为止，不见效果不脱手。

3. 别根

别根，是指通过自己的身体的某一部位别绊对方支撑重心的根部（脚踝处），达到摔倒对方的目的。如接腿别腿、抱腿搂腿、折腰搂腿、接腿勾踢、接腿拌腿等摔法，正是运用了别根的要领，使摔法更加省力和巧妙。

4. 靠身

靠身，是指通过身体向前挤靠的办法将对方摔倒。如抱腿搂腿摔法，除了运用抱腿和搂腿的技法外，必须配合身体向前挤靠对方，效果才会更好。

散打中的摔法，除少数一些远距离摔法（如接腿摇涮）外，绝大多数是主动进身抱摔和接腿、接拳的摔法。在每一种摔法中，尽管有其独特的关键性技术，如接腿勾踢摔主要是勾腿（即别根）、接腿上托摔主要是掀底、抱腿前顶主要是靠身等，但是如果借势、掀底、别根、靠身四种技巧结合运用，突出了散打摔法中的"快"字特点，那么肯定效果更好。

三、散打技法运用的原则

技法是散打的主体。技法，顾名思义，就是散打的技术方法，它既是散打对抗经验总结的物化形式，又是操作技巧的运用过程。只有掌握好散打技法的运用法则，才能充分发挥其应有的功能。

（一）技法中的实用性原则

散打中的任何技法都是以能够"击中"或"防住"为目的来构建和运用的，因此应该根据实用性原则的五个要素来实施。

1. 隐蔽

主要是指使用技法的意图不能轻易暴露，动作的预兆要小，甚至没有。

2. 突然

就是运用动作时的初速度要快，带有突发性，从而带动动作运行过程中的加速度，最终表现为由速度而产生的力的效应。

3. 简捷

指的是能在对抗中表现为形成最佳的选择点，包括角度、方向和由此产生的路线与动作结构等。

4. 顺达

表现为整个技法动作过程中的劲力充沛，动作协调、流畅顺达。

5. 奏效

在以上四点的基础上，运用中需随时随地抓住时机，表现出较高的成功率。

（二）符合力学作用的原理

1. 作用力与反作用力

技法的最后完成是表现在动作着力点的力度上，这其中主要的是动作支撑点上的反作用力在起着重要作用。反作用力还表现为一种制动力，比如冲拳时的后腿支撑点的有力蹬地，使重心迅速前移，随之出拳，这是反作用力的推动作用。出拳后的肢体肌肉即出现了爆发式的收缩，使在支撑反作用力和重力的合力作用下，人体重心向合力方向移动，加上肩、胯、腿的协调配合，打出有力的一击，这就是制动力的作用。

2. 力与加速度

技法在静止到运动的瞬间起动，必须是在力的作用上克服人体自身的静力惯性才能发生。技法在开始动作时，人体起动要产生加速的力，动力的大小与产生的加速度成正比，即质量一定时，动力越大产生的加速度也就越大。

3. 力与杠杆作用

在摔的技法中应充分应用杠杆和力偶的作用。具体操作时，就是固定支点，有意加长力臂或加大力偶臂，用较为省力的方法使对方的重心移动或转动其基底范围，使其失去平衡而倒地。防守的技法则是应用延长接触时间，或者改变对手的间距、动作路线的角度来减少或消除冲力。

4. 用力的稳定与平衡

技法运用在动态中总体上是处于稳定平衡与不稳定平衡的交替状态中，这其间支撑面、稳定角、平衡角及稳定系数对其身体稳定性的影响和判定，以及肌力工作的要求、调整身体平衡的方法，无不涉及力学原理。因此可见，技法本身的完成是一个复杂整体的用力系统，它既有身体不同部分间的用力分配，又有不同用力性质的配合。

（三）全面发展身体的原则

技法运用对身体素质的要求是一个综合指标反映，而不是以某项素质的最大能力为标志。技法的具体要求就是在不同情况下，巧妙而合理地利用所具备的各项身体素质，充分表现出最佳应用价值，即达到较高成功率的目的。技法中的身体素质运用主要表现为五个方面。

1. 力量方面

主要强调速度性力量。它是肌肉做快速动作时用力的能力，如果没有速度力量，再实用的技法也只能是一种运动形式，而不能表现出技法的效果和能力。

2. 速度方面

主要突出在反应速度和动作速度上。在技法应用时，对抗中出现的各种信息反应判断的快慢，以及抓住时机做出相应的动作是取胜的关键因素。

3. 耐力方面

耐力即人们对克服疲劳的能力。如果耐力强，一定时间内完成技法的质量就会保持不变；反之，则影响技法的应用与发挥，贻误战机并因此而被动。

4. 灵敏方面

灵敏是条件反射活动的一种形式，表现在动作中则反映为完成技法时必须具有的协调能力，并同时反映为一种应变能力。

5. 柔韧方面

由于技法的动作结构都有其一定的活动幅度，因此，要求运用技法时人体各关节韧带、肌腱等应有良好的伸展能力。同时，对柔韧的要求往往大于力量的要求，这是因为除了技法动作幅度之外，它可直接影响肌肉的爆发力和速度力量。

（四）符合竞技对抗性原则

竞技对抗性原则表明，按一定规律构成的有机整体的功能，并不取决于某个单独要素，而是存在于相互联系、相互作用和相互制约的完整系统之中。散打技法的整体性要求大致表现在四个方面。

1. 攻防兼顾，相生相克

为在对抗中取胜，积极地抑制对方就成为第一要素，这势必就会出现与之相应的反抑制手段和过程。为有效地进行抑制和反抑制，必须在进攻的同时考虑到防守的可能性和可行性，防守的同时要注入反攻的因素，这就是攻防兼顾的原则。

2. 技法的最佳表现值

技法的运用不是孤立的，任何一种技法的单体结构都是该动作运动链中的各个环节或全身各部位相互配合的结果。整体的配合与协调越好，技法完成的质量就越高。如果在这一运动链中的某一点出现不协调，就会影响速度、力度运用效果的质量与节奏。此外，技法间的组合也应表现出长短结合、上下一体、攻防有效的合理性。

3. 积极主动

散打比赛的过程，实质上是一个控制与反控制的过程，谁控制了谁，谁就占有主动权。因此，要积极主动制定各项战术方法，全面了解对方情况，避实就虚，先夺其长，掌握主动权，使其不能发挥特长。

4. 受规则的制约

技法的构成与运用应有规范性要求，技法须依规则确定的内容来构建，运用时要充分考虑到规则的限制性。

参考文献

[1] 全国体育院校教材委员会. 中国武术教程（下册）[M]. 北京：人民体育出版社，2004.

[2]《中国武术散手》编写组. 中国散手 [M]. 北京：人民体育出版社，1990.

[3] 中国国家体育总局. 中国体育教练员岗位培训教材：武术（散手）[M]. 北京：人民体育出版社，1999.

下篇

国外主要对抗项目的内容简介

第一章 拳 击

第一节 概述

拳击运动是在一定规则限制下双手戴着特制拳套进行击打搏斗的对抗性体育项目。拳击是在人们生产实践和战争中产生和发展起来的一项重要的搏击技术,拳击的起源可以追溯到远古时代。在公元前 688 年第 23 届古奥运会上拳击被列为正式竞赛项目。公元前 616 年第 41 届古代奥运会,又增加了少年拳击比赛。到了哈德·古罗布王朝时代,拳击成为备受人们欢迎的运动项目。

一、西方拳击的起源与发展

(一)古代拳击运动

古奥运会拳击赛规定参赛者必须是纯正本族血统、身家清白的自由人。规定竞赛者要参拜宙斯神像,宣誓遵守规则和服从裁判。比赛没有专门的竞赛场地,只在平地进行,比赛没有局数限制,运动员也不按体重分级。除了掩盖下身外,选手裸体赤足、赤手空拳的进行比赛。比赛中规定,除了咬、踢和抓握外,可使用包括扭摔在内的任何攻击动作,但不得击打腰以下任何部位。如果双方没有人提出弃权,比赛则一直进行下去,直到一方失去战斗力瘫倒在地,或者把对手打得高举伸出食指的手臂表示认输为止。因此,每届运动会上拳击比赛花费的时间最长,甚至出现有两天才见胜负的情况。在古代奥运会的拳击比赛中,产生了很多冠军,其中较为有名的是古希腊著名的数学家、"毕达哥拉斯定理"的发现者毕达哥拉斯。毕达哥拉斯在发现几何学上著名的勾股定理之前,曾经是一名出色的拳击家。在他自己创办的学校里不仅教学生代数、哲学,还讲授拳击和击剑的原理。

最初的拳击比赛都是赤手空拳相互击打,没有戴拳击手套。从公元前8世纪起,拳击者开始使用软皮手套。软皮手套是将牛皮条用油浸软,然后握绕在手腕和手臂上,这种手套一直使用了300年左右。公元前5世纪,软皮手套被一种硬皮手套所代替。手套用生牛皮从肘部向前臂缠去,在牛皮的端部衬着厚羊皮垫。这种硬皮手套一直使用到公元前2世纪。到了罗马时期,硬皮手套演变成了一种叫塞斯特什的牛皮手套。手套上有铅珠,运动员手中还握着硬珠,以增加出拳时的打击力度,将对手置于死地。后来有些拳手在皮条上装上铁钉,在指关节装上金属大头钉,使用这种手套常常会打得人皮开肉绽,拳击成为了一项激烈而又残忍的运动,直至罗马帝国衰落,这种凶残的拳斗才得以告终。公元394年,罗马皇帝西奥多雷斯下令禁止一切拳击活动,延续了十多个世纪的古希腊拳击宣告结束。

(二) 近代拳击运动

近代拳击运动始于英国。公元18世纪初,英国出现了拳击比赛。1719年产生了被称为近代拳击始祖的第一位英国拳击冠军詹姆斯·菲格(1695—1734年)。卫冕冠军长达11年之久,有"无敌将军"的美称。他创立了世界上最早的拳击学校。1743年8月16日被称为"拳击之父"

的约翰·布劳顿推出了世界最早的职业拳击运动比赛规则——"布劳顿规则"。规则规定不准打击腰部以下任何部位和已倒地者。同时，布劳顿发明了一种软皮手套，以保护脸部皮肤，创办了专门教授拳击的竞技场。公元1798年，英国拳击冠军门道沙写成拳击史上第一本拳击指南，定名为"拳击艺术"，成为拳击研究的先驱者。1838年英国伦敦，在布劳顿规则基础上，制定颁布了《有奖拳击比赛规则》。1865年，英国业余竞技俱乐部成员、记者约翰·格雷厄姆·钱巴斯进一步完善修订了拳击规则，英国昆士贝利的候爵约翰·肖鲁图·道格拉斯担任了这个新规则的保证人，并把它命名为英国"昆士贝利拳击规则"。在这个规则中，明确规定了参加拳击比赛的人必须戴拳击手套比赛，每个回合打满3分钟，回合之间休息1分钟，比赛禁止搂抱和摔跤现象，否则被判为犯规等。1892年9月7日，约翰·L. 萨里班和基姆·哥培德戴着五盎司重的拳套进行了世界第一次重量级冠军赛，昆士伯利拳击规则才最终在拳击比赛中确定下来，并被所有的拳击比赛所采用。英国昆士伯利规则的最终确定，为促进现代拳击比赛奠定了基础，形成了现代拳击比赛的竞赛框架，促进拳击运动的发展。

（三）现代拳击运动

随着拳击运动在世界范围内的迅速普及和广泛开展，拳击逐渐成为许多国家竞技体育项目。现代拳击运动始自1890年。1891年拳击比赛规则被全世界所公认，并于1901年在英国伦敦开始举办首次世界范围的正式拳击比赛。1896年现代奥林匹克运动会在雅典召开时，组织者认为拳击运动太危险取消了这个项目。直到1904年美国圣路易斯第3届奥运会，拳击才被列入比赛项目。不过拳击的奥运之路也是命运多舛，1912年斯德哥尔摩奥运会，因瑞典国家法律禁止拳击运动而被取消。自1920年比利时安特卫普奥运会以后，拳击在奥运会比赛项目的位置才被确定下来。

现代拳击运动分为两大系统：业余拳击和职业拳击。业余拳击指的是奥运会所设的项目以及相应的各级各类拳击比赛。业余拳击是以增进拳击爱好者和运动员的健康，培养顽强拼搏、机智勇敢、英勇善战的优良品质为目的，适应广大拳击爱好者健身和竞技的需要，以提高拳击运动技术水平和增进各国人民的友谊为宗旨的运动项目。1946 年，第一个国际性业余拳击组织——国际业余拳击联合会（简称 AIBA）在英国伦敦成立，简称国际拳联。国际性的业余拳击比赛除奥运会外，还有国际业余拳击锦标赛、拳击世界杯赛、洲际锦标赛等。

职业拳击与业余拳击在赛制、规则、比赛目的等方面有着很大的差异。职业拳击是运动员以拳击作为自己的职业，所有赛事活动受经纪人和俱乐部的控制和安排。目前国际职业拳击组织有：1963 年成立的世界拳击理事会（简称 WBC）、1967 年成立的世界拳击协会（简称 WBA）、1983 年成立的国际拳击联合会（简称 IBF）和 1988 年成立的世界拳击组织（简称 WBO）。上述国际拳击组织，各有自己不同的章程、系统、比赛和世界冠军。由于拳击运动强烈的对抗性、健身性以及职业拳击的利益驱使，使现代拳击在短短百余年的时间内，迅速发展成为世界上最大的体育项目之一，遍及 160 多个国家地区，吸引着千百万拳击爱好者、拳击运动员热衷从事于这项运动，同时也吸引着数以亿计的拳迷观众，他们为促进现代拳击运动的发展，做出了巨大的贡献。

二、中国拳击运动发展史

我国现代拳击始于 20 世纪 20 年代后期，最初称"西洋拳术"。20 世纪 30 年代，南京民国政府中央国术馆、国立国术体育专科学校将拳击列为主课之一，培养出了不少人材，如老一辈武术家：张文广、温敬铭、李锡恩、李浩、卜恩富、吴玉昆、蒋浩来等都是习练过拳击的高手。在抗日战争前，教会办的中学和大学把拳击作为体育课之一。1936 年在德国举行的第 11 届奥运会上，中国派出了 69 人参加，其中有两名拳击手靳贵第和王润兰，还有李梦华、靳桂参加了集训。1946 年秋，中、意、葡、菲等 7 国拳击决赛在上海举行，中方选手周士彬以一记重拳击倒白俄对手，从此"南拳王"之名不胫而走。1948 年在上海举行的第 7 届全运会上也设有拳击项目。新中国成立后，1953 年 11 月，在天津举行的全国民族形式体育表演及竞赛大会中设有拳击比赛项目，共有 7 个单位的 27 名选手参加了 6 个级别的比赛。张立德、王守忻、靳金铎分获中量级、最轻级和次重级冠军，余吉利和陈新华分别获得次中级和轻量级冠军，孙吉柱获得轻中级的冠军。1957 年在上海召开了 15 城市拳击锦标赛，有 53 名运动员参加了 9 个级别的比赛。获得冠军的选手是：王守忻、周士彬、张立德、陈新华、张华强、许连生、王修纯、顾景裕和叶来洪。1958 年，我国拳击史上规模校大的一次盛会 20 城市拳击锦标赛（10 个级别）在北京开幕。有 142 名拳手参加了比赛，获得团体总分前三名的是上海队、北京队和天津队。1958 年 3 月上海体育学院举办了全国体育院系拳击教师训练班；同年 8 月，国家体委在上海举办了拳击教练员培训班。1959 年第 1 届全运会组委会曾把拳击设为竞赛项目，但由于各省市盲目发展拳击运动，出现了伤亡损伤的事故，后来就撤销了拳击作为比赛项目。1959 年 3 月，拳击运动被迫暂停开展。

1979 年 12 月，世界著名拳王、美国选手穆罕默德·阿里应邀来中国访问。邓小平同志在接见阿里时说出"拳击运动也可以成为增进中美两国人民了解和友谊的渠道"之后，拳击运动开始复苏，不少城市相继举办了拳击表演和比赛。1984 年拳王阿里再度来华，到北京体育大学指导拳击队并做拳击表演，后又到上海参观精武会，到上海体育学院和"北拳王"张立德、"南拳王"周士彬进行技术交流。1980 年，我国允许拳击在一定范围内进行试验，为正式恢复拳击做准备工作。1982 年 2 月，当时的国际业余拳击联合会秘书长安瓦尔·乔杜里应邀来北京体育学院（现北京体育大学）讲学。乔杜里先生说："不能设想，一个没有十多亿中国人民参加的国际体育组织，称得上是真正的国际体育组织。"1986 年 3 月，中国正式恢复了拳击运动。1986 年 8 月，国家体委陆续下发了《开展拳击运动暂行规定》《拳击活动的安全防护措施》《拳击竞赛管理办法》等文件。1986 年 11 月，在上海体院举办了首展全国拳击教练员、裁判员学习班。1987 年 1 月在北京举行了恢复拳击后的第一次拳击比赛。1987 年 4 月，中国拳击协会（CBF）正式成立，5 月，南京举办首届全国拳击锦标赛。6 月，中国拳击协会被国际业余拳击联合会（AIBA）正式接纳为第 159 个会员，中国业余拳击进入了世界业余拳击的大家庭中。近年来，中国运动员在世界和洲际大赛上连获佳绩。自 1988 年在韩国汉城第 24 届奥运会上我国拳击运动员刘栋进入了前 8 名，到 2008 年北京奥运会上，我国 48 公斤级选手邹市明获得冠军，中国的拳击运动至今辉煌发展，一路前行。

第二节　主要技术内容

一、拳击基本技术

拳击基本技术分为准备姿势、基本拳法、基本步法、防守和反击法。
拳击的基本姿势：又称准备姿势、实战姿势。
拳击的基本拳法：直拳、摆拳、勾拳。
直拳是拳击最基本的动作，是指从肩部出击，轨迹呈直线，分为左右直拳。以右架准备姿势为例，左直拳为前手直拳，右直拳为后手直拳。其中，出拳轻快的拳称为刺拳，出拳重快的拳称为直拳。
摆拳是从侧面进攻对手的拳法，又称横拳，分为左摆拳和右摆拳。以右架准备姿势为例，左手摆拳为前手摆拳，右手摆拳为后手摆拳。

勾拳是近身格斗常用的拳法，手臂形状如勾，臂肘弯曲大约90°。分为上勾拳和平勾拳。上勾拳又分左上勾拳和右上勾拳，主要打击部位是身体腰带以上正侧头部位。以右架准备姿势为例，左上勾拳为前手上勾拳，右上勾拳为后手上勾拳，平勾拳分为左平勾拳和右平勾拳。主要打击目标是两腮、下颌或颈部侧面。

拳击的基本步法：滑步、侧移步、冲刺步、环绕步、撤步。

其中滑步分为：前滑步、后滑步、左滑步、右滑步。侧移步分为：左侧移步、右侧移步。环绕步分为：逆时针的向右环行和顺时针的向左环行。以右架准备姿势为例，左手平勾拳为前手的平勾拳，右手平勾拳为后手的平勾拳。

拳击的防守和反击法：拍击、阻挡、格挡、闪躲、潜避、退让、阻挠、掩护。拍击主要用来阻止对手直拳进攻；阻挡主要用来抵御对手近距离攻击，分为肩部阻挡、肘部阻挡、拳阻挡；格挡是用拳或前臂格架对方来拳，使之改变方向；闪是用身体的闪避使头离开击打路线；潜避是对摆拳击头的一种主要防守方法；退让法是用来对付猛冲猛打对手的一种防御技术；阻挠是自己主动出拳干扰对手视线或迷惑对手；掩护是低头、含胸、收腹，将头藏在两拳臂中间，借双臂进行掩护并从两拳臂中监视对手伺机反击的方法。

拳击防守的具体方式，分为头部和躯干的防守：左侧闪防守、右侧闪防守、左摇避防守、右摇避防守、后闪防守、下潜防守、手臂防守、前手拍击、后手拍击、前手阻挡、后手阻挡、前臂阻挡、后臂阻挡、两臂封闭式阻挡、臂肩阻挡。步法控制距离防守：后撤步、左侧滑步、右侧滑步、左环绕步、右环绕步。拳击迎击的具体方式有：前手直拳迎击、后手直拳迎击、前手摆拳迎击、后手摆拳迎击、前手上勾拳迎击、后手上勾拳迎击等。

二、拳击训练方法

现代拳击的训练方法融入了科学的训练手段，分为体能、技术、心理、战术、智能五大方面。

拳击技术训练的方法，分为快速和慢速的重复练习、结合步法的练习、想象实战练习、互不接触功放练习、手靶练习、击打沙袋练习、条件实战和实战练习。

拳击战术的种类包括直接式进攻战术、压迫式进攻战术、引诱式进攻战术、防守式躲闪和反击战术、克制对方长处战术、集中打击对方短处的战术、利用对方习惯性动作的进攻战术、围绳进攻和防守战术、体力战术等。具体拳击战术训练的方法，分为假设性空击训练、战例分析训练、模拟训练、按照比赛要求实战。

拳击训练身体素质训练以力量素质、速度素质、耐力素质、柔韧素质、灵敏素质训练组成。除常用的拳击器材，如拳击手套、打沙袋手套、头盔、手靶、胸靶外，拳击训练器材还有：沙袋（圆柱形、梨形、长圆形）、平衡垫、腹肌训练轮、跳绳、哑铃、帽球、梨球、弹簧球、六棱球、实心球、瑞士球、皮筋、拖力带、拳击立式人形靶、空击阻力皮筋、腿部训练阻力皮筋等。

下面介绍几种打手靶和打沙袋的方法。

打手靶的方法：前手刺拳、前手直拳、后手直拳、前后手直拳两连击、前手摆拳、后手摆拳、前后手直拳、前摆拳三连击、前手上勾拳、后手上勾拳、前后手直拳、前摆拳、后手上勾拳四连击、前手平勾拳、后手平勾拳、前后手直拳、前摆拳、后手上勾拳、前平勾拳五连击。

打沙袋的方法：前手刺拳、前手直拳、后手直拳、前后手直拳两连击、前手摆拳、后手摆拳、前后手直拳、前摆拳三连击、前手上勾拳、后手上勾拳、前后手直拳、前摆拳、后手上勾拳四连击、前手平勾拳、后手平勾拳、前后手直拳、前摆拳、后手上勾拳、前平勾拳五连击。

第三节 主要竞赛形式与规则

一、拳击竞赛形式

(一) 比赛场地

国际业余拳联（AIBA）规定，国际拳击锦标赛、奥运会拳击比赛、世界杯拳击赛等国际正式比赛的拳击台最大不得超过 6.10 米见方。一般比赛的拳击台可在 4.90~6.10 米见方，可根据具体情况在上述范围内选择使用。

拳击台台面距离地面或底座 91~122 厘米，台面延伸出围绳不少于 46 厘米。拳击台面上垫有厚 1.3~1.9 厘米的毡制品、橡胶或其他具有同等弹性、相适应的材料，然后再将一块平展固定的帆布和其共同覆盖住整个台面。台的四角安装四个角柱，用以栓固围绳。拳击台设有 3~4 根直径为 3~5 厘米与四个角稳固相连的围绳，围绳离台面的高度分别为 40 厘米、80 厘米和 130 厘米。若是四根围绳，则其高度分别为 40.6 厘米、71.1 厘米、101.6 厘米、132.1 厘米。围绳表面包扎柔软光滑布料，在围绳每一边用两条宽 5 厘米的帆布带将其上下相连栓牢。

在拳击台的四个角共设立两个中立角，一个红角和一个蓝角。其中中立角是场上裁判员在比赛开始时和回合休息时使用的地方，在中立角各安置软硬适度，宽 25 厘米、厚 10 厘米的角垫；在红、蓝角也同样各安置两个角垫，红、蓝角是双方运动员在比赛开始时和回合休息时使用的地方。面向仲裁席，角垫的颜色分别为近左角为红色、远左角为白色，近右角为白色、远右角为蓝色。

拳击台设立3个台阶,红、蓝角各设一个,供参赛运动员及助手使用中立角设立一个合阶,供台上裁判和场外医务人员使用。在拳击台两个中立角的外侧,各备1个小塑料袋,供裁判员放用过的止血棉球或纱布。仲裁席在拳击台的正面,拳击比赛共设有5名场下裁判员和一名场上裁判,在仲裁席的前面是1号评判员席,左侧面是2号评判员席,对面是3号和4号评判席,右侧面是5号评判员席。

比赛时对比赛条件有相当严格的要求,如果在室外比赛,比赛时的气温不得低于18℃,如果在室内比赛,比赛时室内气温不得低于18℃。室外比赛时如果遇上下雨,赛场的上方必须要有顶,比赛不能在雨中进行。

(二) 比赛装备与护具

拳击竞赛装备:男女选手服装、头盔、护手绷带、拳击手套、拳击鞋、男用护裆、女用头巾、护齿。

所有级别运动员的拳击手套重量为284克(10盎司)。使用的护手绷带是一条质地柔软长度不超过7.6厘米、宽度不超过5.7厘米的绷带。严禁使用橡胶或橡皮膏等其他任何带子代替绷带。运动员应穿软底无跟、无钉的鞋或靴,短袜长不超膝盖的短裤、可遮盖胸背的背心。所有运动员在比赛时都必须佩戴护齿、硬质塑料护裆和护头。为了保护运动员护齿的使用是强制性的,护齿大小应合适,如果运动员没有自带护齿,则有比赛主办单位为没有护齿的运动员提供护齿。在比赛中不允许运动员有意吐出护齿,否则要受到警告,如果护齿被打掉,则由场上裁判员拾起,把运动员带到自己的角落,交助手冲洗,再给运动员戴好。在此期间不允许助手和运动员讲话,这时他的对手要走到中立角处。不允许运动员不戴护齿进行比赛。运动员都必须佩戴由大会提供批准认可的护头,运动员进场时可不戴护头,双方运动员被介绍给观众后戴上护头,比赛结束后宣布比赛结果之前摘下护头。护头重22克,皮革重量不得超过总重量的一半。对于不戴护头、护裆、护齿或服装不整洁的运动员，台上裁判员有权禁止该运动员比赛。若在比赛中出现拳套或服装护具松脱，台上裁判员可以中止比赛，待将运动员的拳套或服装、护具整理好以后，再恢复比赛。除规则规定必须佩戴的护头、护齿等保护装外，运动员不得穿戴其他任何装饰，脸和身体暴露部位严禁涂抹凡士林之类的油或其他对对手有害或有障碍的物质。运动员必须刮脸，不允许留长胡子，允许短胡子但不可超过上嘴唇。

（三）比赛回合和称量体重

世界奥运会、锦标赛和洲际锦标赛采用四个回合制，每个回合2分钟，2分钟不包括因警告、告诫、整理服装或其他原因造成比赛中止的时间。回合之间休息1分钟。

参加比赛的运动员在比赛前先由拳击协会委派的医生进行体格检查，检查合格后开始称量体重，每一名运动员在参赛前必须称量体重，然后根据各自的体重参加各个级别的比赛。

二、拳击竞赛规则与裁判法

（一）比赛级别

男子：

①48公斤级（体重在48公斤以下，包括48公斤）
②51公斤级（体重在48以上—51公斤）
③54公斤级（体重在51以上—54公斤）
④57公斤级（体重在54以上—57公斤）

⑤60 公斤级（体重在 57 以上—60 公斤）
⑥64 公斤级（体重在 60 以上—64 公斤）
⑦69 公斤级（体重在 64 以上—69 公斤）
⑧75 公斤级（体重在 69 以上—75 公斤）
⑨81 公斤级（体重在 75 以上—81 公斤）
⑩91 公斤级（体重在 81 以上—91 公斤）
⑪+91 公斤级（体重在 91 公斤以上）

女子：

①46 公斤级（体重在 46 公斤以下，包括 46 公斤）
②48 公斤级（体重在 46 以上—48 公斤）
③50 公斤级（体重在 48 以上—50 公斤）
④52 公斤级（体重在 50 以上—52 公斤）
⑤54 公斤级（体重在 52 以上—54 公斤）
⑥57 公斤级（体重在 54 以上—57 公斤）
⑦60 公斤级（体重在 57 以上—60 公斤）
⑧63 公斤级（体重在 60 以上—63 公斤）
⑨66 公斤级（体重在 63 以上—66 公斤）
⑩70 公斤级（体重在 66 以上—70 公斤）
⑪75 公斤级（体重在 70 以上—75 公斤）
⑫80 公斤级（体重在 75 以上—80 公斤）
⑬86 公斤级（体重在 80 以上—85 公斤）

（二）规则与裁判法

拳击比赛的裁判工作是在仲裁委员会的监督和指导下进行的，下设裁判组、评判组、场记长、记录员、计时员、检录员、临场宣告员、临场医生等。

裁判工作是拳击比赛的关键性工作，裁判组织是否健全、裁判人员的素质高低都直接影响着拳击比赛的顺利进行。拳击裁判员必须熟悉技术动作，精通规则。裁判员执法的公正、准确以及判罚的果断、严明是一场公平比赛的保证。裁判员执法的水准关系着比赛的顺利进行，也关系到运动员、教练员的切身利益。因此，拳击裁判员要坚决做到严肃、认真、公平、准确，保证比赛的顺利完成。

1. 仲裁委员会

每场拳击比赛（除决赛外）的仲裁委员会是由3~5人组成的，其中1名为仲裁主任，2名须是裁判委员会的委员。仲裁委员会的主要职责：

①比赛中仲裁委员会分别坐在5个评判员后面，利用另一套电子评分系统或人工评分器进行评判。

②仲裁委员会主任和执行仲裁在比赛结束后根据电子评分系统得出的结果来判定获胜方，并将获胜者的姓名通知广播员。

③仲裁委员会在每一单元比赛结束后的次日早晨召开会议，对前一天比赛中裁判员和评判员的工作情况进行评估。如果认为哪位裁判员和评判员的工作不合格，将向执委会提交其名单。仲裁委员会可以召见在前一天比赛中执法的任何一名裁判员和评判员，并向他们咨询执裁的情况。

④如果仲裁委员会委员认为裁判员或评判员在比赛过程中未能有效地执行拳联的规则或进行客观地评分，必须以书面形式报告国际拳联。

⑤如果仲裁委员会认为有必要对裁判进行重组时，可以向国际拳联执委会、大洲拳联执委会和相关地区局提出建议。

⑥如果裁判员或评判员经所属协会提名，被选派参加奥运会、世锦赛、洲际锦标赛裁判组工作，并已经到达相应比赛地点，却缺席不能履行职责的，而且没有事先通知秘书长，又无正当理由，那么仲裁委员会应将情况报告给执委会。

⑦如果被选派的裁判员在比赛前缺席，那么仲裁委员会必须尽快地

从已被批准的裁判员中挑选一位合适的替代者,并向执委会报告有关名单的变更情况。

⑧如果在比赛的过程中发生意外的情况,妨碍了比赛的正常进行,而裁判员又不能采取有效行动时,仲裁委员会有权停止比赛,直至意外情况排除,比赛能够继续进行为止。

⑨仲裁委员会和执行仲裁委员负责处理拳击比赛过程中出现的妨碍比赛进行的突发事件。

⑩仲裁委员会有权取消或剥夺在比赛过程中故意犯规、情节严重,并且严重违背了体育道德的运动员在比赛中获得的名次、奖牌和奖品,可以做出阶段性禁赛的处罚。

当裁判员做出有明显违背国际拳联章程和规则的判决时(在审议此类问题时可以观看比赛录像)仲裁委员会有权力予以改判。同时如果在一场比赛结束后,一方的领队对比赛结果不服而提起申诉的,申诉必须在该场比赛结束后半小时内以书面形式向仲裁委员会主任提出,同时交纳200美元的申诉费。如果仲裁委员会同意对申诉进行审议,将会做出必要的处理。而如果胜诉,则退还全部申诉费。

2. 裁判员

拳击比赛中,台上裁判员是每场比赛的组织者,控制着比赛的顺利进行。台上裁判员水平的高低,直接关系到运动员技术、战术的发挥,并影响着运动员胜负的评定。台上裁判员必须熟悉比赛规则和拳击运动的基本技术,而且头脑冷静、判断准确、果断,在任何情况下都必须保证比赛的公正立场,还应具备良好的身体素质,保持所需要的熟练和耐力,具有很好的视力。裁判员既要有裁判的理论素质,又要有拳击的实践经验,同时又不能受观众、运动员和教练员的影响。

台上裁判员的主要职责:

①确保比赛公正与公平进行。

②保持对比赛各阶段的控制。

③防止较弱的运动员遭受过度和不必要的击打。

④检查拳套和装备。

⑤在宣告员宣布比赛胜负前,不得以任何方式示意比赛结果。在宣告员宣布获胜运动员后,裁判员应举起获胜者的一只手臂示意。

⑥用恰当的手势向运动员示意其犯规动作。

⑦当作出取消运动员比赛资格和终止比赛的判决时,裁判员要首先向仲裁委员会主席报告被取消比赛的运动员姓名或终止比赛的原因,以便仲裁委员会主席通知宣告员准确无误地向观众公布判决结果。

⑧使用三个口令执法:"BOX"(开始),在比赛开始时命令运动员可以开始比赛,或因为犯规等其他原因造成比赛中止后,命令运动员继续进行比赛。"STOP"(停止),在一个回合结束后命令运动员停止比赛,或在一方运动员犯规、被击倒等情况下,命令运动员停止比赛。"BREAK"(分开),命令运动员停止相互搂抱,各自后撤一步,然后继续比赛。

台上裁判员的权力包括:

①如果比赛双方实力悬殊,台上裁判员有权随时终止比赛。

②如果一方运动员受伤,台上裁判员认定伤势严重无法继续比赛时,台上裁判员可以随时终止比赛。

③如果运动员在比赛中不积极主动,可随时终止比赛,并取消一方或双方运动员的比赛资格。

④对运动员给予告诫,或中断比赛对犯规运动员或任何违背公平竞赛的行为给予警告,确保规则的顺利实施。

⑤取消违反规则的助手的资格,如果助手不听从台上裁判员的口令,可取消其运动员的比赛资格。

⑥对于有严重犯规行为的运动员,无论事先有无警告,可直接取消其比赛资格。

⑦一方运动员被击倒,如果另一方运动员故意不退至中立角,或拖延时间,台上裁判员应暂停数秒。

⑧对于不立即执行裁判员口令,或对裁判员有挑衅或攻击行为的运动员,可取消其比赛资格。

⑨在规则适用和允许的范围内执法并处理比赛中出现的、规则没有明文规定的任何事件。

3. 对犯规动作的判罚

犯规动作是指击打规则禁止的部位和其他违反规则的行为。拳击比赛中对犯规动作的判罚有告诫、警告和取消比赛资格三种。

①告诫:告诫属于对运动员比赛中不合理动作或轻微犯规的劝告或提醒,是对犯规运动员一种较轻的处罚。对运动员进行"告诫"时,台上裁判可以不中断比赛的情况下,利用适当而又安全的时机,对犯规运动员提出告诫。当一名运动员因同一类型的犯规而给予3次告诫后,必须提出一次警告。

②警告:警告是对累计告诫达3次的犯规运动员的处罚。对运动员进行"警告"时,台上裁判员首先要暂停双方的比赛,警告要清楚明确,要让犯规的运动员了解被警告的原因。在警告以后的比赛中,如该运动员仍有同一类型的犯规出现,则可不再进行告诫,直接给予警告。在一场比赛中,一名运动员若受到3次警告,则被取消比赛资格。

③取消比赛资格:取消比赛资格是对犯规运动员最严重的处罚,当运动员有严重的犯规现象、受到3次警告和助手严重犯规时可取消该运动员的比赛资格。

4. 倒下

①受击打后,除双脚以外的身体任何部分触及地面。
②受击打后,体力不支,倒在围绳上。
③受击打后,身体或身体的部分越出了围绳。
④受击打后,虽没有倒下,也没有依靠在围绳上,但处于半昏迷状态,裁判员认为其丧失了继续比赛的能力。

5. 数秒

运动员在被击打"倒下"时，裁判员要立即大声数秒，从 1 数到 10，两个数字的间隔为 1 秒，并用手势表示秒数，让被击倒的运动员知道过去的秒数。从运动员"倒下"到数第一秒时，中间应有 1 秒钟的间隔。数秒前应先让对方退至中立角，如对方没有按裁判员的指令退至中立角时，裁判员应中断数秒，直到该运动员退至中立角，数秒从被打断的地方继续进行。

6. 强制性数"8"

在一名运动员被击倒，裁判员数秒的过程中，虽然该运动员在数完 8 秒之前身体状态已经恢复正常，并准备继续比赛，但裁判员仍须继续强制性地数到 8 秒后，才能继续比赛。

如果一名运动员被击倒，他的对手必须到场上裁判员指定的中立角。倒地运动员站立以后，当裁判员发出"开始"（BOX）的口令时，他方能同对手继续比赛。运动员在回合结束的同时被击倒，除奥运会、世锦赛、世界杯、国际拳联挑战赛、大洲锦标赛或国际邀请赛决赛的最后一个回合外，裁判员应继续数秒。如数到"10"秒，该运动员将被判"击倒"即结束比赛。如果数到"10"秒之前该运动员能继续比赛，则裁判员要立即发出"开始"（BOX）的口令。

在比赛中如果两名运动员同时倒下，只要其中一名选手仍然处于"倒下"状态，裁判员即应继续数秒。若数到 10 秒时，两名运动员仍然处于"倒下"状态，则宣告比赛结束，根据两人倒下前所得的分数评出胜负。

如果一名运动员在一个回合中被强制性数 8 两次，或在整场比赛中累计被数 8 四次，则裁判员应终止比赛（判对手因裁判员终止比赛获胜或因头部受伤终止比赛获胜。）。女子在比赛中，在一个回合中被强制数 8 两次，或在整场比赛中累计被数两次，则裁判员应终止比赛。由于对手犯规而被击倒的则不受此规定限制。

7. 评判员

一般大型的拳击比赛评判员人数为5人，交流赛和一些非正式的比赛可以使用3名评判员。评判员是拳击比赛时除台上裁判员和参加比赛的运动员外，距拳击台最近的人员，评判员的位置距拳击台只有1米。评判员的位置之所以距拳击台非常近，是因为评判员要为台上进行比赛的双方运动员评判得分，近距离看得更加准确、精确。台下评判员的任务是严格按照拳击比赛的规则，根据台上双方运动员清晰有效的击打次数，以及近距离搏斗的具体情况，进行正确的评分。

评判员的职责：

①评判员根据拳击规则，独立进行评分，并决定获胜者。

②使用乔杜里评分系统给双方运动员评分。

③临场工作时，不得与参赛运动员、其他评判员及除裁判员以外的任何人说话，但可以在一个回合结束时，提醒裁判员注意其没有留意到的情况，如对手的犯规行为、围绳松动等。

作为一名合格的拳击比赛评判员，首先要熟练掌握和合理运用比赛规则，充分领会规则的所有条文，特别是评判员的职责和任务；其次，评判员必须懂得拳击的技术和战术，特别是面对正在台上激烈比赛的竞争双方，评判员要依靠自己对规则精神的了解和掌握的拳击知识、经验，进行客观的评定。

得点拳的标准：得点拳是在没有格挡、阻挡或防御的情况下用任何一只握紧手的拳峰部位，直接击打在对方头部或腰部以上部位的正面或侧面。这样的击打每击中一次得一点。摆拳如按上述要求击中也为得点拳，在双方近距离的连续对打中，应在该对打结束时评判点数，根据双方对打时占优势的程度，将点数判给占优势的运动员。

无效拳：无效拳是击打到对方但不得分的拳，包括犯规拳；用拳套的侧面、掌跟、掌心、开掌击打或用握紧拳套的拳峰以外的部位击打；

击中对方的臀部和背部等无效区域的击打；仅是触及对方，没有用上身体和肩膀的击打力量。

8. 胜负评定类型

①得分获胜：比赛结束后，被评判员判为得分多者为胜方。如果两名运动员都同时受伤和同时被击倒而不能继续比赛，评判员应记录每个运动员终止比赛时所获得的分数。到比赛时间结束或因伤结束时，在分数上领先的运动员被判为胜方。

②弃权获胜：如果运动员由于受伤或其他原因自愿退出比赛，或者在回合休息后没有立即恢复比赛，那么他的对手即被宣布为胜方。

③裁判员终止比赛获胜：当运动员因为实力悬殊或受伤不能继续参加比赛获胜。

④取消比赛资格获胜：如果一名运动员被取消比赛资格，他的对手即被宣布为胜方。如果双方运动员同时被取消比赛资格，则应如实宣布。被取消比赛资格的运动员，不得在本届比赛中获得名次、奖牌、奖杯、奖品等荣誉。

⑤击倒获胜：如果一名运动员被对手合法击打倒下，10秒钟内不能继续比赛，即宣布他的对手"击倒获胜"。

⑥未出场获胜：如果一名运动员装备完整进入拳台准备比赛，在广播宣布比赛开始后2分钟内，对手还未出场，则台上裁判员应通知台下评判员将该运动员做弃权论，并判定台上运动员"弃权获胜"。

⑦因故停赛：比赛中发生了短时间内不能克服的意外事故，如拳台损坏、供电故障、气候异常等，则台上裁判员可停止比赛，并由仲裁委员会报告组委会决定下一步骤。

⑧平局：平局仅限于对抗赛采用。

⑨因头部受伤终止比赛获胜：运动员因头部遭到连续重击而不能继续比赛，则宣布他的对手获胜。

⑩裁判员不能控制的情况：如果突发事件发生在第一或第二回合比

赛开始计时后的一分钟内,则终止该场比赛,比赛调换到同一单元最后一场比赛后进行;如果突发事件发生在最后一个回合,则比赛终止。由评判员判定获胜方;如果突发事件发生在一个单元的最后三场,应安排运动员在下一单元的开始进行比赛。如果下一单元在第一天进行,则选手要重新称体重和接受体检。

9. 拳击比赛中的犯规动作

①利用开掌、掌心、掌跟或用拳套侧面进行击打。
②搂抱对方。
③搂抱,锁挟对方的手臂或头部,或反推对手的肘关节。
④抢打。
⑤身体下蹲过低,头部下潜至对方腰带以下,造成危险动作。
⑥用头部、肩部、前臂、肘关节顶撞或击打对手,使对手呼吸困难,用手臂或肘关节挤压对方的面部,把对手的头向后压向围绳。
⑦握住围绳或不正当的利用围绳进行击打。
⑧击打腰带以下部位,抱人、拌人、踢人、用膝关节和腿顶撞对方。
⑨击打对方背部,尤其是击打对方的颈后、后脑和肾部。
⑩用角力动作搂抱,压靠或摔绊对方。
⑪将对方抱住击打或抗住击打。
⑫抱头弯腰、故意摔倒或者转身进行消极防御。
⑬击打已倒地或倒地后正在站起的对手。
⑭比赛中以毫无意义、挑衅性或不礼貌的语言刺激对手。
⑮当裁判命令"分开"时,不向后退。
⑯当裁判命令"分开"时,未后退一步并试图袭击对手。
⑰在任何时候,袭击裁判员或对裁判员有挑衅性的举动。
⑱有意吐出护齿。
⑲伸直手臂以阻挡对手视线。

10. 计时员

计时员一般为 2 人，一人管表，另一人管哨和锣。记时员应坐在离拳台最近的地方。计时员的职责：

①掌握每个回合的时间和回合间的 1 分钟休息时间。
②在每一回合开始前 5 秒钟，发出助手退场的口令或信号。
③鸣锣告知每回合的开始和结束。
④在回合开始前，计时员要宣布即将开始的是第几个回合。
⑤负责扣除暂时中止比赛的时间与台上裁判下令扣除的时间。
⑥掌握全场比赛的时间，用秒表或时钟计时。
⑦在裁判员数秒时，计时员应以声音信号告知裁判员已数过的秒数。
⑧在裁判员数秒时，即使该回合两分钟的结束时间已到，也不得鸣锣，只有当裁判员下令继续开始比赛时，方可鸣锣。但在奥运会、世界锦标赛、世界杯、国际拳联挑战赛、大洲锦标赛、女子世界锦标赛或国际邀请赛中，此规定不适用于决赛的最后一个回合。

(三) 职业拳击比赛评分方法

目前世界上四大职业拳击组织各自在世界范围内对职业拳击进行统一的、有效的、协调的管理和监督，并各自有着严格的规则和章程。这四大拳击组织是国际拳击联合会（IBF）、世界拳击理事会（WBC）、世界拳击协会（WBA）和世界拳击组织（WDO），四大组织各自以自己的名称命名的世界性比赛，级别均为 17 个。职业拳击运动员可同时参加四大拳击组织的比赛。获重量级世界冠军的拳击手称拳王，同现任拳王挑战并获胜者为新拳王。

职业拳击比赛的回合在比赛前由双方协商决定，但最多不能超过 12 个回合。每场职业参赛的比赛合同必须得到职业拳击组织主席或秘书长的同意和批准，每名拳手在比赛前必须向洲级拳击理事会递交完整的身体状况报告或证明材料。

职业拳王争霸赛中世界冠军进入赛场时要系冠军腰带,开赛前解下腰带并交给裁判,然后由裁判交给世界职业拳击组织的代表,任何一个连续四年的世界冠军,将在一个特别仪式上被授予精美而昂贵的正式腰带,连续三年卫冕的世界冠军授予一枚特制的世界拳联荣誉奖章。

每场职业拳赛有一名台上裁判、三名台下裁判(台上裁判不参与评分工作)。三名台下裁判分别坐在三个不同的方向用人工记分方式进行打分,每一回合结束台下三名裁判必须将自己给双方拳手所打分数记录下来,并由专人收集交拳协代表,由拳协代表在总分表上汇总分数。也就是说一旦三名裁判给一个回合作出了裁决,拳协代表就没有机会改变它,以使评分保持公正。

职业拳赛的记分方法为10分制,10分制意味着一个回合的胜者始终得10分,输者不能低于6分。

1. 击中拳质量的区别

职业拳赛中,台下三名评判根据击中拳的质量,根据击中拳是否完美、有力、准确和具有冲击力分为主要的、有力的击中和次要的击中。

主要的、有力的击中:

①任何一只手的拳头指前部位(拳锋)有力和正确的击中。

②典型的较重击中拳,例如交叉拳、上勾拳和猛烈的抛拳。

③强有力的刺拳。

④明显击中头部、颈部、肝部、胃部、太阳穴和心脏,这些部位就是拳手的主要击中、目标。

次要的击中和轻的击中:

①根据上述记分方法击中有效部位但拳的力量较轻。

②击中身体的其他部位,而且是合法但不是上述主要部分。

2. 击中拳数量的记分和击中比例

这是公平记分制的最重要因素，对各种击中拳要保持合理的平衡和可以互相抵消，因此击中拳的数量变化，要取决于已确定的比例，如果有力的击中控制了比分，那么在三分钟一回合的实际比例必须以击中次数作为基础，而且可以互相抵消。

国际拳击理事会认为运动员的技战术加上得分或者有效地进攻性是判断每个回合胜者的主要因素，我们的目的是做到评分的客观性和一致性，因此公平的记分是 2 次、3 次直至 5 次次要的击中等于一次主要的有力的击中。台下评判要根据击中拳是否完美、有力、准确和具有冲击力四个方面加以全面考虑来评分。例如，2 个轻的刺拳对于一个有力的刺拳，3 个轻的刺拳或 3 个轻的其他拳，对于一个有力击中肝部的拳，5 个轻的刺拳或 5 个其他拳对于一个出色的漂亮的直拳。

3. 关于击倒的记分

一个干净利落的重拳将对手击倒，可以说是一个完美的击中，所有拳手都希望在比赛中打出这样的拳，但不可能经常发生。

被击倒的拳手在数到 3 秒前起来等值是一分，3 秒后起来等值是 2 分。如果同一拳手在同一回合中被第 2 次或第 3 次击倒，永远不能低于 10 : 6。职业拳击对击倒有严格的规定：①若一个拳手在同一回合中几次被合法击倒，如台上裁判认为其伤势不重则该拳手仍可继续比赛；若台上裁判认为此拳手受伤，身体境况危险时，比赛要停止。②若拳手被合法击倒到台下，他将得到 20 秒的时间自己回到拳台上，若逾时未归，比赛将停止，该拳手将被判输方。③若一方被合法击倒，裁判员必须命令另一方站到中立角上去，并且在裁判命令比赛开始之前，不准擅自离开中立角，如比赛未宣布重新开始该拳手就离开中立角，台上裁判将中断数秒，直到该拳手站回中立角之后，再继续数秒。④若一方在铃响同时被击倒，此击打仍有效（最后一回合除外），若一拳手在一回合结束时被明确击倒，裁判将继续数秒，如该拳手在规定的 10 秒内不能站起来，台上裁判将判其被击倒，并输掉比赛，拳手一站起来，计时应马上响铃表示该回合比赛结束。

4. 一个回合的记分方法

每名台下裁判要根据击中拳的完美、有力、准确和具有冲击力以及控制拳赛局势的能力和防守，控制拳赛能力是指拳手能自始至终地把握拳赛的节奏，能够随心所欲地调动对手，用灵活快速的移动步伐，将对手置于有利于自己进攻的位置。如果双方得分相等就要看谁的防守好。总之，职业拳击比赛的评分标准有利于强者。

参考文献

[1] 刘卫军. 拳击运动教程 [M]. 北京：北京体育大学出版社，2005.

[2] 张立德，口述. 王双忠，整理. 内劲与拳击 [M]. 福建：福建科学技术出版社，2007：11.

第二章　跆拳道

第一节　概述

跆拳道是一项手脚并用且以腿法为主要技术的搏击格斗运动项目。"跆"的意思是脚踢（TAE），"拳"是用拳击打（KWON），"道"是方法、技术、原理（DO）。

一、跆拳道的起源与发展

跆拳道的前身是"花郎道""跆跟"，起源于1500年前的朝鲜半岛。跆拳道的雏形可以追溯朝鲜民族原始社会的生活实践和生存战争，公元前1世纪是朝鲜半岛高句丽、新罗、百济的三国时期，战乱不断加速了技击术的发展，出现了"跆跟"等格斗技艺。如高句丽丸都古坟的玄室壁画，新罗王国负责军事教育的社会组织叫"花郎"，花郎中的年轻人称为"花郎道"，他们以跆跟为训，创立花郎道组织。新罗时期《帝王韵记》一书就记载用脚踢对方的方法。公元918年，朝鲜半岛建立了统一的国家——高丽，据《高丽史》记载，徒手搏斗是高丽人喜爱的竞技项目。公元1392年，高丽将军李成桂建立了李氏王朝，始用"朝鲜"称号，而跆拳道成为选拔士兵的手段。公元1790年，李德懋、朴齐家、白东修三人奉命汇编《武艺图谱通志》，收录了"跆跟"等武技，并逐渐吸收多种武技，丰富了跆拳道技术的发展。1909年，日本侵占朝鲜，禁止跆拳道等一切活动。部分朝鲜人远离国土,异地谋生,日本的空手道流入与花郎道融合,朝鲜人将其称为"跆拳"。1945年第二次世界大战后,朝鲜独立,流落异乡的朝鲜人回到故里,将各国武技带回祖国,使得跆拳道技术体系进一步完善。

现代跆拳道的创始人是崔泓熙将军,其与李仲佑、蔡天命为朝鲜著名武馆教练,他们将朝鲜古代各流派技击术与日本空手道、中国武术相结合,创立了现代跆拳道技术体系。1955年,为更好推广朝鲜民族武术,崔泓熙提出"跆拳",认为其是集东方意识和科学技术于一体,能够强身健体防身自卫的体育运动,并加入东方武道文化的哲学思想,在其后加一"道"字,正式定名为"跆拳道"。

1959年,韩国成立"大韩唐手道会",1965年改为大韩跆拳道协会,1963年第43届大韩全国体育大会确定跆拳道为正式比赛项目。1966年,第一个国际跆拳道组织——国际跆拳道联盟(ITF)在韩国成立,崔泓熙担任主席。1972年,韩国国技院在首都首尔成立。1973年举办了第1届世界跆拳道锦标赛,会后在金云龙博士的倡议下成立了世界跆拳道联盟(WTF),金云龙当选主席。WTF成立后,制定了一套相应的规章制度,删改了传统跆拳道实战性不强的技击内容,将符合现代竞技体育的对抗性、竞技性强的内容提炼成科学独立的教学、训练、竞赛体系,产生了竞技跆拳道。1975年世界跆拳道联盟成为国际体育联合会会员,1994年国际奥委会全体表决通过将跆拳道列为2000年夏季奥运会正式比赛项目。两大跆拳道组织中,世界跆拳道联盟倡导以竞技为主、品势为辅的跆拳道体系;国际跆拳道联盟倡导以品势修炼为主、竞技实战为辅的技术体系。当前跆拳道运动在世界范围内迅速发展,韩国更是将跆拳道作为"国技"。

中国跆拳道项目的开端是从1992年10月7日中国跆拳道协会筹备小组的成立为标志。1994年5月,在河北正定县举办首届全国跆拳道教练员和裁判员学习班。9月,在云南昆明举行了第1届全国跆拳道比赛。1995年5月,共22个单位250名练习者参加了北京体育大学举办的第1

届全国跆拳道锦标赛，8月，中国跆拳道协会正式成立，11月，中跆协被世跆联接纳为正式会员。2000年9月30日，我国选手陈中在悉尼奥运会女子跆拳道67公斤以下级别比赛中获得冠军，成为中国第一块奥运会跆拳道金牌获得者。2005年4月14日，西班牙世界跆拳道锦标赛，我国选手王莹获得51公斤级金牌。2006年12月，卡塔尔多哈的第15届亚运会中，我国选手陈中、罗微、吴静钰分获冠军。如今，中国跆拳道运动正以崭新的面貌和高超的水平蓬勃发展、不断前进。

二、跆拳道的礼仪与精神

跆拳道始终将"礼"作为习练者的首要准则，强调"礼始礼终"。始终把"礼仪"放在训练中的首位，从训练前的行礼为开始到训练后的行礼做结束，习练者向长辈、学长、教练、队员等鞠躬行礼，养成自我内心的礼仪习惯，形成谦虚、谨慎、友好、忍让的学习作风。跆拳道的"礼仪"是跆拳道基本精神的体现，是跆拳道练习者修炼的内容之一。跆拳道的礼仪不只是形式的表现，而是要发自内心地确信。跆拳道是以对抗为表现形式的运动，无论怎样激烈地打斗，运动员双方都是以提高运动技术水平、磨炼意志为目的的。因此，参加跆拳道比赛的运动员都要有向对方表示尊重和学习的心态，做到场上是对手、场下是朋友，这就是跆拳道运动始终倡导的"以礼始，以礼终"的精神。礼节也是每一位跆拳道习练者在接触跆拳道运动时的第一堂课，练习者只有树立明礼谦虚的学习态度，才能够获得理想的人格和健康的体魄。

跆拳道中最常用的礼节是向教练员、队友、长辈行鞠躬礼，具体方法是面向对方直体站立，向前屈腰15°，头向前屈45°，双手紧贴两腿，两脚跟并拢。跆拳道的礼节具体表现在以下几方面。

(一) 入道馆训练时的礼节

①练习者衣着端正,头发整洁,对教练员和队友都要表现出敬、服从、谦虚、互动互学的心态。

②进入道馆时,首先向国旗敬礼。方法是将右手掌放于左侧胸前,成立正姿势,目视国旗2~3秒钟,然后向教练员行鞠躬礼。

③两人一组进行练习时,首先应相互敬礼,练习结束后,再次相互敬礼。

④训练中如果有事请假,应首先向教练员敬礼,再说明理由。

⑤训练中服装或护具脱落,应背对国旗和教练员,整理整齐后再恢复训练。

⑥训练结束后,首先向国旗敬礼,然后向教练员敬礼,离开道馆时再次向国旗和教练员敬礼。

(二) 参加比赛时的礼节

1. 个人比赛时的礼节

(1) 个人比赛开始时的礼节

运动员走入场地时,应向裁判员及教练员敬礼,待场上主裁判"立正""敬礼"的口令下达后,比赛双方运动员相互敬礼,然后主裁判发出"准备""开始"的口令后方能进行比赛。

(2) 个人比赛结束时的礼节

比赛结束时,双方运动员到各自的位置相对站好,待主裁判发出"立正""敬礼"的口令后双方相互敬礼,然后面对裁判长席等待宣布比赛结果。比赛结果宣布结束后，向裁判长席、场上裁判员及对方教练员敬礼，然后结束比赛。

2. 团体对抗赛的礼节

（1）比赛前的礼节

首先，青、红两队全体队员按名单顺序面向裁判席，成纵队站立，然后两队的运动员根据主裁判"敬礼"口令，向裁判席敬礼。

（2）比赛结束后的礼节

当最后一对运动员比赛结束后，两队全体运动员立即进入竞赛区相对站立，待主裁判发出"立正""敬礼"的口号后，相互敬礼，然后两队依照主裁判口令先向监督官立正站好，再向陪审敬礼。

"礼义、廉耻、忍耐、克己、百折不屈"是跆拳道的精神。这种精神素养的强调与中国传统文化中所提倡的礼义廉耻和克己复礼等内容暗合，强调练习者精神品格的修养，注重练习者道德修养的提高。通过行鞠躬行礼，从而体现教师与学员、前辈与后辈之间的等级关系，是社会在规训和教化的重要手段体现。跆拳道具有的健身、防身、修身的作用，对培养坚忍不拔的意志品格和形成顽强拼搏、永不服输言败的自信精神，以及在娱乐观赏层面的价值，促进着青少年和大学生群体的爱好习练。跆拳道蕴含的精神追求和武道理念，对于培养强烈爱国情感和正义崇高的精神有着重要的教育作用与影响。

三、跆拳道的分类与特点

跆拳道分传统跆拳道和现代竞技跆拳道两大类。

传统跆拳道共有三千多个动作，以腿法为主，包括品势、对抗、功力等形式。品势共有二十四套统一架型；对抗是传统技法，有拳技、擒拿、摔锁等；功力包括威力表演和特技两部分。现代竞技跆拳道即是在传统跆拳道的基础上，经历了现代化、体育化的发展而生成的。是在一定的规则下，通过双方竞技的形式，摘金夺银提供竞赛水平的激烈对抗运动项目。竞技跆拳道具有攻防实战性、激烈对抗性的特点。跆拳道练习者一般穿白色道服、身系道带。练习者的训练水平分为十级九段，可以通过其所系的腰带、道服颜色来判断。参加跆拳道比赛，运动员必须穿戴由世界跆拳道联盟规定的统一服装，包括护头、护胸等道具。

跆拳道是用段位来显示练习者跆拳道造诣的。练习者的腰带是技术等级的标志，段位越高表明水平越高。跆拳道的段位可以划分为十级九段，从十级（低）到一级（高）是初学者的等级。

一段到三段是黑带新手的段位，称为 Assistant instructor（副师范）；四段到六段为高水平段位，称为 Instructor（师范）；七段至九段是授予具有很高学识造诣或为跆拳道发展杰出贡献者的段位，七段和八段称为 Master（师贤）；九段为最高段，称为 Grand master（师圣）。只有黑带才称为"段"，黑带以下称为"级"。十个等级各代表的水平不同，初学者只有从十个级别中的十级开始晋升至一级，然后才能入段。

十个级别划分如下：

十级为白带。表示空白，根本没有跆拳道知识，也就是处于入门阶段。

九级为白带加黄杠。

八级为黄带。表示大地。草木在大地生根发芽，意味着开始学习基础动作，正处于基础阶段。

七级为黄带加绿杠。

六级为绿带。表示草木。成长中的绿色草木，意味着正处于技术进步阶段。

五级为绿带加蓝杠。

四级为蓝带。表示蓝天。草木向着蓝天茁壮成长，意味达到相当高的阶段。

三级为蓝带加红杠。

二级为红带。表示已具备相当的威力,意味着克己和警示对手不要接近。

一级为红带加黑杠。

黑带的段位是通过黑带上的特殊标记区分的。另外,区别跆拳道的段位还要看道服上的标记:一段至三段的道服边有黑色带条,四段以上道服的衣袖和裤腿两边有黑色带条。

现代跆拳道技术中腿法比例占整个跆拳道技术体系的大部分。以腿为主,用手为辅,成为跆拳道最鲜明的特点。腿法因其攻击范围广、攻击力量大,成为比赛中最主要的得分手段。并且在跆拳道比赛中,只允许用一种拳法,得分率低,这无疑提高了运动员腿法的使用率;跆拳道技法中,多用拳、掌、臂格挡防守,配合快速的腿法连击,较少使用闪躲避让的打法,追求以刚制刚,故强调技击的简捷实用、刚直相向是其另一个特点;跆拳道的习练多以功力检验习练者的水平,运用手脚关节等部位击碎木板砖石以成为跆拳道练习、晋级、表演、比赛的重要内容之一,故以功力表现检验水平是跆拳道另一特点;观看过跆拳道比赛或表演的人都会对跆拳道运动员在场上发声呼喝的表现印象深刻,发出洪亮的有威慑力的声音除了显示自己的功力外,还可以提高自己的兴奋度,唤醒人体的能量,增强爆发力,提高斗志,在气势上压倒对手,也是心理战的一种手段。赛场上的运动员通过发声来配合动作,凸显击打效果赢得分数,故以气催力,发声助威是跆拳道的另一特点。综上,跆拳道运动注重技、战术训练,全面发展身体素质,提高练习者防身自卫能力。其特点为手脚并用,以腿为主;功力测试,方法独特;强调发声,以气促力;礼始礼终,谦和恭让;内外兼修,身心合一。

第二节 主要技术内容

一、跆拳道的基本技术

（一）准备姿势

准备姿势是比赛中双方对抗开始时的基本站立姿势，也称"实战姿势"，是运动员比赛中运用技法进攻和防守时的准备动作。准备姿势的变换应便于进攻和防守反击以及步法的移动。跆拳道实战姿势分为：标准实战姿势、侧向实战姿势、低位实战姿势。左腿在前为左实战姿势、右腿在前为右实战姿势。

跆拳道实战中，双方运动员相对站立的姿势，可以分为开式站位、闭式站位两种。开式站位即双方分别采取左右式不同实战站姿，闭式站位即双方采取相同式的不同实战站姿。

（二）基本步法

步法是跆拳道实战中实现攻防转换的关键技术。可以概括为以下四点作用：第一，连接进攻与反击技术。在跆拳道实战中无论是进攻、防守还是防守反击，绝大多数是在身体运动的情况下完成的，因此需要快速、灵活、多变的步法连接技术。第二，抢占有利的实战位置。实战中通过灵活多变的步法移动占据场上的有利位置，为进攻与反击做好准备。第三，保持身体重心，维持身体平衡。跆拳道比赛的攻防转换是在运动的状态下完成的，较好地掌握步法技术才能较好地维持身体平衡，才能在相对动态的平衡下实现有力的进攻与反击。第四，破坏对方距离感，遏制对方进攻技术的发挥。灵活多变的步法可以有效地破坏对方进攻与防守的距离感，给对方造成心理压力。基本步法包括：

①前进步：前滑步、上步、前跃步；
②后退步：后滑步、后跃步、后撤步；
③侧移步：左侧移步、右侧移步；
④弧形步：左弧形步、右弧形步；
⑤垫步：前垫步、后垫步；
⑥冲刺步；
⑦跳换步。

（三）进攻技术

手的技术：冲拳，分为左冲拳、右冲拳。

腿的技术：基本腿法技术、高级腿法技术、腾空腿法技术。

跆拳道被誉为"腿的艺术"，跆拳道的腿法技术是跆拳道的精髓和灵魂，实战比赛过程中参赛选手要结合具体时机、距离、战术和自身的条件加以变化，巧妙运用各种腿法。

跆拳道常见的基本腿法有前踢、横踢、侧踢、推踢、下劈、后踢、后旋踢等腿法。

高级腿法技术有前腿横踢、前腿侧踢、前腿推踢、前腿下劈等。

腾空腿法技术有双飞踢、旋风踢。

下面介绍几种常用的腿法。

前踢

动作方法与要领：右战势站立，右膝直线上提，绷脚面，支撑脚以前脚掌为轴随转髋动作蹬转，大腿抬至水平时向前弹小腿，送髋，用脚面击打目标，前踢时双拳抬起放在胸口。收腿、还原。

技巧提示：提起右腿时，两腿内侧之间的距离应尽量小，右腿尽量直线出腿。为保持重心，躯干可稍向后倾，尽量将髋部向前送出，若是高前踢，髋部则要尽量向上向前送，击打时脚面绷直。

横踢

技术介绍：横踢是比赛中运动员最常用、得分概率最高的技术之一。

动作方法与要领：左战势，右腿直线提膝至胸腹部，左脚以前脚掌为轴内旋，大小腿折叠，绷脚面，踝关节放松。向左转髋，右膝朝向对方的身体躯干部位，小腿向左前方横向弹踢，以脚面击打目标。收腿、还原。

技巧提示：提膝时髋部随着动作的方向自然旋转形成侧面直线出腿，为了保持身体平衡可以向后微微倾斜。尽量将髋部向前送出，击打时脚面绷直。

下劈

技术介绍：下劈是跆拳道比较有特点的技术，隐蔽性好，也是比赛中运动员常用的高位得分的技术之一。

动作方法与要领：右战势站立，右脚蹬地提膝至胸。右小腿以膝关节为轴向上伸直，用力送髋，左脚后跟踮起，重心前移，当右腿到达最高点时以大腿根部为轴用力劈下，右脚前掌着地。

技巧提示：后腿提膝时重心第一时间前移到支撑腿上，为达到击打高度支撑腿脚后跟可以轻微踮起。

侧踢

技术介绍：侧踢是防守性技术，主要用来阻挡对手的进攻。

动作方法与要领：左战势站立，右脚蹬地提膝至腰，向左转动髋部90°，勾脚面，左脚以前掌为轴转180°，右腿向右快速直线蹬出，头、肩、腰、髋、腿、踝成一条直线。收腿、还原。

技巧提示：右腿提膝到腰间的高度时身体可以稍微弯曲，为侧踢动作发力做准备，快踢快收有利于重心的稳定。

后踢

技术介绍：后踢也是跆拳道比赛中的常用技术之一，常用于反击对方的进攻。

动作方法与要领：左战势站立，右后转身，左脚跟外旋，提右膝，大小腿折叠，勾脚尖，向正后方直线蹬出，用脚跟击打对方胸腹部。右脚自然下落成左架后再后撤右脚，还原成右架。

技巧提示：右后转身动作折叠收紧时头可以微转看向要击打的目标，使动作的击打点更为准确，动作踢击出去快速收回有利于动作重心稳定。

双飞踢

技术介绍：双飞踢是跆拳道中较有代表性的腿法，是比赛常用得分技术之一。

动作方法与要领：左战势站立，右脚蹬地腾空，重心前移，转髋，右脚、左脚快速连贯地横踢目标。

（四）防守技术

进攻与防守是矛盾的，也是相生相克的，但都是跆拳道技术中不可缺少的技术组成。一名高水平的跆拳道运动员除了要掌握娴熟的进攻技术外，还要熟练掌握防守技术。建立稳固有效地防守意识，化解对手的进攻，从而在防守的基础上反击对方，达到战胜对方的目的。在竞技跆拳道比赛中，防守技术主要分为两类，即接触式防守和非接触式防守。

接触式防守包括两种形式，即格挡防守和截击防守；非接触式防守可分为利用距离防守和利用角度防守两种。这些都是竞技比赛中常用的基本防守技术。

接触式防守

在竞技跆拳道比赛中不允许使用抓、推、抢、摔、夹等方法防守，但可以利用手臂或手刀去格挡。格挡技术按其方向可分为向上格挡、向下格挡、侧格挡和阻挡四种。另外，截击防守也是接触式防守中的上乘技术。

①上格挡：利用手臂或手刀自下向上的格挡动作称为上格挡。
②下格挡：利用手臂或手刀自上向下的格挡动作称为下格挡。
③侧格挡：利用手臂或手刀自左向右的格挡动作称为侧格挡。
④阻挡防守：把手臂贴在自己的得分部位，来降低对方击打力度，令对方难以得分。
⑤截击技术：利用进攻技术阻截或破坏对手的进攻，从而达到防守的目的。

非接触式防守

非接触式防守是利用步法或身法的移动，来改变双方之间的距离和角度，使对方进攻动作不能有效地接触到目标。非接触式防守可以分为利用距离防守和利用角度防守两种。

利用距离防守可以包括两种形式：一是利用步法拉大与对方的距离，使自身退出对方的有效攻击范围；二是利用步法缩短距离贴近对方，造成对方攻击的力点因超越目标而失去作用；再一种即利用角度防守。

二、跆拳道的品势

（一）基本手法与步法

跆拳道的步型是指在跆拳道练习或实战中，站立位置的姿势和脚步的形状。步型是和步法紧密联系的,特别是品势练习的基础。手法分为拳法和掌法。下面介绍几种常用的手法和步型。

1. 拳法

(1) 冲拳

动作方法:两脚左右开立成马步,距离与肩同宽,两膝微屈并向内收,两拳抱于腰间,拳心向上,随即右手以拳面为力点向前冲出,冲拳的高度约与肩平,左手握拳置于腰间。冲拳左右动作方法相同,但方向相反。

动作要点:力达拳面部位,用力要顺达。
易犯错误:过于向外送肩,造成重心不稳。
纠正方法:冲拳时要保持肩平,上体正直不要过于前送。
实战作用:用于击打对方头部或躯干。

(2) 劈拳(锤拳)

动作方法:两脚左右开立,双手握拳于腹前成品势预备姿势站立,左手握拳由腹前经右上方向左下抡臂劈击,右手握拳置于腰间。劈拳左右动作方法相同,但方向相反。

动作要点:力达拳轮,用力要顺达。
易犯错误:动作过于僵硬或幅度过大。
纠正方法:身体放松的情况下由慢至快反复练习。
实战作用:可用于攻击对手头部、颈部和锁骨。

(3) 抄拳

动作方法:两脚左右开立,双手握拳于腹前成品势预备姿势站立,左脚向前成三七步;同时,左手前伸抓住对方的衣襟,右手握拳收于腰间,步型不变,重心前移,身体左转,成左弓步;同时,左手回拉,右拳从腰间由下向上抄起，用拳面击打对方的下颌部。

动作要点：力达拳面部位，用力要顺达。

易犯错误：动作过于僵硬或幅度过大。

纠正方法：身体放松的情况下由慢至快反复练习。

实战作用：可用于攻击对手下颌或腹部。

（4）弹拳

动作方法：两脚左右开立，双手握拳于腹前成品势预备姿势站立，右脚向前上步，左脚经右腿后侧上步脚尖着地成叉步站立；同时，右拳内旋由内向外、向下弹击，左拳置于腰间。弹拳左右动作方法相同，但方向相反。

动作要点：力达拳背部位，用力要顺达。

易犯错误：动作过于僵硬或幅度过大。

纠正方法：身体放松的情况下由慢至快反复练习。

实战作用：可用于攻击对手面部或锁骨。

2. 掌法

掌法在传统跆拳道及品势练习中也是比较常见的，具有代表性的掌法有以下几种：

（1）砍掌（也称为手刀砍，按其方法可分为仰掌砍击和俯掌砍击两种）

动作方法：两脚左右开立，双手握拳于腹前成品势预备姿势站立，左脚向前成左弓步，右手由拳变掌上举至右前方与头同高位置，随即右臂前伸由外向内以右手刀向左前方平砍，掌心向上。砍掌左右动作方法相同，但方向相反。

动作要点：力达手刀部位，动作要连贯。

易犯错误：动作幅度过大没有控制。

纠正方法：面对镜子或在同伴的帮助下，由慢至快反复练习。

实战作用：可用于攻击对手颈动脉、锁骨和两肋。

（2）**插掌（也称为掼手，按其方法可分为立插掌和横插掌两种）**

动作方法：两脚左右开立，双手握拳于腹前成品势预备姿势站立，左脚向前上步成左弓步；同时，右拳由腰间变掌向前伸臂插出，左手握拳于腰间。插掌左右动作方法相同，但方向相反。如果双手同时插出则称为双插掌。

动作要点：力达指尖，动作要连贯。

易犯错误：动作不规范。

纠正方法：要体会腰、腿、肩、臂的协调用力。

实战作用：可用于攻击对手心口、面部和两肋。

（3）**抵掌掐击**

动作方法：两脚左右开立，双手握拳于腹前成品势预备姿势站立，左脚向前成左弓步；同时，右拳由腰间变抵掌向前伸臂掐击，左手握拳于腰间。抵掌掐击左右动作方法相同，但方向相反。

动作要点：力达指尖，动作要连贯。

易犯错误：掐击动作不明显。

纠正方法：要体会抵掌的动作方法，重点是利用大拇指和其余四指掐击对方咽喉。

实战作用：可用于攻击对手咽喉。

（4）**掌根推击（也称为熊掌推击）**

动作方法：两脚左右开立，双手握拳于腹前成品势预备姿势站立，左脚向前上步成左弓步；同时，右拳由腰间变掌，以掌根为力点向前伸臂推击，左手握拳于腰间。掌根推击左右动作方法相同，但方向相反。

动作要点：力达掌根，动作要连贯。

易犯错误：力点错误。

纠正方法： 要体会掌根的推击方法，然后再练习。

实战作用： 可用于攻击对手的面部、胸部和腹部。

3. 步型

（1）并步

两脚并拢，两脚内侧贴紧，身体直立，目视前方。

（2）开立步

两脚左右开立，距离与肩同宽，两脚尖向外，两臂自然下垂于体侧，身体放松，目视前方。

（3）预备势

两脚左右开立，距离与肩同宽，两脚尖外展，双手握拳于腹前，拳面相对，拳心向内。

（4）弓步

弓步也称为屈立步，两脚前后开立，距离为本人脚长的3.5倍，前腿屈膝半蹲，后腿蹬直。左脚在前时称为左弓步，右脚在前时称为右弓步。

（5）行步

行步也称为高前屈立或探步，两脚前后开立，姿态与平时走路相似，两膝微内扣，两腿之间的距离为本人脚长的1~1.5倍，重心置于两腿之间。左脚在前时称为左行步，右脚在前时称为右行步。

（6）马步

两腿左右开立，距离略大于肩宽，两脚尖向前，重心落于两腿之间。

(7) 半马步

半马步也称为三七步和后屈立,两脚左右开立,距离为本人脚长 3.5~4 倍,后脚脚尖外展约 90°,两膝微屈,前脚脚尖向前,身体重心 70% 在后腿,30% 在前腿,左脚在前称为左三七步,右脚在前称为右三七步。

(8) 虚步

两脚前后开立,两膝微屈,前脚脚尖虚点地面,身体重心置于后腿。左脚在前称为左虚步,右脚在前称为右虚步。

(9) 独立步

一腿提起,另一腿支撑体重。

(10) 交叉步

交叉步也称为十字步,交叉步有两种形式,一脚向另一脚的后面插步,脚掌着地,两膝关节交叉称为后交叉步。相反则称为前交叉步。

(二) 基本格挡技术

格挡主要指的是接触性的防守技术,跆拳道品势格挡中分为上格挡(上段防守)、下格挡(下段防守)、中格挡(中段防守)、十字格挡、手刀格挡、马步格挡等。

(三) 基本肘法与膝法

基本肘法有顶肘、挑肘、摆肘、砸肘。膝法有顶膝、撞膝等。

(四) 品势套路

跆拳道的品势（又称型），是将各种攻防技术按照一定的规律和攻防意图组合起来，形成规定的动作进行徒手演练的套路形式。这些动作不可以随意改变，每一个动作都有一定的攻防含义，如同中国武术的套路。品势套路共有二十四个统一的架型。目前国际上流行的品势套路可分为两大类：一类是晋级品势，主要内容是太极品势，包括八章；另一类是入段品势，有九个套路，依次是高丽、金刚、太白、平原、十进、地跆、天拳、汉水和一如。这些品势套路的难度是逐级晋升的，有其固定的套路和固定的动作方向。因此，大家在学习时一定要严格要求规范动作质量。

1. 晋级品势

晋级品势主要是指太极品势，太极也称为太极型。太极品势是以宇宙哲学观为根本原理，运用太极阴阳学说而组成的动作套路，练习时的动作路线遵循太极的阴阳八卦。太极型共有八个套路，称为太极八章。一般情况下，从十级（低）晋升至一级（高）需要演练从一章（低）至八章（高）的套路。

2. 入段品势

入段品势是晋升至黑带所练习的品势。黑带品势可分为九个架型，依次是高丽、金刚、太白、平原、十进、地跆、天拳、汉水、一如。每个架型都有不同的寓意，学习演练时要注意体会每个架型的攻防含义和精神意蕴。

(1) 高丽

高丽型品势是以朝鲜古代的一个朝代的名字命名的，英语中单词"KOREA"也是源于这一朝代，高丽是朝鲜历史上一个比较繁荣的朝代，高丽型也体现出了朝鲜民族不屈不挠的民族气节和精神品质。高丽型品势共有29个动作。高丽的动作路线为"士"形。

(2) 金刚

金刚（石），寓意为无比地坚硬，展现了跆拳道运动员拼搏进取、英勇无畏、百折不挠的精神。金刚型是晋升黑带二段所演练的内容。演练时要突出像山一样的大气磅礴、雄伟矫健、气势恢宏的精神状态。金刚共有27个动作，金刚的动作路线为"山"形。

(3) 太白

太白，寓意为"光"和"神圣的仰望"，是庄严、神圣的展示。太白型是晋升黑带三段所演练的内容。演练时，要力求做到将庄严神圣的精神意蕴与身体的动作融为一体。太白共有26个动作，太白的动作路线为"工"形。。

(4) 平原

平原，寓意为人类生活的地方，像土地一样开阔，同时也象征着人类征服自然和战胜自然的勇气和信心，从另一层面上也反映出跆拳道的博大精深。平原型是晋升黑带四段所演练的内容。平原共有25个动作，平原的动作路线为"一"形。

(5) 十进

十进，寓意为数字"十"，即十、百、千、万不断延伸的意思，同时也代表着无限的发展和壮大。一般情况下，十进型是晋升黑带四段所演练的内容。演练时要注意缓慢与迅急的动作节奏。十进共有31个动作，十进的动作路线为"十"形。

(6) 地跆

世界上所有的生命都来自大地，大地是万物的起源地也是归宿地，地跆寓意为生命的伟大和自然界的浩瀚。地跆型是晋升黑带四段所演练的内容，地跆品势手法的动作较多，演练时要注意缓慢用力，认真领悟动作内在的寓意。地跆共有28个动作，地跆的动作路线为"T"形。

(7) 天拳

古代人把天作为地上万物的统治者，同时也作为修身的基点。天拳的"天"，寓意为无限广阔和深远。天拳型是晋升黑带五段所演练的内容。演练时要注意缓慢的劲力和迅疾的动作相结合，掌握好动作节奏。天拳共有27个动作，天拳的动作路线为"⊥"形。

(8) 汉水

水是生命的源泉，适应性也很强，它既可以安静平和，又可以波涛汹涌，一泻千丈，水的宽容和不挠不挠就像跆拳道的精神一样。汉水型是晋升黑带六段所演练的内容。演练时要注意柔中带刚的动作特点。汉水共有27个动作，汉水的动作路线为"米"形。

(9) 一如

一如来源于佛教，在朝鲜历史上的新罗时期有一位高僧法号元晓，他提出的"必生则种种法生，必灭则骷体不二""神所告诫人类的三界，唯有心存而已，如何能忌得了"这一思想被称为"一如一则"思想学说。

如型是精神修炼的阶段达到了身体、物质、精神的合一，在这一阶段，跆拳道的终极理念得到了完成，达到了较高的境界。一如共有23个动作，一如的动作路线为"卍"形。

附：品势基本动作术语（中、英、韩）

(Stance) 立姿

Naranhi seogi － parallel stance 平行立

Ap seogi － walking stance 前行立

Ap kubi － forward stance 前屈立

Dwitkubi － back stance 后屈立

Oreun / Wen seogi － right / left stance 右／左垂直立

Kkoa seogi － crossed stance 交叉立

a. Dwikkoa seogi － back crossed stance 后交叉立

b. Apkkoa seogi － forward crossed stance 前交叉立

Beom seogi － tiger stance 虎立

Moa seogi － closed stance 并腿立

Juchum seogi － riding stance 骑马立

Hakdari seogi － crane stance 鹤立

Kyotdari seogi － assisting stance 辅助立

Ogeum seogi － crossed crane stance 反转鹤立（交叉鹤立）

(BLOCK) 阻挡

Arae makki － Low block 下端挡

Momtong makki － Middle block 中端挡

Momtong anmakki － Middle block 中端内挡

Olgul makki － High block 上端挡

Momtong bakkat makki － outer middle block 中端外挡

Sonnal makki － knifehand middle block 手刀挡

Sonnal arae makki － knifehand low block 手刀下端挡

Hansonnal makki － single knifehand block 单手刀挡

第二章　跆拳道

Hannsonal olgul bitureo makki － single knifehand high twist block 单手刀上端螺旋挡

Hannsonal arae makki － single knifehand low block 单手刀下端挡

Olgul bakkatmakki － high outer block 上端外挡

Batangson momtong makki － palm hand middle block 掌中端挡

Batangson momtong an makki － palm hand middle block 掌中端挡

Batangson momtong keodureo an makki － supported palm hand middle block 掌辅助中端内挡

Kawi makki － Scissors block 剪式挡

Momtong hecho makki － double outer middle block 中端推挡（双中端外挡）

Anpalmok momtong hecho makki － double inside forearm middle block 内腕中端推挡（双内腕中端外挡）

Otkoreo arae makki － X low block 下端交叉挡

Kodureo bakkat makki － Supported outer middle block 辅助中端挡

Wesanteul makki － Single mountain block 半山型挡

Kodureo arae makki － Supported low block 辅助下端挡

Batangson nullo makki － palm pressing block 掌下压挡

Keumgang momtong makki － Diamond middle block 金刚中端防御（金刚中端挡）

（PUNCHING）击打

Baro jireugi / Bandae Jireugi － Punch 正击/逆击

Jecho jireugi － Uppercut 逆拳击打

Dujumeok jecho jireugi － Double middle uppercut 逆拳推击（双逆拳中端推击）

Dankyo teok jireugi － pulling uppercut 逆拳上击

229

Olgul jireugi – high punch 上端逆击

Yop jireugi – Side punch 侧击

Momtong dubeon jireugi – Double middle punch 中端连击

（KICKING）踢击

Ap chagi – Front kick 前踢

Dollyo chagi – Roundhouse kick 旋踢

Yop chagi – Side Kick 侧踢

Yopchago palkup pyojeokchigi – Side kick and elbow target strike 侧踢与手肘目标横打

Pyojeok chagi – Target kick 内挂目标踢

Dubal dangsang ap chagi – Double front kick 空中换脚前踢

Momdollyo yop chagi – Turning side kick 转身侧踢

（STRIKE）叩打

Ap chigi – Front strike 前打

Olgul bakkat chigi – High outer strike 背拳上端外打

Deungjumeok bakkat chigi – Backfist outer strike 背拳外打

Deungjumeok ap chigi – backfist front strike 背拳前打

Deungjumeok olgul ap chigi – High backfist front strike 背拳上端前打

Palkup dollyo chigi – Elbow hook 手肘横打

Palkup yop chigi – Elbow strike (Koryo) 手肘侧打（高丽）

Hansonnal mok chigi – Knifehand neck strike 手刀上端（颈部）打

Sonnal Bakkat chigi – Knifehand outer neck strike 手刀外打

Jebipoom mok chigi – Swallow neck strike 燕式手刀打

Mejumeok naeryo chigi – Hammer strike 锤拳下打

Mureup chigi – Knee strike 提膝叩打

Palkup pyojeok chigi – Target elbow strike 手肘目标横打

(THRUSTING) 刺击

Pyonsonkeut sewo tzireugi – Erected spearhand 纵贯手刺击
Pyonsonkeut upeo tzireugi – Spearhand 平贯手刺击
Pyonsonkkeut jeocho tzireugi – Turned over spearhand 逆平贯手刺击

品势基本动作（中-英-韩）

1. Joon bi – Ready stance
   准备 – 基本准备姿势
2. Juchum seogi momtong jireugi – Riding stance with middle punch
   骑马立中端击打
3. Ap kubi arae makki – Forward stance with low block
   前屈立下端挡
4. Ap kubi momtong bandae jireugi – Forward stance with punch
   前屈立中端逆击
5. Ap kubi ap chagi – Forward stance and front kick
   前屈立与前踢
6. Dwitkubi momtong bakkat makki – Back stance with outer middle block
   后屈立中端外挡
7. Ap kubi deungjumeok ap chigi – Forward stance with backfist front strike
   前屈立背拳前打
8. Ap kubi yop chagi – Forward stance and side kick
   前屈立与侧踢
9. Dwitkubi momtong makki – Back stance with middle block
   后屈立中端挡
10. Dwitkubi sonnal makki – Back stance with knifehand middle block
    后屈立手刀中端挡

11. Ap kubi dollyo chagi – Forward stance and roundhouse kick
前屈立与旋踢
12. Ap kubi olgul makki – Forward stance with high block
前屈立上端挡
13. Ap kubi hansonnal mok chigi – Forward stance with knifehand neck strike
前屈立手刀上端（颈部）打
14. Dwitkubi momtong baro jireugi – Back stance with punch
后屈立中端正

第三节　主要竞赛形式与规则

一、跆拳道品势比赛规则

（一）竞赛场地

举办世界跆拳道联盟认可的品势竞赛，竞赛场地应为 10 米×10 米的无障碍平面竞赛区（12 米×12 米为自由式与团队竞赛），竞赛区应覆盖弹性垫材或木质地板。边界线以外的部分，应以低于 30°的角度向下倾斜以保护运动员的安全。竞赛场馆至少要有可以容纳 2000 人的座位。场地大小至少 30 米×50 米，至少可使用三个竞赛场地且提供竞赛运动员与观众最佳的视听讯息，照明设备至少 1500 流明至最大 1800 流明的照明度，并应直接从竞赛场馆上方照射至竞赛场地。

（二）竞赛类别

公认品势竞赛：男子个人、女子个人、男子团体、女子团体、配对。

自由品势竞赛：男子个人、女子个人、配对、混合团体（包含男、女各 2 人以上的 5 人组合）。

（三）竞赛赛制

竞赛方式由技术代表决定，并应于赛前公布于竞赛规程中。

单淘汰赛制、循环赛制、筛选资格赛制（包含初赛、复赛与决赛）、组合赛制：筛选资格赛制+单淘汰赛制。

（四）指定品势的分类

竞赛	类别	公认品势
个人	少年组	太极 4、5、6、7、8 章，高丽、金刚
	青少年组	太极 4、5、6、7、8 章，高丽、金刚、太白
	30 岁以下	太极 6、7、8 章，高丽、金刚、太白、平原、十进
	40 岁以下	
	50 岁以下	太极 8 章，高丽、金刚、太白、平原、十进、地跆、天拳
	60 岁以下	高丽、金刚、太白、平原、十进、地跆、天拳、汉水
	65 岁以下	
	65 岁以上	
配对	少年组	太极 4、5、6、7、8 章，高丽、金刚
	青少年组	太极 4、5、6、7、8 章，高丽、金刚、太白
	30 岁以下	太极 6、7、8 章，高丽、金刚、太白、平原、十进

续表

竞赛	类别	公认品势
配对	30 岁以上	太极 8 章，高丽、金刚、太白、平原、十进、地跆、天拳
团体 Team	少年组	太极 4、5、6、7、8 章，高丽、金刚
	青少年组	太极 4、5、6、7、8 章，高丽、金刚、太白
	30 岁以下	太极 6、7、8 章，高丽、金刚、太白、平原、十进
	30 岁以上	太极 8 章，高丽、金刚、太白、平原、十进、地跆、天拳

（五）自由品势的组成

自由品势是以跆拳道技术为基础并与音乐和舞艺编排结合的展演形式。

自由品势的组成：

演武线：由参赛运动员自行选择。

音乐与舞艺编排：由参赛运动员自行选择。

运动员必须于边界线内执行跆拳道的技术。跆拳道技术的界定必须是由参赛运动员于赛前提交自由品势展演计划，且应经世界跆拳道联盟品势委员会认可。

（六）竞赛时间

竞赛时间按类别区分：

公认品势：个人、配对与团体由 30 秒至 90 秒。

自由品势：个人、配对与混合团体由 60 秒至 70 秒。

第一指定品势与第二指定品势之间中场等待时间为 30 秒至 60 秒。

（七）计分标准

1. 公认品势（10 分）

包含正确性和表现两部分分值。

正确性（4.0）：①基本动作的正确性；②平衡；③每个品势细节的正确性。

表现（6.0）：①速度与力量；②刚柔—速度—节奏；③精气神表现。

2. 自由品势（10 分）

包含技术技能和表现两部分分值。

技术技能（6.0）：①脚步技术的难度等级；②动作的正确性；③品势完成度。

表现性（4.0）：①创意性；②和谐；③精气神表现；④音乐与编排。

（八）裁判人员

品势裁判人员分为主审裁判、副审裁判和裁判。

1. 裁判员资格

①主审裁判的资格需世界跆拳道联盟登录之品势一级国际裁判证书持有者。

②副审裁判的资格需世界跆拳道联盟登录之品势国际裁判证书持有者。

③裁判人员应依照品势国际裁判管理条例与国技院或世界跆拳道联盟段位等级分类如下：

一级：国技院或世界跆拳道联盟 9 段或 8 段证书持有者，或是持有二级国际裁判证超过 5 年，至少有 8 次世界跆拳道联盟认可的国际锦标赛裁判经验。

二级：国技院或世界跆拳道联盟 7 段或 6 段证书持有者，或是持有三级国际裁判证超过 3 年，至少有 5 次世界跆拳道联盟认可的国际锦标赛裁判经验。

三级：国技院或世界跆拳道联盟 5 段或 4 段证书持有者，以及顺利通过世界跆拳道联盟品势国际裁判讲习会考核者。

2. 主审裁判职责

①主审裁判应正确记录所有的分数。
②主审裁判应公告优胜者予宣告"Gam-jeom（扣分）"（判罚扣分）。
③如为必要，允许主审裁判于竞赛中召集副审裁判。

3. 副审裁判职责

①副审裁判应正确记录所有的分数。
②副审裁判于响应主审裁判的要求时，应坦率陈述意见。

4. 裁判人员编制

7 人裁判制：主审裁判 1 人，副审裁判 6 人。
5 人裁判制：主审裁判 1 人，副审裁判 4 人。

二、跆拳道竞技比赛规则

（一）竞赛场地

比赛场地为 12 米×12 米水平的、无障碍物的正方形场地。12 米×12 米见方的区域称为比赛区，比赛区的最外边向内有 1 米宽的不同颜色地带，提醒运动员不要越出边界线。比赛区和注意区的表面应用不同颜色区分，如整个场地为同色时，需用 5 厘米宽的白线区分。划分比赛区和注意区的线称为注意线，比赛场地最外边的线称为边界线。比赛场地应为有弹性的垫子。有必要时，比赛场地可根据实际需要置于高出地面50~60厘米的平台上，为保证运动员的安全，边界线外边应有与地面夹角小于30°角的斜坡。

（二）参赛要求

1. 运动员资格

参加世界级比赛需持有参赛国家国籍，经会员国协会推荐并持有国技院或世界跆拳道联盟颁发的段位证书。参加世界青年锦标赛则需持有国技院或世跆联颁发的段位证书，比赛当年的年龄为14~17周岁。参加国内比赛运动员必须携带《运动员注册证》和参加比赛的人身保险证明以及身体健康证明，并持有世界跆拳道联盟或中国跆拳道协会的段位证书。

2. 服装护具

参赛运动员须穿世界跆拳道联盟认可的道服和护具。比赛前运动员应戴好护具，护具包括护身、头盔、护裆、护臂、护腿，其中护裆、护臂、护腿应戴在道服里面，运动员穿戴好护具后由教练员带领进入场内。另外，运动员可携带经世界跆拳道联盟认可的护具以备自用。

3. 竞赛礼节

介绍运动员时，运动员要向观众敬礼。运动员走入场地时，应向裁判员及教练员敬礼，待场上主裁判"立正""敬礼"的口令下达后，比赛双方运动员互相敬礼，然后主裁判发出"准备""开始"的口令后方能比赛。比赛结束时，双方运动员到各自的位置面对面站好，待主裁判发出"立正""敬礼"的口令后双方互相敬礼，然后面对裁判长席等待宣布比赛结果。比赛结果宣布结束后向裁判长席、场上裁判员及对方教练员敬礼，然后结束比赛。

4. 竞赛规定

临场执行裁判人员应集中精力，不得与其他人员交谈，未经裁判长许可不得离开席位；运动队必须遵守规则，尊重和服从裁判。在场上不准有吵闹、谩骂、甩护具等任何表示不满的行为；比赛时教练员和本队医生坐在指定位置。局间休息时，允许给运动员按摩和指导；运动员严禁使用兴奋剂，局间休息时不能吸氧。

（三）体重级别、称量与抽签

跆拳道比赛的体重划分为男、女级别。

1. 各级别体重分级

Fin（鳍量级）：男子54公斤以下；女子47公斤以下。
Fly（蝇量级）：男子54-58公斤；女子47-51公斤。
Bantam（雏量级）：男子58-62公斤；女子51-55公斤。
Feather（羽量级）：男子62-67公斤；女子55-59公斤。
Light（轻量级）：男子67-72公斤；女子59-63公斤。
Welter（次中量级）：男子72-78公斤；女子63-67公斤。
Middle（中量级）：男子78-84公斤；女子67-72公斤。
Heavy（重量级）：男子84公斤以上；女子72公斤以上。

2. 奥运会体重级别

男子：58公斤以下；58-68公斤；68-80公斤；80公斤以上。
女子：49公斤以下；49-57公斤；57-67公斤；67公斤以上。

3. 跆拳道比赛的体重称量

①运动员经资格审查后，方可参加称重，称重时需携带《运动员注册证》。

②运动员应在比赛当日的前一天称重。

③称重时，男运动员着内裤，女运动员着内裤、胸罩，如有要求，也允许裸体称重。

④称重一次完成，但第一次称重不合格时，在规定时间内可以再给一次称重机会。

⑤为了避免称重不合格，组委会应提供一个与正式体重秤相同的体重秤，放在运动员驻地或比赛馆供运动员试称。

4. 抽签

①抽签在第一场比赛前一天进行，国际比赛时由世跆联官员及各参赛队代表参加，按参赛国家或地区的正式名称英文字母顺序，由小级别向大级别进行。国内比赛时由中国跆拳道协会官员及各参赛队代表参加，由小级别向大级别进行。

②未出席抽签的队由组委会指定人员代抽。

③通过召开参赛队联席会可变更抽签顺序。

（四）比赛的种类与方法

1. 比赛种类

（1）个人赛

个人赛一般在同级别体重的运动员之间进行。有必要时，可把相邻两个级别合并产生一个新的级别。

(2) 团体赛

按体重级别进行 5 人制团体赛，级别如下：

男子：54 公斤以下；54-63 公斤；63-72 公斤；72-82 公斤；82 公斤以上。

女子：47 公斤以下；47-54 公斤；54-61 公斤；61-68 公斤；68 公斤以上。

按体重级别进行 8 人制团体赛。

按体重级别进行 4 人制团体赛（将 8 个体重级别中相邻两个级别合并成为 4 个级别）。

2. 比赛方式

跆拳道的比赛方式有单败淘汰赛和循环赛两种，目前奥运会跆拳道竞赛采用个人赛制。

（五）竞赛裁判法

1. 裁判人员

①总裁判长 1 人，副总裁判长 1~2 人。

②裁判长、副裁判长、主裁判、记录员、计时员各 1 人，边裁判员 3 人。未使用电子护具时，设 1 名主裁判和 3 名边裁判。使用电子护具时，设 1 名主裁判和 2 名边裁判。

③编排记录长 1 人。

④检录长 1 人。

2. 辅助裁判人员

①编排记录员 2~4 人。

②检录员 4~6 人。
③医务人员 2~3 人。
④宣告人员 1~2 人。

3. 裁判人员的职责

(1) 总裁判长

①负责组织裁判人员学习竞赛规程和规则，研究裁判方法。
②检查落实场地、器材、裁判用具及称量体重、抽签、编排等有关竞赛的准备工作。
③根据竞赛规程规则的精神解决竞赛中的有关问题，但不能修改竞赛规程和规则。
④比赛中指导各裁判组的工作，根据需要可以调动裁判人员。
⑤每场比赛，因运动员弃权变动秩序时，应及时通知裁判长、编排记录长和宣告员。
⑥裁判组出现有争议的问题时，有权作出最后决定。
⑦负责检查裁判人员执行纪律的情况。
⑧审核、监督和宣布比赛成绩。
⑨向大会递交书面总结。

(2) 副总裁判长

协助总裁判长工作，总裁判长缺席时，可代行总裁判长的职责。

(3) 裁判长

①负责本组裁判员的学习和工作安排。
②比赛中监督、指导裁判员、计时员、记录员的工作。
③台上裁判员有明显错判、漏判时，鸣哨提示改正。
④边裁判员出现明显错判时，在宣布结果前征得总裁判长同意后可

以改判。

⑤每局结束后宣告评判结果,决定胜负。

⑥根据场上运动员的情况和记录员的记录,处理优势胜利、下台、处罚、强制读秒等有关事宜。

⑦每场比赛结束时审核、签署比赛成绩。

副裁判长协助裁判长的工作,根据需要可以兼任其他裁判员的工作。

(4) 主裁判

①掌握和控制整场比赛。

②在比赛中根据场上情况即时宣布"Shi-jak"(开始)、"Kal-yeo"(暂停)、"Kye-sok"(继续)、"Key-shi"(计时)、"Gam-jeom"(扣分)、"Kyong-go"(警告)、胜负的判定和进退场等。

③根据竞赛规则独立行使判决权力。

④主裁判不记录得分。

⑤比分相同或无分时,主裁判根据三局的优势情况判定胜负。

⑥倡导公平竞争的比赛。

⑦保护运动员的安全。

⑧保护运动员技术水平的发挥和比赛的顺利进行。

⑨宣布每场比赛结果。

(5) 边裁判员

①及时记录有效得分情况。

②如实回答主裁判的问询。

(6) 记录员

记录员负责对比赛时间、休息和暂停时间进行计时,记录得分和扣分。

(7) 编排记录长

①负责运动员资格审查,审核报名单。
②负责组织抽签,编排每场秩序表。
③准备竞赛中所需要的表格,审查核实成绩、录取名次。
④登记和公布各场比赛成绩。
⑤统计和收集有关材料,汇编成绩册。

(8) 编排记录员

根据编排记录长分配的任务进行工作。

(9) 检录长

①负责称量运动员体重。
②负责护具的准备与赛中管理。
③赛前20分钟负责召集运动员点名。
④点名时如出现运动员不到或弃权等问题,及时报告总裁判长。
⑤按照规则的要求检查运动员的服装和护具。

(10) 检录员

根据检录长分配的任务进行工作。

(11) 宣告员

①摘要介绍竞赛规程、规则和有关的宣传材料。
②介绍裁判员、场上运动员。
③宣告评判结果。

(12) 医务人员

①审核运动员《体格检查表》。

②配合兴奋剂检测人员检查运动员是否使用违禁药物。

③负责赛前对运动员进行体格抽查。

④负责临场伤病的治疗与处理。

⑤负责因犯规造成运动员受伤情况的鉴定。

⑥负责竞赛中的医务监督，对因伤病不宜参加比赛者，应及时向主裁判提出其停赛建议。

（六）仲裁与制裁

1. 组成

仲裁委员会由世界跆拳道联盟执委会委员或有丰富的跆拳道经验并经世界跆拳道联盟主席或秘书长推荐的人员组成。仲裁委员会主席、委员由世界跆拳道联盟秘书长推荐或世界跆拳道联盟主席任命。由1名主席、6名以内委员，包括技术代表组成。

2. 职责

仲裁委员会根据对申诉的审议结果，更改错误裁决，对做出错误裁决或任何违法行为的相关人员予以处罚，并将结果上报世界跆拳道联盟秘书处。仲裁委员会在比赛时将兼任特别制裁委员会，处理有关竞赛组织事宜。

3. 犯规行为及其罚则

（1）犯规行为

跆拳道比赛中，任何犯规行为都由主裁判判罚，如属于多重犯规时，则选择程度较重的处罚。处罚分为"Kyong-go"（警告）和"Gam-jeom"（扣分）两种。两次警告扣1分，警告次数为奇数时，最后一次不计。

判罚警告的犯规行为：

①越出边界线。
②倒地。
③转身背向对手逃避进攻。
④回避比赛。
⑤抓、搂、抱对手。
⑥攻击腰部以下部位。
⑦伪装受伤，或攻击倒地运动员。
⑧用头或膝部顶撞对手。
⑨用掌或拳击打对手面部。
⑩教练员或运动员打断比赛进程。
⑪提膝阻挡或阻碍对手踢腿进攻，或提膝超过3秒却没有任何进攻的动作以阻碍对方运动员进攻。
⑫"暂停"口令后攻击对方运动员。

判罚扣分的犯规行为：

①严重不遵从主裁判员的判罚和指令，主裁判发出"暂停"口令后继续进攻。
②抓住进攻方的腿将其摔倒。
③故意用手进攻对手的面部，造成严重伤害。
④攻击已经倒地的对手。
⑤运动员或教练员打断比赛，影响比赛进程。
⑥运动员或教练员使用过激语言、做出违反体育道德的行为。
⑦未按照规定的程序申诉和批评裁判的判罚。
⑧严重干扰或企图影响比赛结果。
⑨为回避正常的技术而逃避比赛区域的行为。
⑩明显地故意在"分开"口令后进攻对方运动员。

⑪明显地故意踢击对方运动员腰部以下部位。

⑫队医或教练员的人员与注册身份不相符（只有在比赛前可以审核对方教练或队医，赛中、赛后都不允许）。

⑬其他违反体育精神及不遵守规定的不良言行。

(2) 罚则

①两个警告累计扣1分，但最后的奇数"警告"不计入总分。

②每出现警告行为警告一次，每出现扣分行为扣分一次。

③运动员犯规累积负3分（-3）主裁判判其犯规败。

④运动员、教练员无视或违反跆拳道基本竞赛原则、竞赛规则或裁判员的命令，特别是运动员表现出故意伤害倾向，或无视主裁判指令而公然侵犯，主裁判判其犯规败。

（七）得分标准

1. 得分标准

①击中躯干得1分。

②击中头部得2分。

③一方运动员被击倒，主裁判读秒的情况下，再给另一方加1分。

④比分为三局比赛得分总和。

⑤使用禁止的动作攻击，得分无效。

2. 胜负评定

①因扣分出现平分时，三局比赛中得分者或得分多者获胜。

②除上述情况外出现平分（双方得分、扣分相同），主裁判根据全三局的比赛情况判定优势者获胜。

③优势的判定是依据比赛中表现出的主动性。

3. 获胜方式

①击倒胜（KO 胜）：当运动员被合法技术击倒，读秒至"8"时仍不能表示再战，判另一方胜。

②主裁判终止比赛胜（RSC 胜）：如果主裁判或大会临场医生判断，运动员即使在 1 分钟恢复时间后仍不能继续比赛，或运动员不服从主裁判继续比赛的命令，主裁判应结束比赛，宣布另一方获胜。

③比分或优势胜：胜负取决于最后比分或优势判定。

④弃权胜：一方弃权判另一方获胜。

⑤失去资格胜：运动员称量体重不合格或比赛前失去运动员身份，判另一方获胜。

⑥主裁判判罚犯规胜：运动员犯规累积负 3 分（-3），主裁判判另一方获胜。

4. 名次评定

（1）个人名次

淘汰赛时，直接产生名次。

循环赛时，积分多者名次列前，若两人或两人以上积分相同时，按下列顺序排名次：①犯规少者列前；②体重轻者列前（以抽签体重为准）；③主动性好、动作难度大、礼节好者列前。上述四种情况仍相同，名次并列。

（2）团体名次

①级别录取前八名时，分别按 97654321 的得分计算。

②级别录取前六名时，分别按 754321 的得分计算。

③积分相等时的处理办法：两个或两个以上的团体分数相等时，按下列顺序列名次：按个人获第一名多的队名次列前，如再相等时，按个

人获得第二名多的队名次列前,依次类推。犯规少的队名次列前。如以上几种情况仍相等时,名次并列。

参考文献

[1] 王智慧. 现代跆拳道运动教学与训练 [M]. 北京:人民体育出版社,2007.

[2] 世界跆拳道联盟品势竞赛规则与解释说明 [S]. [2015-4-19].

第三章　空手道

第一节　概述

日本是一个既传统又现代的国家，日本的现代表现在日本的科技、经济、教育、社会等诸多方面拥有与西方文明并驾齐驱的能力，成为了位居亚洲乃至世界前列的现代化国家。日本的传统表现在现代化的日本社会中，传统的服饰、生活方式、道德准则、文化形态等仍在当今社会中占据着重要地位。在日本的传统文化中武道是极具代表性的文化项目。

日本的武道是对日本传统武术项目的总称，其中包括空手道、柔道、剑道、弓道、合气道等诸多项目，这些项目很多都已经风靡全球，柔道和空手道更是亚洲地区仅有的两个奥运会比赛项目，这也证明了日本文化的影响力。空手道在日本有着数百年的历史，空手道的运动形式和理念透露着典型的东方文化思想，是极具代表性的武术文化，是世界武术文化中不可或缺的重要环节。

一、历史源流

空手道，是一项源起于琉球王国（现日本冲绳地区）的民间格斗技术——又称"冲绳唐手术"。其汲取了中国传统武术的精华，发展成为日本武道的一个重要项目。"唐手"即是其在琉球王国的旧称。1879年日本帝国吞并琉球，将琉球改为冲绳县，后来为了消除中华文化对冲绳的影响，1935年（日本昭和10年）"唐手"正式改名为"空手道"。

究其源流，有说空手道是从中国河南嵩山少林寺的"十八罗汉手"流传至琉球为开端，有说是吸取了中国东南沿海的福建永春白鹤拳法，在与琉球当地风土人情的融合下，形成了琉球格斗术的独特风格。在第九代琉球国王尚真时期（1465—1527年）的禁武政策下，不许持有武器的琉球人只能依靠护身术自保，发展了空手道的雏形——冲绳唐手术。1885—1895年，即日本明治18~28年的政治对立年代，空手道作为武力斗争的主要手段大力发展起来，出现了松村武长和空手道中兴之祖糸洲安恒先生。糸洲安恒是松村武长的弟子，他以原来首里和泊地方的空手道为基础，将拳法改造成近代体育为宗旨的新空手道。1879年，日本吞并了琉球，琉球士族阶级不复存在，导致唐手面临失传的危险。一部分原本有官职和俸禄的士族因突然家境没落，转而潜心修炼唐手。在这种情况下，唐手家糸洲安恒致力于在学校中普及唐手。1901年首里寻常小学校以"空手"为名称，向学生教授唐手。1905年，冲绳县立第一中学校（今首里高等学校）与冲绳县立师范学校的体育科开始传授唐手。1935年，"唐手"正式改名为"空手"。一些不满于日本统治的琉球人远渡中国，在中国开设的道场里学习中国拳法并传授唐手。其中包括了东恩纳宽量、湖城以正、上地完文等人。而目前在琉球的空手道各门派都奉东恩纳宽量为空手道真正的创始人，皆因其亲身东渡至福建向当时的永春白鹤拳宗师谢崇祥学习中国拳法。

关于空手道的起源现在学界仍争议颇多。日本空手道名家船越义珍在《琉球拳法·唐手》中在论述空手道起源时记载着："唐手距离现在200年，首里的赤田有一个叫'佐久川'的人，他从中国学习了唐手，回到冲绳后传播，人称'唐手佐久川'"。而从近代唐手名家糸洲安恒的师从经历而言，船越义珍的说法有较高的可信度。糸洲安恒师从松村宗棍，松村宗棍则曾跟随"佐久川宽鹤"学习唐手，糸洲安恒生于1831年，《琉球拳法》成书于1929年，书中所说的200年前大致可以推算指18世纪30年代，从糸洲安恒反推两代刚好可以反推至18世纪30年代，由此可见佐久川宽鹤传拳之说有较高的可信度。与之相对应的是日本国内另一种观点，认为空手道源于琉球本地传统习俗"舞方"，舞方是琉球的一种舞蹈，是一般琉球乡村拔河比赛、祭祀、斗牛、毛游节时和着三弦的旋律的即兴舞蹈，有时这种舞蹈演化成真的斗殴，没有仲裁介入不能停止。日本国内部分学者认为"舞方"才是空手道的源头。但是从舞方到唐手的转变过程至今也无详细的说明。

中国多数学者认为空手道是在我国唐手的基础上改造而来，并认为在14世纪左右唐手随中国文化一道进入琉球，后经多方改造最终形成了如今的空手道。以中国和琉球国的交往历史为基础形成了关于空手道传入途径的观点。第一种观点认为是由琉球国来华朝贡的使团成员学习后带入琉球。1372年琉球国中山王接受明太祖朱元璋的册封，成为了明朝的属国，此后两国间从政治和经济方面交往频繁。据现有史料可知，从1404年到1629年间明廷共计派往琉球的册封使节有15次，琉球向明廷朝贡次数达483次。琉球与明廷之间的密切关系以及频繁朝贡为中土文化的输出创造了先决条件，因此有学者推断唐手就是在这一背景下传至琉球。另一种观点则认为是由内地前往琉球的移民带入。从明朝属国关系确立开始，基于琉球造船及航海技术落后，明皇帝不断赐海舟及海航通贡人才于琉球，历史记载"闽人三十六姓"便是由明朝派往琉球国协助建造船只，以及教授航海技术的一大批沿海渔民。琉球历史也有记载："既令三十六姓择土以居之，号其地为唐营。""唐营"在日本也被称为久米村，在冲绳，久米村至今存在。这些由明朝迁入的人员，将明朝先进的技术带入琉球地区，使久米村一度成为中国先进技术和文化传播的中心，唐手也就是在这种文化背景下被传入琉球，经后世的改革与传承形成了今天的空手道。这也是空手道另一名称唐手的由来，唐就是指中国，唐手也就是指来源于中国的武技。

由于流传于日本琉球地区，唐手也被称为琉球手。史料中对唐手的最早记录出现在《大岛笔记》一书中，《大岛笔记》成书于18世纪末，其中记载着日本琉球的社会、政治、经济、风俗等事项，其中记载着关于空手道起源的另一种说法，书中记载琉球民间流行的拳法由中国叫"公相君"的官员传入，又称琉球手。现在在日本空手道的"型"（套路）中还有名为"公相君"的型。《大岛笔记》还描述了琉球手的巨大威力："琉球手技术灵巧，手脚并用，弱者学会琉球手也能对付凶猛大汉。"虽然无法准确地推断日本琉球手的起源时间，但是从空手道近代的发展而言，无疑受到了中国传统武术的影响。现今空手道主要建立在以东恩纳宽量的那霸手和以糸洲安恒的泊手、首里手基础之上，而东恩纳宽量曾在中国福建学习了15年的鹤拳，鹤拳属于南拳，所以那霸手与南拳的风格极为相似，而糸洲安恒曾在北京学习北方武术，由此可见，二者都与中国武术有密切的联系，所以说近代空手道的发展与武术密切相关。在近代史料记载1863年在琉球米久厅（现冲绳那霸市米久町）举办的尚泰王册封庆祝会中，武术家真荣田筑和新恒通事表演了"棒并唐手"，这是最早的"唐手"表演记录。由此可见，到19世纪70年代左右空手道在日本已经形成了较为成熟且系统的技术体系。

二、近代变迁

空手道在发展的过程中形成了三种不同的流派，因为空手道曾在首里、泊、那霸三个地区流传，所以分别称为首里手、泊手、那霸手三个流派，这三个流派也成为了当今主要流派空手道的母体。在空手道流传的过程中涌现出一些对空手道发展产生巨大影响力的人物，其中松村宗棍、糸洲安恒、东恩纳宽量对琉球手的发展至关重要。松村宗棍曾到中国学习岳飞拳，回国后结合日本的已有技术创编成独立的拳法，称"昭林流"，在首里、泊两地传播，空手道在首里和泊两地的发展演变形成后来的首里手和泊手。松村宗棍的另一个贡献是在空手道的传播方面，他培养了糸洲安恒和本部朝基两个出色的传承人。糸洲安恒最突出的贡献在于将空手道引入学校教育中，并创立了"平安型"（"型"既是"套路"）的学校教学内容。并且培养了对现代空手道发展至关重要的人物船越义珍，在船越义珍等人的努力下琉球手才蜕变成今天的空手道。东恩纳宽量是那霸手的创始人，年幼开始学习武术，年轻时曾到我国福建省福州市跟随谢崇祥学习"鹤拳"，后回国创立那霸手。那霸手步行稳健、雄劲有力，具有明显的南拳意蕴，那霸手也称"昭灵流"。东恩纳宽量将那霸手传于宫城长顺，而后者则创立了近代空手道的著名流派刚柔流。从近代琉球手的发展历程可知，无论是松村宗棍和东恩纳宽量两位开创性的人物均从中国学艺归国后形成具有各自体系的技术体系，从中可以看出近代空手道的发展与中国传统武术之间的密切关系。

19世纪日本的改革使国内阶级情况发生了巨大的变化，1876年日本颁布"废刀令"传统武士阶逐步落寞，日本传统的武术项目受到冲击。以击杀为目的的传统武术文化受到了挑战，一批热衷武术的人开始对武术进行改造，其中最为著名的要数嘉纳治五郎。其凭借对柔道的热爱，集各家所长，结合其亲身感受和认知从技能、理念等方面对柔道进行改造，最终使柔道成为了风行世界的文化符号。空手道在社会剧烈变迁的背景下也走上了变迁之路，1910年，日本八代六郎海军少将在冲绳师范学校观看有糸洲安恒倡导的唐手"平安型"表演之后，将唐手推荐给了其恩师嘉纳治五郎。1922年，大正天皇太子在冲绳观看唐手表演后也大加赞赏。1922年，日本文部省举办全国体育博览会，在嘉纳治五郎等推荐下空手道成为表演项目，后冲绳选择糸洲安恒学生船越义珍前往表演，并对空手道进行了详细的讲解，引起了巨大的反响，由此拉开了空手道的发展序幕。船越义珍在嘉纳治五郎的建议下开始在东京传播空手道，经过一番挣扎，局面终于打开。空手道传播局面的改变源于东京部分大学开始接纳空手道，船越义珍获得庆应义塾教学机会后，空手道开始以大学为单位传播开来、东京帝国大学、早稻田大学、拓殖大学、法政大学等高校学生的加入，唐手研究会在各个高校成立，一举改变了空手道的发展状况。船越义珍的发展吸引了冲绳地区大批的空手道名家到东京开馆受艺，其中包括宫城长顺、摩文仁贤和、小西康欲、本部朝基等空手道名家。在这些人的努力下日本空手道的现代发展呈现出新的局面，在他们传承和努力下形成了现代的空手道四大流派：松涛馆流、刚柔流、和道流、糸东流。

松涛馆创始人是船越义珍，船越义珍的空手道师从糸洲安恒，松涛馆也是现受众最多的空手道流派；和道流创始人为大冢博纪，其师从船越义珍；刚柔流创始人为宫城长顺，其师从东恩纳宽量；糸东流创始人为摩文仁贤，其将糸洲安恒和东恩纳宽量两者的技法进行融合，并取两位老师名字首字母作为流派的名称，这就是糸东流名字的由来。所以，总体而言，现代所流传的空手道流派都是以糸洲安恒和东恩纳宽量形成的技术体系为基础，但是在各个流派之间还是存在一定的差异。松涛馆流源于船越义珍，其技术风格、技术特征为大开大合，动作走直线，多用弓步大马，注重腿法运用，类似中国武术中的北派少林拳。船越义珍注重型的练习，他认为空手"是君子的武艺"，所以最初并不讲究空手道的实战。空手的"空"源于佛家，空及空无一物，又融摄一切之意。因为一部分人认为以"唐手"为名显示出空手道与中国的密切关系，另一部分则认为唐手一名没有根据，因此酝酿着将唐手改名。在1930年左右庆应义塾开始使用空手之称，1936年在那霸市举行的"唐手座谈会"上将"唐手"改名为"空手"。

船越义珍在1935年出版的《空手道教范》中对"空"的内涵做了解析。空的意义：一是以徒手空拳护身御敌之术，此为"空"字第一个意义；学习空手者，应如明镜照物、如空谷传音，抛弃邪念固执，内心虚空，只管接受与探究，此为"空"的第二层意义；学习空手者，必须内养谦让之心，外持温和之态度，一旦见义勇为，有不惧以万人敌之勇气，凛凛如绿竹，外直中空而有节，此为"空"的第三意义；观宇宙之色相一切为空，因而空即是一切色相，柔术、剑术、枪术、杖术、武术种类众多，究其根本与空手为一体，即空手是一切武术的根本，色即是空，空即是色，空手的"空"的意义也在此。通过其专著的变化情况可以了解理念的变化。最初船越义珍坚持"空手无先手""不求胜，只求不败"的防守理念，因此在其专著《护身炼胆唐手术》《琉球拳法·唐手》两部早期专著中都没有实战内容，到1935年出版的《空手道教范》中才加入了组手的内容，重视"型"也成为了松涛馆流的特征，松涛馆流共计有26个型。

刚柔流是宫城长顺创立，"刚柔"是刚猛劲力与柔和技巧配合成之意，其承袭了东恩纳宽量的唐手型，包括三战、一百零八、十三手、三十六手、制引战、四向战、破碎、久留、顿破9个型，并创造了刚柔流的入门型：击碎一、击碎二、转掌、太极。最为重要的是他从准备运动、基本型、补助运动、开手型、组手练习的训练流程，将唐手练习规范化和科学化。糸东流创始人摩文仁贤属于开放派，平常注重对民间唐手型的搜索，他在习艺阶段就系统学习了那霸手和首里手的全部型，所以糸东以套路丰富著称。其套路体系分为五个系列：糸洲安恒系列、东恩纳宽量系列、新垣派系列、松村派系列、松林派系列，共计47个型。和道流创始人为大冢博纪，他属于改革派。大冢博纪在学习唐手之前已经学习了柔道，后来又接触了剑道，他的学习经历使其将柔道、剑道的理念和技术也融入了唐手中，所以和道流技术体系自称一派，体系完善和内容丰富是其突出特征。

从四个流派创始人的师从关系可以对日本近现代空手道的发展有更清晰的认知，日本近现代空手道的发展是以糸洲安恒和东恩纳宽量所创立的空手道体系为基础，船越义珍、宫城长顺、摩文仁贤为近现代空手道的传播、发展和技术改进做出了不可磨灭的贡献。大冢博纪则是第三代传承人，他博采众长通过借鉴其他传统武道项目的技术和理念，进一步促进了空手道理念和内容的丰富。这表明了改造创新一直是空手道发展过程中的主要动力，理念和技术的不断更新确保了空手道项目能够满足不同时代人们的需求。

三、现代发展

1922年3月在日本文部省主办的全日本第一回体育展览会上，被称为日本"空手道之父"的船越义珍演练的冲绳唐手术,以其精湛的技艺和丰富的内涵震撼东京。之后冲绳唐手术在船越义珍的示范推广下得到迅速发展,日本昭和初期在镰仓圆觉寺古川大师的推荐下,为区别与中国武术的不同,取"唐手"的同音字"空手(日语发音)"加上体现武术精神层面的"道"字,正式将"冲绳唐手术"改为"大日本拳法空手道"。1945年,日本战败投降,琉球群岛被美国占领。统治日本的联合国军队最高司令部下令禁止练习武道,因此日本文部省下达了柔道、剑道等武道禁止令,也导致空手道的活动一度停滞。然而文部省声称"空手道的正式名称是空手,不是武道",空手道得以再度活跃。1948年船越义珍的弟子于东京创立了松涛馆流的最大会派——日本空手协会(JKA),并于1957年4月10日被日本文部省认定为社团法人。

20世纪50年代初,空手道具体竞赛规则的推出,进一步完善和确认了空手道是一项安全的体育项目,使空手道运动焕然一新,得到迅速发展。1964年,全日本空手道联盟成立。1969年9月,日本传统派的第一回全日本空手道选手权大会举办,同时极真空手创立者大山倍达于东京体育馆举办第一回全接触式全日本空手道选手权大会,同年全日本空手道联盟成为官方承认的空手道组织。1970年,举办第一回世界空手道选手权大会,同年成立了世界空手道联合会,共计有33个国家成为其会员,并举办了第一次世界空手道比赛。1973年(昭和48年),全日本空手道联盟对空手道基本技术和竞赛规则统一规定,并予以公开颁布。1985年,世界空手道联合会申请加入奥林匹克运动委员会,成为国际性竞技体育组织。1994年,空手道成为亚运项目,并持续至今。从1999年开始,空手道开始申请成为正式奥运项目,2005年、2009年、2013年三次申奥均未成功。2016年,国际奥委会正式宣布空手道成为2020年东京奥运会比赛项目,达成了奥运梦想,成为了第二个成功入选奥运的日本传统体育项目,这也成为了空手道扩张的又一大机遇。据统计,截至2019年,空手道协会共计拥有196个成员国。

空手道作为一项国际性的体育运动项目,在世界各国迅速普及和发展。最具影响力的空手道组织有全日本空手道联盟、日本空手道协会、空手道极真会联盟。1964年，全日本空手道联盟（JKF）成立。1970年，世界空手道联盟前身WUKO成立，同年举办了第1届世界空手道锦标赛。1972年，全日本空手道联盟加盟日本体育协会。1976年，WUKO得到国际体育联盟机构GAISF的承认。1981年，空手道成为全日本体育运动会的正式竞技项目。1984年，举办第1届国际空手道锦标赛。1993年，WUKO改名WKF（世界空手道联盟）。1994年，日本广岛第12届亚运会空手道被列为了正式比赛项目。世界空手道联盟是国际奥委会承认的单项体育组织，其会员国已发展近两百个。

空手道在20世纪末进入中国，并开始在国内迅速发展。自1991年起，以拳士会为代表的空手道正式进入中国大陆，至今已发展出包括松涛馆、刚柔流、极真会、和道会等多个流派。中国第一个空手道协会于1999年在上海成立，2001年4月，在上海正式成立的武术协会空手道委员会，标志着中国大陆空手道迈入了正规发展。2007年中国空手道协会成立，标志着空手道在国内的发展进入新的阶段。2008年，我国空手道习练人群在6700万左右，到2010年左右，全球空手道习练人群达7000万，随着空手道成为奥运项目，其受众将进一步的拓展。2010年正式成立"全国大学生体育协会空手道分会"，并于当年举办了首届全国大学生空手道锦标赛，至今为止已经成功举办了十届大学生锦标赛。为了更好地备战2020年奥运会，2017年，国家体育总局将空手道纳入全运会比赛项目，为空手道在国内的普及开创了良好的条件。截至2016年，我国空手道专业团体会员达到100多家，注册会员10000多人。

四、流派分类

在日本，空手道比较有名的四大流派分别是：以首里、泊地方为主发展起来的"首里手"；以那霸地区为中心发展起来的"那霸手"；以师承命名的"糸洲系空手"和"东恩纳系空手"。糸洲系空手道适宜灵巧型的人学习，特征多用远距离拳足踢打；东恩纳系空手道适宜体大力强的人学习，特征是擒拿摔跤动作多，应用于近距离实战格斗，同时兼有独特的呼吸方法。

五、道场、礼仪与段级

空手道的训练场地称为"道场"，意为说法布道的场所，也是修身修心的神圣之地，有严格的礼仪要求。进出道场必须打招呼行使礼节，正襟危坐聆听老师授课，对老师的语言和态度表示敬意。道场不仅是学习技术的场所，还是培养良好人格、形成健全人生观的重要场所。

空手道的礼节分为站立礼节和跪坐礼节。站立礼节：要求两脚跟并立，两脚掌分开成八字形，目视前方，收下颌，沉肩、含胸、拔背，两手伸直贴于大腿外侧。行礼时，颈部不能弯曲，将上半身向前倾倒15°左右，稍停，然后回复原位。跪坐礼节：立正站立，先将左脚后退一步跪下，然后右脚跟着退下跪坐。两手放在大腿侧，肘不外露，目视正前方。继而先左手、后右手按在两膝前方约10厘米的地面上，两掌撑成"八"字型，上半身向前方地面俯伏到地，伏地时间大约两次呼吸时间。然后先右手、后左手推地收回原位，继而先右脚、后左脚起立，回复到最初立正姿势。

空手道的段级位制和色带制是参照柔道创立的。空手道段位制于1924年由船越义珍发行，为历史上最早的空手道段位制。空手道分为黑带和白带。黑带为有段者，白带为入门者。黑带与白带之间（1~3级），多数流派设有茶带。一些流派当初设有绿、黄、青等色带，今日已一般化。段级位和色带在各个流派中有差异，传统派空手的段位为全日本空手道联盟的公认段位。空手道的称号有范士、教士（达士）和錬士，最早由大日本武德会授予。1945年日本投降后，由各个流派或会派自行授予。

第二节 主要技术内容

空手道的技术系统分为三个部分：基本技术、"型"、组手技术。

基本技术是从"型"的技术在实战格斗应用的常见动作中挑选出来的简单而重要的动作。"型"是空手道技术的集中组合练习，包含攻击防守的各种技法，通过身体各部位的运动，结合呼吸和发力，组成刚猛风格的套路动作，反映了空手道的技术内容与风格。"型"是先人经验的浓缩，空手道练习中，"型"占据了十分重要的地位，"型"的好坏是检验一个人技术高低的重要依据，同时型也是提升技能的重要途径。在正式比赛中不仅要演练"型"的动作，还要演练"型"的动作内涵，展示"型"中动作的技击与防守功能。

"组手"是将所学的基本动作、移动、"型"内容在一定规则的限定下进行实战模拟，因此组手是对攻击与防守的真实再现，空手道的实战技能主要是通过组手体现。组手的练习由规定的"型"开始，逐渐增加难度，直至最后的自由施展技术。空手道在比赛时要求不允许击中对方身体任何部位，必须在触及对方身体的一瞬间停止，否则被判为犯规。

空手道技能的另一种呈现方式是试割，试割是通过击打木板、卷藁、砖头等物品来展示空手道习练者的素质和技术的重要途径，平常的练习中习练者也有拿卷藁、木板等来进行练习，以提升自身的素质。

以下从基本手型、步型、步法、腿法等方面来介绍空手道的基本功。

一、基本手型

1. 正拳

将除大拇指外四个手指捏紧并拢，大拇指置于食指第二指节上，握紧。着力点在食指和中指最后与手掌连接的关节上，手腕放平，使两指关节与前臂延长线呈直线。

2. 平拳

五指并拢收紧，将第二指关节弯曲，拳背平直，着力点在第四指的第二指节。

3. 中高一本拳

在正拳基础上将中指突出于拳面之外，中指夹紧，着力点位于中指第二指节上，用于攻击咽喉等部位。

4. 一本拳

除拇指、食指外其他三指卷紧，食指第二、第三指关节弯曲，拇指压在食指侧面使食指第二关节凸出。

5. 里拳

握法同正拳，力点在拳背部分的根指部，尤其是食指和中指的根部。里拳是以翻手臂的方式攻击对方的脸部、肋骨、太阳穴等。

6. 手刀

手掌自然伸平，大拇指弯曲靠紧手掌，手掌紧张用力，着力点位于掌根部朝上一侧。

7. 拳槌

拳的握法同正拳，力点在拳的小指侧平面上，小指侧手腕根部为着力点。

8. 背刀

手指自然伸直，食指用力绷住，大拇指向下弯拳附于掌心，以食指侧面为攻击点。

9. 掌底

五指自然完全靠拢，手腕弯曲使掌竖立，力点在掌底线上。

10. 背手

手掌的背部整个平面叫背手，手指自然伸直，四指第一指节于掌背成平面，拇指弯曲附在食指侧位。

11. 贯手

四指伸直，以食指、中指、无名指的指尖为力点攻击对方眼、喉等部位。用一指戳叫作"一本贯手"，二指称为"二本贯手"，三指称为"三指贯手"，三指贯手中指必须微屈，形成三指平线。

12. 熊手

五指的第二、三指关节卷紧，力点在五个指尖和掌底线上。

13. 外前臂

前臂桡骨侧向外格挡，为防守动作。

14. 内前臂

前臂尺骨侧做架挡、截击、劈挡等动作。

15. 猿肘

屈臂以后形成肘尖及肘的前后左右四个尖端面，向前、后、左、右等方向进行攻击。

二、基本步型

1. 前屈立

前脚尖内扣,脚趾抓紧地面,膝盖向外打开,身体腰部挺直,重心前倾,两脚内侧等于肩宽,后脚蹬直,后脚内侧向外 30°,两脚前后两肩宽。前后腿承重比例为 6∶4,双脚内侧保持一肩宽距离。

2. 后屈立

前后脚足跟位于同一条直线的两侧,两脚内侧互相垂直,前后两肩宽,身体重心后移,前进或后退移动练习。前后腿承重比例为 3∶7。

3. 骑马立

脚外侧平行,两脚内侧左右两肩宽,脚尖内扣,膝盖外旋,脚趾抓紧地面,大腿尽量与地面平行,站桩式练习前进或后退移动。

4. 基立

前脚尖内扣 20°,后脚尖外展 20°,两脚成平行线,两脚跟的距离略一肩宽。

5. 四股立

两脚相距为肩宽的一倍,两脚尖外展,弯曲双膝并外顶,和骑马步一样,重要的是要努力收缩腹部和臀部肌肉。

6. 猫足立

后脚脚尖外展,屈膝,并承担大部分体重。前脚在后脚跟向前的延长线上，大约相距一脚处，趾尖轻轻点地或脚趾及其根部点地。

7. 半月立

两脚纵距稍窄于肩宽的一倍，横距相当于肩。前脚内扣 45°，后脚外展 45°，两膝弯曲。

三、基本步法

"空手道整个技术的生命生存于基本步法之中"。全日本空手道联盟颁布的空手道基本步法有 13 种，外加一种进退自由的"平安步"，共计 14 种。

步法名称	主要用途
1. 并足直立步	用于施礼
2. 分足直立步	用于施礼
3. 平行直立步	用于准备势或动作起动势
4. 八字直立步	用于准备势或动作起动势
5. 三战步	适用于腰腿锻炼
6. 四股步	适用于腰腿锻炼
7. 骑马步	适用于腰腿锻炼
8. 内八字步	适用于腰腿锻炼
9. 基本步	实战时移动中的步型
10. 前屈步	追赶对手进行攻击时的步型
11. 后屈步	用于防护
12. 半身后屈步	用于防护
13. 猫足步	解脱对方攻击时的步型
14. 平安步	实战中稳定重心的步型

四、基本腿法

1. 前刺踢

以左架为例，实战势准备，右腿向前提膝至水平，同时左腿作为支撑脚，脚后跟向前转动，双手置于腹前，脚掌朝前迅速蹬小腿，按照出腿顺序反向收腿，保持实战势。攻击位置是对手腹部位置。

2. 足刀踢

以左架为例，实战势准备，右腿向前提膝至水平，同时向左转动支撑腿90°，右脚向侧面蹬直，保持脚内扣，攻击面是脚外侧，回收右腿，转动支撑腿，保持实战势。攻击位置是对手膝盖位置。

3. 侧弹踢

以左架为例，保持实战势，右腿向右侧提膝，小腿与大腿夹紧，支撑腿向左转动，上身向左侧倾斜，同时弹小腿，保持身体在同一水平面内，回收右腿，保持实战势。攻击位置是对手腰腹部位置。

4. 前踢

以左架为例，实战势准备，右脚向前提膝至水平，身体稍后仰，并弹右脚小腿，回收右腿，保持实战势。攻击位置是对手胸部及头部位置。

五、基本技术

基本技术分为手部攻击基本技术、腿部攻击基本技术、防御格挡基本技术。包括：正拳、拳槌、背拳、平拳、贯手、手刀、背刀、猿臂、虎趾、踵、足刀、背足、膝、并立步、平行步、弓步、马步、四股立步、三站立步、猫足步、后屈立步。腿法技术包括：前蹬腿、侧踹腿、摆踢腿。防守技术包括：下段截击、上架格挡、内格挡、外格挡等。

基本技术主要动作如下表：

技术名称	练习目的
正位冲拳	掌握直拳、向前方冲击的技术
踩膝	掌握踢腿的基础技术
下段拨挡	掌握下段防御技术
逆位冲拳	掌握腰臀动作一致性技巧
滑步	伺机调整攻击距离
退步	伺机调整防守距离
递步	攻击防守时步法的距离移动
滑步逆位冲拳	掌握足移动同臂腰的一致性能力
追入冲拳	掌握递步冲拳与防守动作一致性
中段外格挡（外臂格挡）	掌握中段攻击的外侧防守法
中段内格挡（内臂格挡）	掌握中段攻击的内侧格挡法
中段推挡	掌握对付中段攻击的防御方法
上段架挡	掌握对付上段攻击的防御方法
下段外拨挡	掌握对付下段攻击的防御方法
后踢放腿	后腿踢击正前方的对手
前踢放腿	阻截对方攻击时，反击对方中段
上段高踢腿	培养踢腿的弹性力量
横踢腿（足刀横踢）	掌握向横侧的攻击技术
八方踢腿	技术快速准确的综合练习

六、防御技术

空手道组成防御的两大基本要素是步法及身法的移动、手臂的直接格挡。

防御中不管用什么方法，都要从防御者站立的姿势开始。防御中，手臂始终在自己身体周围起警戒作用，一般的标准是将两手肘部位置放在肋前10厘米空间处，这种要求是出于腹肋部不露破绽的需要。防御中的一般性技术是格挡技术，其动作路线有四种：由上向下、由下向上、由内向外、由外向内。防御的高级技术是躲闪技术，不管何种技术，使身体腹肋部不暴露空间是防御的最重要的前提。"从外向内格挡的技术是所有防守技术中最好的技术"——这是空手道的格挡原则。

空手道防守技术种类很多，大致分为三个系列：按格挡部位分类、按动作路线分类、使用双手的格挡分类。

（一）按格挡部位区分

①中段手臂格挡（使用前臂外侧及内侧部分）；
②手刀截挡（使用手刀及手腕部分）；
③背刀格挡（使用掌背部位，即手指伸直部分的掌背）；
④掌根格挡（使用掌的根部）；
⑤手背格挡（使用整个掌背）；
⑥背腕格挡（使用掌背的手腕部分）。

（二）按动作路线区分

①上架格挡（由下向上挡）；
②阻挡（上段、下段截阻）；
③拨挡（由上向下、由内向外、由外向内三种形式）；
④内避（身体向左右摇摆闪开）；
⑤推挡（由内向前）；
⑥托挡（由下向上）；
⑦挂挡（由内向外）。

（三）使用双手的格挡分类

①双手格挡；
②支撑格挡；
③交叉格挡，又称十字挡。

七、组手

（一）礼节

空手道技术虽然是格斗技术，但在对练、竞赛中则要求点到为止，即击中对方的要害部位之前就停止进攻。

礼节程式是二人对向站立互相施礼，然后各向前出一步，缩短双方距离。双方均成中段架势，开始攻防训练。两人组手练习，攻击的威力发挥在拳、腿的功夫上，但必须把技术使用到离对手要害目标的前面空间时，立即停止进攻，把保护对方安全作为自己的责任，做到技术上"寸前即止"。组手练习完成之后，双方相对站立，互施礼节，然后双方分足立正，相对站立。

（二）技术

组手技术是两人相对为一组，进行攻击、防御、反击的练习。其形式多种多样，从单个动作的攻防反击到复杂动作的攻防反击，是一个由低级向高级技术发展的过程。组手训练，有以下七种形式：

基本一本组手：攻击只能一次进攻，防守反击也只能一次动作。

基本二本组手：攻方相对于一本组手的一次攻击后再增加一次攻击，

即第二次前进攻击守方,守方也第二次后退进行防御,防御后立即反击攻方。

基本三本组手:三次攻击,防守者使用三次防守技术后给予反攻。

打入组手:以一次进攻为限,双方相互运动起来,在运动中攻方寻找守方的可乘之机,发现破绽,发起攻击。

自由一本组手:自由一本组手和打入组手相似,也是将攻击约束为一次,只是没有事先对攻守两方做限定。练习双方可以在任何场合使用任何技术,防守者也可以在防守后使用任何反击技术。

自由组手:攻击次数不做规定,没有时间限制,没有技术限制,对攻击时间和部位不做任何规定,可以将过去已经学会的技术进行实际运用的形式。

竞赛组手:要在详细的规则中进行攻防比赛,并以攻防的结果决定胜负。

组手是空手道练习的重要环节,如果是以防身自卫为习练目的,那么组手的练习是达成这一目的的主要途径。组手练习是一个循序渐进的过程,一般先以约束组手的训练为起点,约束组手包括一本组手、二本组手、三本组手,最后到自由组手。一本组手即一方按照规定的动作攻击一次,对方防卫后立即反击。如此攻击两次的为二本组手,三次的则为三本组手。自由组手实质不对攻击动作和次数做规定。

组手比赛因为危险性较大,所以为了规避风险出现了无接触的体前"寸止"规则,寸止即是在即将击中对方时停止攻击,如果击中对方即为犯规。在当今的很多比赛中仍然使用"寸止"规则,"寸止"规则的好处是可以减少出现伤害事故的概率,但是其不足之处在于判罚的主观性太强。因此,在"寸止"规则的基础上出现了全接触的组手竞赛模式,如极真道馆举办的"全日本空手道大赛"及每隔四年主办一次"全世界空手道大赛"遵循全接触的竞赛模式。下面从"刚柔流"的组手中选择"一本组手""二本组手""三本组手"作为示例。

1. 一本组手

①准备架势：组手的练习都是以双方平行立架式开始。双方行礼后，突技方一脚后退一大步，成前屈立架式，手握拳摆出突技的架式。然后，双方开始各自使出突技和相应的受技。

②突方右脚向前跨一步，右拳朝上段正突拳。防守方左脚后退一步，右前屈立，左手上段刀手受。

③防守方左手在抵挡同时，迅速转腕擒住突击方手臂。

④防守方将擒住手臂向外拧至腰侧，使之失去平衡后朝前倒。同时，右拳手指张开为手刀，用手刀攻击突技方脸部等位置。

2. 二本组手

①攻击者进步靠近守者，用左拳击守者上段，守者向后退步，用左手架挡。

②攻击者用右踢放腿攻击守者中段。守者退步，两手交叉向下格挡，格挡后两手抓住攻者右足，左手抓住脚掌，右手托脚跟，向外扭转。

③守者趁对手倒地，上步用右拳槌击打其头部。

3. 三本组手

①攻者左脚滑步进入，右脚跟入的同时，用右手刀攻击守者上段。守者向后滑步退下，举左手臂向上架挡。

②攻者继续滑进，收右手拳置于肋部，用左拳攻击上段。守者向后滑步退出，收左臂于内，举右臂外格挡。

③攻者起右脚踢守者中段，守者退左脚，将右臂由上向下做内格挡。

④守者劈挡完毕，即起左足刀踢击对方中段。

八、"型"

空手道的"型"是按照一定的路线，有效、灵活地运用身体各部能力，学习和发展攻击的技术组合。"型"是固定在"演武线"上采取的自我防御姿势，它包括屈伸、跳跃、平衡等运动形式。"型"的演练由多种元素构成，礼节、演武线、攻防招式、步伐、精神等。"型"作为空手道竞赛的重要环节，形成了独特的评价标准，而精神则是评价"型"演练好坏的重要指标。此外，在"型"的演练过程中动作的节奏、力、时间把握、内涵理解都会影响"型"的演练效果。"型"的种类有四种：首里手、泊手、那霸手、其他。这些名称是根据原有传统名称的发音，用片假名形式记载，避开相同音义的汉字，保持了空手道的传统面貌。如内八型初段、平安型、青柳型。

现代空手道不同流派有不同的"型"。如：

松涛流：平安1~5段、十手、珍手、王冠、岩鹤、观空、壮镇、铁骑初段等共26套。

刚柔流：转掌、击碎一二、十八手、十三手、三十六手、四向战等。

和道流：同松涛流套路一样，另外还有镇东等自己的特色。

糸东流：石岭拔塞大、心波、内步进、制引战等。

极真流：平安1~5段、太极1~3段、十八手、转掌、三战、五十四步、足技、最破、安三、突击之型等。

"三战"是刚柔流的基本型，体现出刚柔流动作"刚"的一面，对身体的控制能力有很好的锻炼作用。下面对"三战"型进行集中展示。

1. 直立

双手交叉叠于腹前，双脚脚尖朝外45°。

2. 第一举动

两臂夹紧肋骨,深吸气,双手握拳,朝上朝外画弧打开,拳心朝内,同时呼气。同时右脚往右前方画弧跨半步,两腿微屈,成"右三战立"。

3. 第二举动

吸气,左拳屈肘收于左肋处,拳心朝上。再将左拳半前伸,呼气,气不吐尽。左拳翻转,使拳心向下,正突,继续以口呼气,也不吐尽。

4. 第三举动

从突攻姿势收回左拳,将气吐尽,恢复至第一举动。

5. 第四举动

左脚向左前方画弧跨半步,成"左三战立"。右拳半前伸,正突,再收回。

6. 第五举动

右脚往右前方画弧跨半步,成"右三战立",自左手开始左右拳交替前伸正突,再收回。

7. 第六举动

第七拳正突后不收回,吸气,右拳变手刀,掌心朝上,由右上方顺左手手臂向前画弧。

8. 第七举动

左拳变手刀,右手刀翻转下划,同时呼气,气不吐尽。两手手刀对拉至胸前,掌心向下、指尖相对,再将气吐尽。

9. 第八举动

两手握拳，吸气，两拳翻转，拳心向上，收抵在两肋处。松拳变掌前伸，呼气，气不吐尽。再两掌翻转，掌心向下、指尖相对朝里平收于肋前，再将气吐尽，将此动作重复三次。

10. 第九举动

右脚往后方画弧跨半步，成"左三战立"。做回旋收，收掌时呼气。双掌底向上下同时推出（右掌上，左掌下），呼气，推至极点时将气吐尽。

11. 第十举动

右脚往右前方画弧跨半步，成右三战立。右手旋收，收掌吸气，推掌呼气，推至极点将气吐尽。

12. 第十一举动

吸气，左掌向后收至左肋处、呼气，左掌转掌向前伸，托住右掌，两手在丹田前上方交叉。

13. 第十二举动

右脚收回，两脚脚后跟相触，双腿微屈。

14. 第十三举动

双腿渐渐伸直。深吸气后，双掌同时收至胸前，再呼气，双手掌心翻转向下，左手心贴于右掌背，双手伸于丹田前方，继续将气吐尽，两掌下伸至极点。

15. 第十四举动

双手收回，贴于两腿外侧，鞠躬，起身，结束。

第三节 主要竞赛形式与规则

空手道竞赛分为"型"的演练和"组手"对抗两种形式。

"型"的表演竞赛。运动员在场上练一套"型"，然后由场下若干名裁判员根据演练者精神、劲力、动作规范程度等评分。

"组手"的对抗竞赛。采用"点到为止"的规则，在攻击对方时，不能击中对方，只能在其身体前一寸范围内停止运动。

一、组手的竞赛形式与规则

（一）竞赛场地

组手比赛场地是铺有经 WKF 认可的垫子，边长为 8 米（由场地外缘量起）的正方形场地，四周需增设有 1 米的安全区。场地四周应有 2 米净空的安全区域。采用赛台时，每边的安全区应再增设 1 米。将距离比赛场地中心点 1 米处的两块垫子反转，以红色一面向上，作为两位选手位置的标识。当比赛开始或再次进行时，双方选手应面对面站在各自的红色垫子前沿正中的位置。

比赛场地安全区外围 1 米内不得有广告招牌、广告墙及广告柱等。铺设场地所使用的垫子与地板接触面需是防滑的，同时垫子表面的摩擦系数要低。主裁必须确认垫子在比赛进行时不会分散，因为垫子之间的间隙可能会构成危险并造成伤害。铺设场地的垫子必须是 WKF 认可的。

（二）服装护具

比赛选手必须穿着除 WKF 理事会许可内容外，纯白无条纹、无滚边和无个人刺绣（绣的名字）的空手道道服。国家标识或国旗标识应佩戴在道服左胸，其大小不得超过 12×8 厘米，只有道服制造厂商可以将其商标置于空手道道服上。此外，由赛事组委会所提供的身份识别标识应佩戴于背部。选手必须一方系红色腰带，另一方系蓝色腰带。腰带宽度必须在 5 厘米左右，且在打结后腰带两端应留有不少于 15 厘米的长度且不超过大腿长度的 3/4。腰带必须是素色的红色和蓝色，上面除制造厂商的商标外，不允许有任何个人刺绣（绣的名字和国家、团体名）、广告或记号。

道服在系紧腰带后，其下摆长度至少须遮盖臀部，但不得超过大腿长度的3/4。女性选手可以在道服里穿纯白色的 T 恤。道服上的系带必须系紧，不允许穿没有系带的道服。道服的袖长不得长过手腕，且不可以短于前臂的一半，袖子不得卷起。道服上衣的系带在回合开始时必须系紧，但是如果系带在比赛过程中断落，选手不必更换道服上衣。道裤至少须覆盖小腿 2/3 且长度不得超过踝骨关节，裤腿不得卷起。

护具是经 WKF 认可的拳套（一方戴红色，一方戴蓝色）、牙套（护齿）、躯干护具（所有选手），女性还必须佩戴护胸、护胫（一方戴红色，一方戴蓝色）、护足（一方戴红色，一方戴蓝色）。不强制要求佩戴护裆，但如果佩戴必须是受 WKF 认证的款式。

（三）比赛组织

空手道比赛包括组手比赛和型比赛。组手比赛又可分为团体赛和个人赛。个人赛可以根据年龄和体重来分组。按照体重级别划分后，选手们将两人一组以回合的方式进行比赛。回合也可以用来描述团体赛中每一对选手之间的个人比赛。除非有特殊的要求，比赛一般采用含复活赛的淘汰赛赛制。

团体赛的每一支男子队伍由 7 名队员组成，每一轮比赛允许其中五位选手出场比赛。每一支女子队伍由 4 名队员组成，每一轮比赛允许其中三位选手出场比赛。团体赛中，各队伍中的每位成员都可以上场比赛，不设固定候补。"一回合"是指两个选手之间进行的一场个人赛；"一场次"是指两个队伍的所有队员之间的回合数总称。在团体比赛中，每支男子队伍至少需要三名选手出场参赛，每支女子队伍至少需要两名选手出场参赛。如果团队出场的选手人数少于规定人数，将被判弃权（Kiken），失去比赛资格。

（四）裁判组成

每场比赛的裁判小组包括一名主裁（Shushin），四名边裁（Fukushin）和一名赛事监督（Kansa）。在组手比赛中，主裁、边裁和赛事监督（Kansa）不允许与双方选手具有相同国籍，或者来自同一国家联盟。组手比赛开始时，主裁站于比赛场地外缘，主裁左边站 1 号及 2 号边裁，主裁右边站 3 号及 4 号边裁。选手和裁判小组站定并互相鞠躬后，主裁后退一步，边裁向内转身面对主裁，一起互相鞠躬后各自走到指定位置就位。当裁判小组人员替换时，被替换的裁判小组（赛事监督除外）在比赛的起始位置互相鞠躬，然后一起离开比赛场地。当个别边裁进行替换时，新上场边裁走到被替换边裁面前，相互鞠躬后替换位置。

（五）比赛时间

成年男子和女子组手比赛每回合的时间为 3 分钟（团体赛和个人赛相同）；21 岁以下级的男子和女子组手比赛为每回合 3 分钟；青年和少年组手比赛中，男子和女子每回合的时间均为 2 分钟。选手在两场连续的比赛间,将被给予与常规比赛时间长短相同的一段休息时间。但如果选手需要更换不同颜色的护具,这段时间将会被延长至 5 分钟。计时员应以清晰可辨的铃声或蜂鸣器为信号表示"还有15秒"和"时间到","时间到"的信号标志着该回合比赛结束。

(六) 得分细则

得分可分为三种:
① IPPON Three points:一本 (3 分);
② WAZA-ARI Two points:技有 (2 分);
③ YUKO One point:有效 (1 分)。

当一个技术动作作用于有效的得分部位且满足以下技术标准,就会被判定为得分:
① Good form:良好的姿势;
② Sporting attitude:竞技的态度;
③ Vigorous application:刚劲有力的技术应用;
④ Awareness (Zanshin):警戒的状态;
⑤ Good timing:好的时机把握;
⑥ Correct distance:正确的距离。

可以判定为一本 (3 分) 的技术:
① Jodan kicks:上段踢技;
② Any scoring technique delivered on a thrown or fallen opponent:施展在被摔倒或已倒地的对手身上的任何有效的技术动作。

可以判定为技有 (2 分) 的技术:Chudan kicks:中段踢技。

可以判定为有效 (1 分) 的技术:
① Chudan or Jodan Tsuki:中段或上段的冲拳 (Tsuki);
② Jodan or Chudan Uchi:上段或中段的击打技 (Uchi)。

攻击仅限于下列部位:头部、面部、颈部、腹部、胸部、背部、胸腹侧面。

（七）胜负标准

判定一方选手获胜的根据为：率先取得 8 分的净胜分；在比赛时间结束时，取得的分数高于对手；首先得分的优势"先取（Senshu）"；裁判的判定（Hantei）的结果，或因对手犯规（Hansoku）、失格（Shikkaku）、弃权（Kiken）而获胜。

一般情况下个人赛中不允许出现平局，只有在团体赛或循环赛中，当某一对选手在回合结束后，双方得分相同或都没有得分，和双方选手均没有获得"先取（Senshu）"优势的情况下，主裁才会宣布平局（Hiki-wake）。

在任一回合结束时，如果双方选手得分相同，但一方选手获得了"先得分优势（先取 Senshu）"，那么该选手将会被判定为胜方。在个人赛中，当一回合结束，双方选手均未得分，或得分相同但又没有人获得了"先得分优势（先取 Senshu）"，比赛的结果将会由四位边裁和主裁通过投票的方式来决定，一人一票。判定某位选手获胜与否应根据以下的标准决定：①选手表现出的态度、斗志、和力量；②所展示出的战术优势和技巧娴熟度；③哪一位选手占据了场上的主动。

如果获得先取优势的选手在比赛还剩不到 15 秒时，出现出界、逃避、抓抱、扭摔、推搡或贴胸站靠获得第二类逃避战斗的警告时，该选手将自动失去这个先取的优势。主裁应先示意选手犯规的类型，以请求边裁的支持。只要主裁得到了不少于两个边裁的支持，就应以相应的手势示意第二类犯规的警告，然后做出示意先取（Senshu）的手势，最后接着做一个取消的手势（Torimasen），同时以口令宣判 Aka/Ao Senshu Torimasen。

在团体赛中，以获胜回合数多的一队为胜（包括以"先取 Senshu"优势获胜的回合）。如果双方获胜回合数相同，则取决于各队队员各回合得分的总和（不论胜负），总得分高的一方为胜方。每回合当双方分差为

8分或更多时，该回合比赛结束。

在团体赛中，如果双方获胜回合数及总分皆相同，就需要再进行一回合附加赛来决定胜负。各队伍可以选择该队伍中的任何一名队员作为代表参加该回合的比赛，无论他是否已在双方之前的回合赛中出赛。如果在附加赛时间结束时，双方还是不能以比分的高低来产生胜方，同时也没有人获得先取的优势，则需通过判定（Hantei）来决定胜方，判定的流程与标准应与个人赛相同。附加赛胜负的判定结果也将决定团体赛的最终胜负。

在团体赛中，当一方队伍率先取得了足够获得比赛胜利的回合数或分数时，即可宣布为胜方，不需要继续完成未进行的回合。当出现红、蓝双方在一场比赛中同时因犯规（Hansoku）被判取消资格的情况时，下一轮比赛的对手将会因为轮空而获胜（不需宣布比赛结果）。除非这种双方均被判取消资格的情况出现在奖牌赛中，这时候将以判定（Hantei）来决定获胜方。除非其中一方选手拥有先取（Senshu）的优势。

（八）禁止行为

1. 第一类犯规

①技术动作过度接触，即使是作用在有效的得分部位上和接触到喉部的技术动作（注：喉部是连"碰触"都不允许的）。
②攻击手臂、腿部、裆部、关节或脚背部位。
③以开掌技术攻击面部。
④危险的或被禁止的摔技。

2. 第二类犯规

①假装受伤或夸大伤情。
②非对手原因离开比赛场地（Jogai）。

③不顾自己安危,做出可能让自己被对方击中而致伤的行为,或没有采取足够的自我保护措施(Mubobi)。

④通过逃避比赛的方式让对手没有机会得分;消极、没有与对手交手的意图(不能在比赛还剩不到 15 秒时判罚);搂抱、扭摔、推搡对手,或与对手贴胸站靠,但没有试图施展得分的技术或摔技。

⑤在截获对手施展踢技的腿后,不以施展摔技为目的的双手抓住对手。

⑥用一只手抓住对手的手臂或道服,不立即试图施展得分技术或摔技的。

⑦施展无法控制的、有可能伤害到对手的和危险的、毫无节制的攻击技术。

⑧试图以头部、膝部或手肘攻击对手。

⑨与对手交谈,或挑逗对手,不服从主裁的命令,对裁判官员不礼貌,或其他有违礼节的行为。

(九) 裁判法

1. 裁判委员会的权力和职责

①与每一次大赛的赛事组委会协商沟通,确认比赛场地的安排、所有装备和必需设施的准备与发放、比赛的运作与管理及安全措施等,以保证大赛的准备工作能够正确完成。

②指派场地经理(场控长)和场地经理助理至各自负责的区域及根据各场地经理的报告采取相应措施。

③监督并协调所有裁判人员的工作。

④根据需要指派候补工作人员。

⑤对在比赛中发生的规则中没有明文规定的技术性问题做出最后判决。

2. 主裁（Shushin）的权力

①主裁主导着整个比赛的进程，包括负责宣布比赛的开始、暂停及结束。

②根据边裁的判决，宣判得分。

③当发现一方选手出现受伤、生病或其他无法继续比赛的情况时，叫停比赛。

④当主裁认为有人犯规或为确保场上选手自身安全时，暂停比赛进行。

⑤当两位或以上的边裁示意得分或出界（Jogai）时，叫停比赛。

⑥示意观察到的犯规的情况（包括出界），并请求边裁的支持。

⑦当主裁认为有理由让边裁重新考虑他们的警告或处罚的判决时，要求他们重新考虑。

⑧召集边裁对"失格"（Shikkaku）的判罚进行合议（Shugo）。

⑨必要时向场地经理、裁判委员会或申诉评审委员会解释某个判决的依据。

⑩根据边裁的判罚给予警告或进行处罚。

⑪在团体赛需要时，宣布并开始附加赛。

⑫领导裁判小组进行投票（Hantei），并宣告结果。

⑬解决平手（Hikiwake）的情况。

⑭宣告比赛获胜者方。

⑮主裁的权限不仅只局限于比赛场地，还包括其所有相关区域，以及控制赛场内教练、其他选手或选手的任何随行人员的行为。

⑯主裁负责所有口令的发出和所有判决的宣告。

3. 边裁（Fukushin）的权力

①根据自己的判断做出得分和出界的旗语信号。

②以旗语对主裁示意的警告或处罚做出自己的判断。

③对相关判决行使投票权。

边裁需仔细观察选手的动作。当遇到下列情况时，应以相应旗语信号向主裁表示意见。

· 当有选手得分时；

· 当一方选手踏出比赛场地时（Jogai）；

· 当主裁请求对任何犯规进行判罚时。

二、型的竞赛形式与规则

（一）比赛场地

比赛场地是铺有经 WKF 认可的垫子，边长为 8 米（由场地外缘量起）的正方形场地，四周需增设有 1 米的安全区。场地四周应有 2 米净空的安全区域。采用赛台时，每边的安全区应再增设 1 米。除 8×8 米场地外缘一圈的垫子必须是不同颜色外，其他部分必须为同一颜色。边裁和软件技术员应面对选手，并排坐在场地垫子边的一张桌子前。软件技术员应坐在桌子最远端，主裁（一号边裁）坐在软件技术员身旁。

（二）正式服装

选手须穿着除 WKF 理事会许可内容外，纯白无条纹、无滚边和无个人刺绣（绣的名字）的空手道道服。国家标识或该国国旗标识应佩戴在道服左胸，其大小不得超过 12×8 厘米，只有道服制造厂商可以将其商标置于空手道道服上。此外，由赛事组委会所提供的身份识别标识应佩戴于背部。选手应根据分组，系一条素色的红色或蓝色的腰带。腰带宽度必须在 5 厘米左右，且在打结后腰带两端应留有不少于 15 厘米的长度且不超过大腿长度的 3/4。腰带上面除制造厂商的商标外，不允许有任何个人刺绣（绣的名字和国家、团体名）、广告或记号。

(三) 比赛组织

型的比赛分为团体赛和个人赛。团体队赛中的每支队伍由三个人组成，且队伍成员须性别一致。个人赛分别由男子个人赛和女子个人赛组成。

在 WKF 世界级或洲际级锦标赛中，上届该赛事前四位的奖牌获得者（金牌、银牌和两枚铜牌）将会作为种子选手。在 K-1 系列超级联赛中，截至赛事前一天 WKF 世界排名前八位的选手将会作为种子选手。如果符合种子选手资格的选手缺赛，这个种子资格不会根据排名顺延。

型比赛采用的淘汰赛制是将参赛选手（个人或团体）按照 8 人一组进行分组（参赛人数少于 11 人或多于 96 人的情况除外），并分为两个半区。一个半区选手系红带（AKA），另一个半区选手系蓝带（AO）。每轮比赛后，每组的参赛选手人数将减少至四人晋级到下一轮，直到只剩下两组选手（个人或团体）。这时，各自组中得分最高的选手将进行相互比赛，争夺第一名（失败方获得第二名）。各自组中得分第二高的选手，将分别与对方组里得分第三高的选手比赛，争夺第三名（铜牌赛）。每一组选手的基数是 8 人，但当参赛选手的人数多于 64 人又不足 97 人时，超出的选手将分配到 8 个组内，每组人数不超过 12 人的上限。当参赛选手的人数为 97 人或更多时，分组的数量应翻倍为 16 组，每组的人数可以相应地减少。但是依然应让各组的前四名晋级，这样将会有 8 组 8 人（共 64 位选手）进入下一轮比赛。

无论个人赛还是团体赛，不按时进行检录者，将被判弃权（Kiken），失去该级别的比赛资格。因弃权（Kiken）失去比赛资格，意味着该选手失去了参加这一级别比赛的资格，但不影响该选手参加另一级别的比赛。

在团体型的奖牌争夺赛中，两队必须先与普通比赛一样，演练他们所选择的型，然后他们将会对型的意义进行演示（分解/Bunkai）。整个演练时间，包括型和分解，为 5 分钟。计时员将从选手开始型的演练的鞠躬开始计时，到型的分解演示的最后一个鞠躬结束。在型的演练开始和分解演示结束时不行鞠躬礼的，和整个演练时间超过 5 分钟时限的队伍将被取消资格。不允许在比赛中使用传统武器、辅助装备或附加服饰。

（四）正式型列表

只允许演练正式型列表中所规定的型：

1	Anan	安南	14	Fukyugata Ni	普及型2	27	Heian Sandan	平安三段
2	Anan Dai	安南	15	Gankaku	岩鹤	28	Heian Yondan	平安四段
3	Annanko	安南公	16	Garyu	卧龙	29	Heian Godan	平安五段
4	Aoyagi	青柳	17	Gekisai（Geksai）1	击碎1	30	Heiku	黑虎
5	Bassai	拔塞	18	Gekisai（Geksai）2	击碎2	31	Ishimine Bassai	石嶺拔塞
6	Bassai Dai	拔塞大	19	Gojushiho	五十四步	32	Itosu Rohai Shodan	糸洲鹭牌初段
7	Bassai Sho	拔塞小	20	Gojushiho Dai	五十四步大	33	Itosu Rohai Nidan	糸洲鹭牌二段
8	Chatanyara Kushanku	北谷屋良公相君	21	Gojushiho Sho	五十四步小	34	Itosu Rohai Sandan	糸洲鹭牌三段
9	Chibana No Kushanku	知花公相君	22	Hakucho	白鸟	35	Jiin	慈阴
10	Chinte	珍手	23	Hangetsu	半月	36	Jion	慈恩
11	Chinto	镇东	24	Haufa	八鹤	37	Jitte	十手
12	Enpi	燕飞	25	Heian Shodan	平安初段	38	Juroku	十六手
13	Fukyugata Ichi	普及型1	26	Heian Nidan	平安二段	39	Kanchin	完战

续表

40	Kanku Dai	观空大	58	Naifanchin Sandan	内步进三段	76	Saifa	碎破
41	Kanku Sho	观空小	59	Naihanchi	内八字	77	Sanchin	三战
42	Kanshu	完周	60	Nijushiho	二十四步	78	Sansai	三才
43	Kishimoto No Kushanku	岸本公相君	61	Nipaipo	二十八步	79	Sanseiru	三十六
44	Kousoukun	公相君	62	Niseishi	二十四	80	Sanseru	三十六
45	Kousoukun Dai	公相君大	63	Ohan	敖汉	81	Seichin	十战
46	Kousoukun Sho	公相君小	64	Ohan Dai	敖汉大	82	Seienchin (Seiyunchin)	征远镇
47	Kururunfa	久留顿破	65	Oyadomari No Passai	亲泊拔塞	83	Seipai	十八
48	Kusanku	公相君	66	Pachu	巴球	84	Seiryu	十六
49	Kyan No Chinto	喜屋武镇东	67	Paiku	白虎	85	Seishan	十三
50	Kyan No Wanshu	喜屋武汪辑	68	Papuren	八步连	86	Seisan (Sesan)	十三
51	Matsukaze	松风	69	Passai	拔塞	87	Shiho Kousoukun	四方公相君
52	Matusumura Bassai	松村拔塞	70	Pinan Shodan	平安初段	88	Shinpa	心波
53	Matsumura Bassai	松村鹭牌	71	Pinan Nidan	平安二段	89	Shinsei	新生
54	Meikyo	明镜	72	Pinan Sandan	平安三段	90	Shisochin	四向战
55	Myojo	明净	73	Pinan Yondan	平安四段	91	Sochin	壮镇
56	Naifanchin Shodan	内步进初段	74	Pinan Godan	平安五段	92	Suparinpei	一百零八
57	Naifanchin Nidan	内步进二段	75	Rohai	鹭牌	93	Tekki Shodan	铁骑初段

94	Tekki Nidan 铁骑二段	97	Tomari Bassai 泊手拔塞	100	Useishi	五十四
95	Tekki Sandan 铁骑三段	98	Unshu	云手	101	Wankan	王冠
96	Tensho 転掌	99	Unsu	云手	102	Wanshu	汪辑

(五) 评定评分

裁判的两项重要评判标准是技术能力的表现和运动能力的表现。

型的评判是从型演练前的鞠躬开始，到演练后的鞠躬结束。团体型的奖牌赛中，对演练的评判和计时则从型演练前的鞠躬开始，到分解演练结束后的鞠躬结束。允许选手根据各自流派的传授，对型有轻微的变更。选手在每一轮比赛中必须演练不同的型。即使在加赛中，型一旦被演练，该型将不允许被重复，只允许演练正式型列表中所列出的型。

技术能力和运动能力的表现将被分别打分，打分范围均为从 5.0 到 10.0，并以 0.2 为单位递增。其中，5.0 代表完成演练后可获得的最低分数，10.0 代表一个完美的表现。如被取消比赛资格则得分为 0.0。系统将分别去除技术能力和运动能力表现得分中的两个最高分和两个最低分，并计算总分。技术能力的表现得分占总分的 70%，运动能力的表现得分占总分的 30%。

如果选手获得相同的得分，则应通过加赛一场来决定胜负。只有在需要决定谁能晋级下一轮比赛或是在奖牌赛时，才需要解决平局的情况。虽然加赛的分数分出了平局的胜负，但原来的得分应保留不变。为解决平局而进行加赛时的得分，不能用于改变本轮比赛中选手的原有排名顺序。

(六) 取消资格

某一选手或队伍可以因以下任何原因被取消比赛资格：

①演练错误的型，或宣告错误的型名。

②没有在型的演练前或演练后行鞠躬礼。

③在演练过程中出现明显的犹豫或停顿。

④干扰裁判的工作。如因安全因素而使裁判员需要进行移动，或与裁判员有身体接触。

⑤在型的演练过程中，腰带脱落。

⑥型和分解的总演练时间超过了 5 分钟的时限。

⑦在型分解的演练中施展以剪刀腿夹住颈部的摔技。

⑧不遵从主裁的指示或其他不当行为。

（七）犯规行为（失误）

如果出现以下的犯规行为，评判时必须考虑在内：

①稍有失去平衡。

②某个动作演示的方式不正确或不完整。如格挡动作没有完全施展，或拳未击打在目标上。

③动作不同步。如在身体的转换完成前施展一个技术动作，或在团体型演练中，某一动作未能同步完成。

④采用声音的（从其他任何人处，包括队伍的其他成员），或动作行为的提示。如顿足、拍打胸部、手臂，或空手道服和不适当的吐息。在裁判对型的演练进行评判时，这必须认定为是非常严重的犯规行为，可以等同于暂时失去平衡的判罚。

⑤在演练过程中，腰带松开接近脱落。

⑥浪费时间，包括长时间的入场，过度的鞠躬，或开始演练前长时间的停顿。

⑦在分解的演示过程中，因缺乏控制的技术而造成了受伤。

第三章 空手道

附录 1：组手比赛场地布局

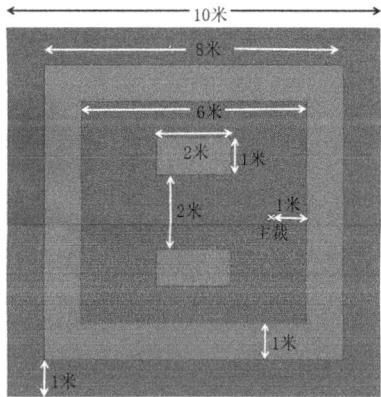

附录 2：型比赛场地布局

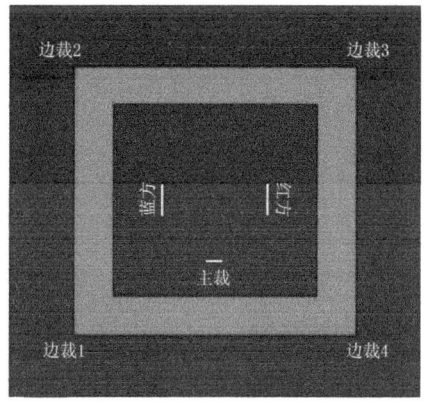

287

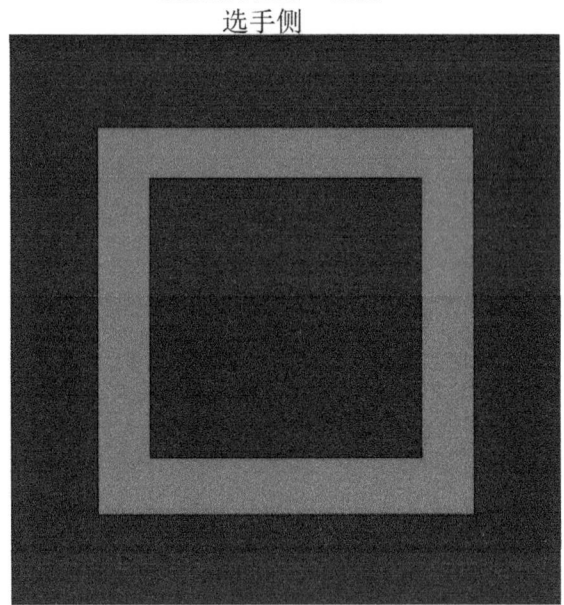

参考文献

[1] 藤本贞治. 日本空手道入门 [M]. 袁镇澜, 陈永升, 译. 杭州: 浙江人民出版社, 1989.

[2] 刘同为, 贾平, 戴有祥. 空手道 [M]. 哈尔滨: 黑龙江科学技术出版社, 2003.

[3] 罗景辉. 空手道——型与组手 [M]. 成都: 成都时代出版社, 2018.

[4] 郭建平. 空手道教学与训练 [M]. 长沙: 湖南师范大学出版社, 2012.

［5］中国空手道协会官方网站. 空手道竞赛规则［EB/OL］. http：//www.chncka.org/doc/WKF2019规则1月版.pdf.

［6］黄秀玉，苏肖晴，李奇虎. 日本空手道与福建南拳的历史渊源［J］. 体育文化导刊，2002（2）：36-37.

［7］郑旭旭，高楚兰，倪红莺，等. 空手道源于福建南拳之研究——体育文化流变的考察之一［J］. 体育科学研究，2016，20（6）：1-15.

［8］高楚兰，郑旭旭，倪红莺，等. 从福建南拳到琉球唐手——体育文化流变的考察之二［J］. 体育科学研究，2017，21（1）：1-11.

［9］倪红莺，郑旭旭，高楚兰，等. 从琉球唐手到空手道——体育文化流变的考察之三［J］. 体育科学研究，2017，21（2）：1-17.

［10］周永盛，郑旭旭，高楚兰，等. 组手与形：空手道竞赛方式的演变——体育文化流变的考察之四［J］. 体育科学研究，2017，21（3）：1-10.

［11］张沁兰，赖正维. 久米村人与明清中琉关系［J］. 福建论坛：人文社会科学版，2018（11）：134-141.

［12］袁家冬. 日本萨摩藩入侵琉球与东亚地缘政治格局变迁［J］. 中国社会科学，2013（8）：188-203.

［13］汤文俭，袁镇澜. 日本空手道发展之路［J］. 体育文化导刊，2008（7）：113-115.

［14］庞俊鹏. 我国空手道开展现状与发展战略［J］. 武汉体育学院学报，2016，50（2）：59-64.

［15］吕晓标，卫志强. 我国空手道运动发展策略探析［J］. 体育文化导刊，2008（12）：69-73.

第四章 泰 拳

第一节 概述

泰拳（Muay Thai），起源于泰国，流传于世界，是现今国内外较为流行的格斗术，深受一些爱好格斗技艺者的青睐。泰拳代表着泰国的传统文化，虽然不像中华武术有着上千年的历史积淀，但发展至今也已经有五百多年的历史。由于泰国历史上频发的战争，一些史料被破坏、遗弃，导致如今关于泰拳的起源、创立说法不一。泰拳的泰语叫"摩易泰"，现今最可靠的说法是，泰拳是由一种叫"藩蓝"的拳术逐渐演变过来的。

16世纪末，为了提高泰国军队在战斗中的徒手格斗能力，"藩蓝"被列入泰国军事训练项目。在大城王朝末期，泰国与缅甸发生战争，泰国将士乃克侬东被缅甸俘虏，缅甸国王在大佛塔顶举行庆典，庆典中让被俘虏的乃克侬东与缅甸的拳师进行对抗较量，令人意想不到的是乃克侬东竟然连胜了九个人，以至于没有人敢再与他比武。缅甸国王看到后甚是惊叹："泰拳师武艺非凡，苟非其君王庸弱，彼辈当可免丧邦之痛。"这个事件就在缅甸、泰国迅速传开，为泰拳历史上最光辉的一页，让泰国人感到无比的光荣。自此流传至今，泰国的拳师们都把乃克侬东奉为"泰拳鼻祖"。

在泰拳鼻祖乃克侬东时代，他将流传泰国的古拳术整合并且发挥独特的近身缠斗技术，确定了泰拳的体系，古泰拳的发展到了鼎盛时期，形成了泰拳基本的战斗体系，并沿用至今。在泰拳的实战比赛中，允许用拳、腿、肘、膝这人体四肢的八个部位进行对抗,因此这一泰国拳术也被称为"八臂拳术""八肢艺术""八腿运动"。泰拳,作为泰国的古老拳术,在演练和对抗过程中一名出色的泰拳师更是集精神、气力、智谋、技艺于一体,也是泰国古老民族一种文化的表现和传承的载体,风格上泰拳打法硬朗强悍、杀伤力强,堪称超强级站立式格斗技艺。因此泰拳从它的精神表现、功力训练、技艺风格、文化传承来说,就像我们中华武术一般修心练身、内外兼修,从历史的起点追溯至今也拥有着一套独特、精深、完整的技术体系和传承体系。

第二节　主要技术内容

泰拳分为古泰拳和现代泰拳。古泰拳是在原始社会中,人们为了适应生存发展而创立的一门拳法,其运用身体的各个部位攻击对手,方法甚是多样,其中包括拳、腿、肘、膝、抓、挠、咬、抱等,后来伴随着社会的进步、人类的发展,逐渐演变出来以拳、腿、肘、膝为基础的现代泰拳。

现代泰拳具有极高的观赏性,动作简单、杀伤性大、实用性强,选手们在对抗时作风硬朗、硬打硬拼,多以主动进攻型为主。对抗时的主要技术内容包括拳打、腿踢、肘击与膝撞。看似极具观赏性且华丽的外表下透露出每一名泰拳师吃尽苦头、异常艰辛研习泰拳的过程。有穷人家的孩子从小练习泰拳,功成时,通过一场场浴血奋战的比赛来获取出场费及奖金。

泰拳与散打比赛在项群训练里的划分虽然一致,两个项目多有共同之处,但在练习与实战对抗中的风格、使用动作、制胜因素等方面有颇多差异。现代武术散打比赛中运动员场上注重的是得分,获取比赛的胜利,使用动作为拳、腿、摔,打法灵活多变,更多的是以巧取胜。而泰拳比赛中选手在赛场上注重实效,重创对手,削弱对手的攻击力,凶狠残暴。使用动作为拳、腿、肘、膝，多以曲线腿法、顶膝、肘击来进行攻击。力量较大，动作简单，具有很强的杀伤力，且泰拳运动员的体能非常好。

一、泰拳的拳法

泰拳的拳法与散打、拳击比赛中的拳法类似，无所差别，可分为直击拳、勾击拳和摆拳三种。虽然泰拳拳法与拳击所有拳术无较大差异，但由于拳击只准用拳攻击，所以拳路策略较周密全面。泰拳则是手足并用的自由式对抗较量，变化较多。例如在拳击比赛中所禁用的拳法，如鼓拳、掌掴、回击拳与后摆拳等招数，在泰拳比赛场上可任意应用。因此，泰拳手的拳法便往往用于试探、虚掩或反击，并配合其他腿、肘、膝的招数进行运用。当然，这并不代表泰拳的拳技简陋、不实用、没有杀伤力。相反，泰拳拳法讲究实用有效，选手们要追求准猛有劲，给对手予以重创的拳法目的，追求拳法上的重、狠、准、稳，并不是泰拳选手不精于拳法。

二、泰拳的腿法

泰拳的腿法以硬、猛、活、快而闻名天下，不管是从击打效果还是从训练方法上，都让人为之震撼。世界著名泰拳选手播求，其硬朗强势的打法、灵活多变的技法让全球的格斗选手们广为称赞和流传。播求健壮的双腿在实战对抗中的扫踢既像蝴蝶飞舞般轻盈灵活，又像蟒蛇摆尾般强硬有力。网上流传过一段视频，播求在香蕉树林三腿踢断了一根香蕉树，看过的人无不为之感叹。

泰拳选手们对于腿上功夫的训练要求非常严格，众多的泰拳选手更是多擅长腿法，腿法的运用及变化繁多，但总结归类起来主要分为横扫腿和蹬腿。

泰拳横扫腿是一种弧线运动的腿法,之所以应用广泛,其主要原因是打击力度大,抗击力好,具有极大的杀伤力。在扫腿基本功力的练习上可分为两种,即单扫腿和连扫腿。

单扫腿指的是在练习时左腿或右腿单一次数的击打练习,这一练习更好地锻炼、激发泰拳选手腿部的硬度与爆发力。为增加腿部正面的坚硬程度,平时可以手持木棍、钢管等硬物经常碾压小腿胫骨等部位。

连扫腿指的是在踢打靶子、沙包、木桩等过程中单腿连续击打或者左右两腿交替连续扫踢。连扫腿的练习能够更好地锻炼泰拳选手扫腿的灵活性、节奏性以及提高扫腿的速度。专业的泰拳师在长期的练习中,由于腿部表皮经常与硬物剧烈接触,胫骨表面生成死皮不生毛发。更有甚者,胫骨的迎面骨棱角被磨平,脚部表面毛发极少,脚趾背部生成老茧,大大增加了泰拳习练者腿法的击打力度和腿部的抗糙性。

泰拳的蹬腿是一种直线运动的腿法,动作类似于散打当中的蹬腿,以脚底作为击打接触面(包含前脚掌和脚跟),主要用前脚掌来蹬击对手。通常是在两人对抗时用以"挑逗"或"试探"对手虚实的动作。常常用于控制性的技战术需要,控制好与对手之间的距离,为下一步更猛烈的击打做准备。当然,还可以直接作为进攻动作,在对抗过程全力地猛蹬对手的胸腹部,易使对手飞出或摔倒在地,以挫对手的进攻之势。蹬踢在练习上与扫腿相类似,也有单蹬腿和连蹬腿两种练习方法。

单蹬腿是指左腿或右腿的单一直线蹬击方式;连蹬腿指的是单一腿的连续蹬击,或是左右两腿交替连续蹬击的练习方式。可以采用一些蹬靶、蹬桩、蹬沙袋、实战等练习方式来提高选手腿部蹬击的爆发力和速度。连蹬腿是一种较好的练习方式,能够提高选手的肌肉耐力与速度节奏,但在实战中的有效击打和重创对手的概率却不高。因此,对抗比赛中对于练蹬腿的运用也随之较少。职业的泰拳选手经过长期的蹬腿练习,会使大腿变得粗壮、紧实有力,小腿后部肌肉呈球状,前脚掌也较肥厚并伴有老茧。

三、泰拳的肘法

肘击，在泰拳的攻击技法中素以凶狠著称。自古就流传着一句谚语："宁挨十拳，不挨一肘"，肘击更是在泰拳对抗过程中占据了重要的角色。肘指的是前臂和上臂的连接关节，屈肘时，肘骨突出，较尖硬，抗击能力强，肘击法即是利用屈肘时向外凸起的肘骨和接近肘骨的部位来进攻或防守的方法。

泰拳的肘击可分为平肘（由外向里肘击）、上肘（由下而上肘击）、下肘（由上而下肘击）这三种击打方式。肘击动作短促、力度大、速度快，在近身对抗中肘法变化无常，常令对手防不胜防、难以招架。经过长期的肘击练习，练习者肘部异常坚硬，时常伴有淤青，皮肤表面少生毛发，出现死皮，大大提高了肘部关节的硬度和耐抗性。肘部由于经常受到压迫，甚至很少出现如常人般的酸麻感。

四、泰拳的膝法

泰拳的膝击是具有极大的破坏力、重创性的攻击方法，是泰拳四大攻击手段之一，同时又是基本功练习中必修的贴身技术之一。泰拳的膝法大致分为四类，即顶膝、抖膝、连膝和飞膝，实战中的膝法一般用于攻击对方的腹部、胸部、肋部和头部。

顶膝法在膝技中运用最多，包括一般提膝向上撞顶、向前冲撞或作斜线冲击的膝法。泰拳手在近距离的纠缠或抱摔时，常常运用顶膝和连膝袭击对方的胸腹部、肋部或腿肌，加大破坏对方的战斗力的机遇，给对手予重创，更有甚者令人气力不继从而结束战斗。膝击的有效利用在于练习者要经过长期的基本功练习，职业的泰拳师膝部表面异常坚硬，腿部弯曲时，膝盖表面较常人更具有平面性，并时常伴有淤青，多数会留下很多永久性的伤疤。

虽然泰拳基本技术包括拳法、腿法、肘法、膝法等，但是比赛实际采用的方法主要是在中远距离以踢腿、蹬腿为主，中近距离主要以肘、膝动作为主，拳手互相以攻对攻，你打我一腿，我打你一腿，以肘防腿，以膝防膝或以肘防膝，你来我往，强攻硬取。泰拳技法以功力为基础，而功力必须通过技法来发挥，技法威力的发挥必须有上乘功力与之匹配，因而只有把两者有机地结合起来，才能成为格斗高手。为适应比赛的高强度对抗，需要身体具备高度发展的力量、速度、耐力等素质及身体对于强力打击的抗击打能力。

第三节 主要竞赛形式与规则

泰拳起源于泰国，流传于世界各地。虽然各个地方都将之与本民族的人文特色所交融，但泰拳比赛的形式与规则却都大同小异。2004年，国际泰拳业余联合会得到国际单项体育联合会承认，同时，将泰拳比赛纳入东南亚运会、亚运会。现今中国及国际官方泰拳比赛使用的竞赛规则就是采用"国际泰拳业余联合会"（International Federation of Muaythai Amateur，IFMA）的竞赛规则。但是，2019年7月，在泰国曼谷举行的国际泰拳联合会年度大会上，该联合会宣布将名字中的"Amateur（业余）"一词变更为"Associations（协会）"，全新的全称为"International Federation of Muaythai Associations（国际泰拳协会）"，协会的缩写将保持"IFMA"不变。另外，在该次年度大会上还公布了全新的会标设计。

一、主要竞赛形式

(一) 握手、拜师舞 (Wai Khru)

1. 握手

在每场比赛的开始和结束,双方运动员应该以得体的方式握手,作为遵照泰拳比赛规则进行的纯体育和友谊竞技的标志。许可次数:握手只能在第一回合开始之前和宣布比赛结果之后,回合之间禁止任何握手行为。

2. 拜师舞 (Wai Khru)

在每一回合比赛前,每位运动员必须根据泰拳习俗,表演泰国传统仪式即表达敬意的"拜师舞(Wai Khru)",不允许表演任何非泰拳艺术形式的其他武术习俗。为舞蹈伴奏使用传统的泰国乐器,包括爪哇管、小锣和两只鼓。

(二) 比赛回合数

在世界锦标赛和洲际锦标赛中,男子比赛和女子比赛都分四回合进行,每回合两分钟。少年组比赛分三回合进行,每回合两分钟。国际比赛,比赛回合数安排通常与上述安排一致,但如果事先经各方同意,也可进行三回合比赛,每回合三分钟,局间休息一分钟。

(三) 国际比赛的体检及体重级别分类

1. 体检

①在称量体重的规定时间内:参赛运动员在称量体重前,必须通过

体检，证明其身体适合比赛，体检由执行委员会指定的医生进行。为保证称量体重程序顺利进行，执行委员会可决定在称量体重之前进行体检。

②体检和称量体重时，运动员应提供其国际比赛记录本，该记录本应由该运动员所属国的全国联合会执行委员会主任签名，其中必填部分应由相关负责人填写。

2. 体重级别分类（以公制计量）

重量级	大于（公斤）	等于或小于（公斤）
Pin 最轻量级	42	45
Light Fly 轻蝇量级	45	48
Fly 蝇量级	48	51
Bantam 次轻量级	51	54
Feather 羽量级	54	57
Light 轻量级	57	60
Light Welter 次沉量级	60	63.5
Welter 次中量级	63.5	67
Light Middle 轻重量级	67	71
Middle 中量级	71	75
Light Heavy 轻重量级	75	81
Cruiser 次重量级	81	86
Heavy 重量级	86	91
Ssuper Heavy 超重量级	91	+

①女子组最高重量级别为轻重量级（75公斤级及以上）。
②男子青少年组与男子成年组一致。
③女子青少年组最高重量级别为轻重量级（75公斤级及以上）。
④为使颁奖典礼的正常举行，每个级别中至少有3名运动员。

(四) 抽签和轮空

1. 抽签

抽签应在体检和称量体重之后进行，抽签时必须有参赛队伍的正式代表在场。必须确保所有的运动员都已完成第一轮次的比赛后，才可以安排运动员进行第二轮次的比赛，在特殊情况下，IFMA 执行委员会有权不执行此项规定。参加第一轮比赛的运动员应优先抽签，然后才是轮空运动员抽签。运动员如果没有参加比赛，不得获得世界锦标赛或洲际锦标赛奖牌。

2. 轮空

如运动员数量超过四个，则在第一轮比赛中，应进行抽签保证有足够数目的运动员轮空，使得第二轮比赛中运动员数量减少至 4、8、16 或 32 名。第一轮比赛中轮空的运动员应在第二轮比赛中首先比赛，如果轮空的运动员数目是单数，则最后抽签抽到轮空的运动员将在第二轮比赛中对阵第一轮比赛中第一场比赛的获胜运动员。如果轮空的运动员数目是偶数，则轮空的运动员应在第二轮比赛中按照其抽签决定的顺序进行第一场比赛。所有运动员至少参加一场比赛，否则，不得获得名次及颁发奖牌。

(五) 拳台要求

1. 拳台面积

拳台围绳内的长度最短为 16 英尺，最长为 20 英尺，拳台距地面高度 90~120 厘米。国际锦标赛的拳台面积为 6.1×6.1 平方米，台面应覆盖

1.5~2厘米厚的毛毡、橡胶或帆布盖单,平台四角设有立柱,立柱要包裹得当以保护运动员。

2. 拳台围绳

设有三条或四条,三条围绳离地高度分别为40厘米、80厘米、130厘米。如有四条围绳,则离地高度分别为40厘米、71厘米、100厘米和130厘米。围绳粗度为3~5厘米,边角分别设有红色、蓝色两个对立角和两个白角,位置安排如下:

红色——正对裁判长,位于拳台较近的左角。

白角——正对裁判长,位于拳台较远的左角。

蓝色——正对裁判长,位于拳台较远的右角。

白角——正对裁判长,位于拳台较近的右角。

3. 台阶

拳台应设有三处台阶,两处设于拳台红、蓝两个对角,供参赛运动员用;一处设于中立角,供台上裁判员和医生使用。

(六) 拳套要求

1. 拳套的使用

运动员比赛佩戴的拳套,应通过IFMA执行委员会批准,由比赛组织方提供其使用,运动员不允许佩戴自己的拳套参加比赛。

2. 拳套规格

拳套重量应为10盎司(284克),其中皮质材料所占比例不应大于总重量的一半,内部填充物的重量不应小于总重量的一半。

3. 拳套监管

IFMA 官方专门委任两位专家，监督拳套和缠手带的佩戴过程，确保整个过程符合规定。在运动员入场比赛之前，这两位专家还将委派安全任务，确保一切符合规定。

（七）缠手带要求

1. 规格

运动员双手都应缠有柔软的外科用绷带，长度不应超过 2.5 米，宽度不应超过 5 厘米，也可以使用韦尔波绷带，其长度不应超过 2.5 米。除此两种绷带之外任何其他绷带都不允许使用。但在手腕上部可以使用一条 7.5 厘米长、2.5 厘米宽的皮条用于固定绷带。

2. 使用

洲际世界比赛所用的缠手带将由承办国提供。每一场比赛中，参赛运动员都应使用全新的缠手带，在比赛即将开始之前由竞赛官员在更衣室提供给运动员。

（八）服装、护具及注意事项

1. 服装

运动员必须穿泰拳短裤，其颜色根据各自所据边角，分为红、蓝两色。运动员上身必须穿无袖衬衫或汗衫，颜色应与其短裤颜色一致。运动员必须佩戴头箍（Mong-Kon），以示神圣庄严，用于比赛前祈祷致敬之用。运动员上臂、二头肌和手腕处可以佩戴含有护身符或避邪物的吉祥环（Krueng-Wrang），但必须遮盖妥当。

2. 护齿

运动员应戴护齿，护齿应按规定正确佩戴。如参赛运动员无自带的护齿，赛事承办国应提供合乎要求的护齿供其使用，该运动员或其所在国家的队伍无须为此付费。

3. 护裆

运动员应穿戴护裆，还可以加穿弹力护身。

4. 护头

护头是运动员装备中的一种，护头与其他装备分离，并按规定形式佩戴牢固。运动员必须使用护头，且护头规格应符合 IFMA 规定。运动员入场后，须先经过介绍并完成泰拳拜师舞（Wai Krhu）仪式后，才可以戴上护头。比赛结束后，运动员应在宣布比赛结果前取下护头。

5. 护腿和护肘

运动员必须佩戴护腿和护肘。护腿及护肘的规格应符合 IFMA 规定，并由比赛组织方负责提供给运动员。

6. 护胸

只有参加 B 组、女子组及少年组比赛的运动员必须穿戴护胸。其规格应符合 IFMA 规定，并由比赛组织方提供给运动员。参加 A 组比赛的运动员无须穿戴护胸。

7. 着装违规

比赛运动员如没有佩戴护头、护裆、护齿，或着装不整洁得当，台上裁判员应令其退出比赛。如运动员在比赛过程中拳套或服装松散，台上裁判员应停止比赛，帮其妥善整理。

8. 注意事项

①比赛中运动员严禁在脸上、手臂上或身体其他任何部位涂抹油脂、凡士林、肌肉生热油或其他可能有害于对手或令其反感的任何类似产品。

②运动员应完全剃须，下巴不允许留胡须，嘴唇上部允许留少量胡须，但其长度不应超过上唇。

（九）运动员助手

1. 规则

每位参赛运动员可配有两位助手，助手应遵守以下规定：

①只有该两位助手可以登上拳台，其中只能有一位进入拳台。

②在比赛过程中，任何助手都不允许停留于拳台之上。在每一回合比赛开始前，助手应将座椅、毛巾、水桶等从拳台上移开。

③助手在拳台边角履行其职责，应为运动员准备一条毛巾和海绵，以备助手认输之用。当助手认为其运动员无法进行比赛，除了台上裁判员数秒时，可以将海绵或毛巾掷入拳台。

④每一届锦标赛的总裁判长应召集参加该届锦标赛的裁判员及运动员助手开会，强调对 IFMA 规则的遵守，并强调运动员如果违反规则，将不只被扣分，还可能被剥夺冠军资格。

⑤每回合比赛进行中，助手不允许对参赛运动员给予建议、帮助或鼓励。如助手违反规定，将可能被警告或者取消资格。因助手的违规行为，台上裁判员也可能会提醒、警告其代表的运动员，甚至取消该运动员的比赛资格。在每回合比赛中，如果任何助手或官员以语言或标语的形式，鼓励或煽动观众给予其运动员建议或鼓励，视为违规，在该届锦标赛中，不允许此人再继续担任助手。如果台上裁判员令其助手离开边

角,则在该场剩余比赛中,不得再次担任助手。一旦该助手被责令离场,则应离开比赛场地,在该阶段的剩余比赛中,不得再次担任助手。如果上述违规情况发生于锦标赛中,该违规助手在整个锦标赛中,都不得再担任助手。

2. 助手着装

助手着装必须得当。不允许穿短裤背心、露趾鞋,或其他不雅观装束,服装颜色推荐全国联合会的统一色。

二、泰拳竞赛规则

(一)运动员的年龄要求

1. 青少年组

最小年龄:不小于15岁;最大年龄:不超过18岁。
青少年组比赛运动员年龄跨度总长为三年,即从15岁生日至18岁生日。

2. 成人组

最小年龄:不小于17岁;最大年龄:不超过35岁。

(二)台上裁判员和边裁判员的规定

1. 台上裁判员

在世界锦标赛、世界杯比赛、洲际锦标赛等国际锦标赛赛事中,每场比赛均应由一名 IFMA 认证的台上裁判员担任，该台上裁判员应在拳台上履行职责，但无权为比赛评分。

2. 边裁判员

每场比赛的评分都应由五位 IFMA 边裁判员执行，该五位边裁判员应紧靠拳台。两位边裁判员应共同就坐于拳台一侧，座位之间应有足够间隔；另外三位边裁判员应就坐于拳台其他三边的中心位置。如果边裁判员数目不够，也可只用三位边裁判员，但此情况不适用于世界杯比赛、世界锦标赛或者洲际锦标赛。

3. 中立性

为确保中立性，每场比赛的台上裁判员和五名边裁判员应由裁判委员会根据以下标准挑选：

①每位选定的裁判必须是经过认证的台上裁判员或边裁判员。

②每位选定的裁判必须来自不同国家和联合会，并与参赛运动员不同国籍。

③每位选定的裁判其国籍地或长期居住地不应是参赛运动员国家的领地、殖民地或附属地。

④在任何裁判所属国家出现变更的情况下，若比赛中有参赛运动员来自该裁判原来所属国，或有台上裁判员或边裁判员来自其原来所属国，则该裁判不应担任该场比赛台上裁判员或边裁判员。

⑤任何情况下，不允许有两位来自同一洲的裁判参与同一场比赛。

⑥决赛的台上裁判员和边裁判员应为经过执行委员会认证的 IFMA 裁判资格人。

⑦如果在某特定情况下，裁判委员会无法执行以上规定，该委员会应以尽可能地保证参赛裁判中立性和公正性的方式，解决具体的困难，并在第一时间将事态通知执行委员会。

⑧如果裁判委员会认为不可能遵照以上规定的情况下，则可由裁判

长或其代表经过抽签决定该具体竞赛的裁判人选。

4. 参赛冲突

在任何比赛中担任台上裁判员和边裁判员，在同一场竞赛或同一系列竞赛中的任何时刻，都不允许担任该赛事的参赛队领队、教练、任何参赛运动员个人或参赛队的助手。如果一场比赛中有其国家的竞争运动员或队伍参加，不得担任该场执行裁判。

5. 惩罚措施

执行委员会如果认为台上裁判员在行使职责时对 IFMA 规则执行不力，或任何边裁判员在比赛评分和计分中表现不令人满意，则经由裁判委员会提出建议，执行委员会或其依法授权的代表，可以暂时或永久地撤销该台上裁判员或边裁判员的职务。

（三）台上裁判员

1. 首要任务

台上裁判员的首要任务是保护参赛运动员。

2. 职责

台上裁判员应在拳台上执裁。台上裁判员应身着深蓝色长裤、浅蓝色衬衫、平底轻质鞋或靴子，并应佩戴黑色蝶形领结。在热带地区，经总裁判长或裁判长同意，可以不戴领结。在执法时，台上裁判员可戴医用手套。台上裁判员应做到：

①严格遵守比赛规则，做到公平公正。
②保持各个阶段对比赛的掌控。

③保护处于弱势的运动员不受到不必要的伤害。

④检查运动员拳套及着装。

⑤使用三个表达指令的词语：

当命令运动员停止时，用"Yoot"（意为"停止"）。

当命令运动员继续时，用"Chok"（意为"开始"）。

当运动员扭打在一起时将其分开，用"Yak"（意为"分开"）。听到此指令，每位运动员应先后退，然后继续比赛。

⑥使用相应的解释手势示意参赛运动员的违规行为。

⑦在每次比赛结束时，收集并检查五位边裁判员的评分表，检查后，台上裁判员应将这些评分表交予裁判长，如无裁判委员会，则交予广播员。

⑧在宣布比赛结果之前，不得以举起参赛运动员之手或其他方式来指出比赛的获胜方。比赛结果宣布时，台上裁判员才可举起获胜运动员之手。

⑨如台上裁判员决定撤销某位参赛运动员的资格或停止比赛，则应首先知会裁判长运动员被取消资格或停止比赛的原因，以使裁判长得以知会广播员，令其将此决定公告于众。

3. 权力

①在比赛任何阶段，如台上裁判员认为双方实力太过悬殊，可随时终止比赛。

②在比赛任何阶段，如参赛运动员一方受伤，台上裁判员认为其不适宜继续比赛，则可以随时终止比赛。

③在比赛任何阶段，如台上裁判员认为参赛运动员不认真对待比赛，则可以随时终止比赛。在此种情况下，台上裁判员可取消其中一位或两位参赛运动员的资格。

④为了保证比赛的公平公正，或确保双方遵守比赛规则，台上裁判

员有责任在比赛中提醒犯规运动员，或停止比赛对运动员提出警告。

⑤在参赛运动员没有立即服从台上裁判员指令时，或任何时候运动员对台上裁判员表现敌对和具有攻击性时，可取消其比赛资格。

⑥在运动员助手违规时可以取消其助手资格，而助手不服从台上裁判员指令时，也可取消其运动员比赛资格。

⑦在参赛运动员严重犯规时，可取消其比赛资格，无论事前有无警告。

⑧比赛中一方被击倒在地时，另一方运动员故意不退回中立角或故意拖延，台上裁判员可以暂停数秒。

⑨比赛中如出现任何没有明文规定的情况，台上裁判员可根据比赛情况，依据规则作出解释，使其适用于比赛的实际情况，并采取相应的措施。

4. 警告

如果某位参赛运动员违反了规则，但其程度不至于取消比赛资格，则台上裁判员应停止比赛。台上裁判员应清楚发出警告，使被警告运动员清晰犯规原因。台上裁判员应用手向每位边裁判员示意已被警告一次，并向其清楚指明被警告的运动员。判罚之后，台上裁判员应下令双方运动员继续比赛，以"Chok"为指令。一次比赛中，如运动员被警告三次，则取消其比赛资格。

5. 提醒

台上裁判员可对参赛运动员进行提醒，提醒的本质，是由台上裁判员对运动员提出建议或者警示，以监督或防止其轻度违反规则的不当行为。提醒时，台上裁判员不一定会停止比赛，也可在一回合比赛中寻找合适且安全的时机对运动员提出违规警示。

6. 台上裁判员的身体素质要求

在任何按此规则进行的国际赛事中执法的台上裁判员，应经身体检查，看其是否适合在拳台上履行职责。台上裁判员的视力至少应达到每只眼屈光度6°，在比赛进行过程中，不允许台上裁判员佩戴传统眼镜，但可以佩戴隐形眼镜。在每次锦标赛前，台上裁判员必须参加由医疗监督组安排的会议。

（四）边裁判员

1. 着装

边裁判员着装应与台上裁判员一致。经允许，边裁判员可另穿外套，外套必须得体。如需要，边裁判员可以佩戴眼镜。

2. 职责

①每位边裁判员都应独立评判两位参赛运动员的表现并根据规则决定胜负。

②在比赛进行中，除了台上裁判员外，边裁判员不得与参赛运动员、其他边裁判员或任何其他人交谈。边裁判员可以提醒台上裁判员任何其忽略的情况，如运动员助手的不当行为、拳绳松动等，但只能在回合结束时提醒。

③边裁判员应在每一回合结束后立即在评分表上为每位参赛运动员评分。

④每场比赛之后，边裁判员应计算分数，选定获胜者，并在评分表上签名，边裁判员的决定应公之于众。

⑤在边裁判员决定公布之前，边裁判员不得离开其座席。

(五) 比赛获胜的判定

比赛获胜可由以下方式决定：

1. 以有效进攻获胜

在比赛结束时，应宣布大多数边裁判员认定取胜的运动员为获胜方。如果双方运动员都受伤，或者同时被击倒，无法继续比赛，边裁判员则应记录双方至此之前各自的有效进攻，有效进攻多的一方应被宣布为获胜方。

2. 因对方退出比赛而获胜

在两回合间如有一方运动员退出比赛，则应宣布其对手获胜。

3. 由台上裁判员停止比赛而获胜

（1）实力悬殊

是指当一方运动员实力悬殊或不适合再继续比赛，又称 RSC。如果台上裁判员认为一方运动员应出局或正受到严厉处罚，比赛应该停止，宣布该运动员的对手获胜。

（2）受伤

①如果台上裁判员认为一方运动员因对手正常击打或其他不违规行为而受伤，不能继续比赛，或因为其他任何身体原因而不能继续比赛，则比赛应停止，对方获胜。这种情况下决定权在台上裁判员，台上裁判员可以咨询医生，咨询医生之后，台上裁判员必须听从医生的建议。在台上裁判员做出决定前，最好同时检查另外一方运动员的身体状况。

②台上裁判员召唤医生入场检查运动员身体状况时，既不允许其他

裁判在场，也不允许运动员助手进入拳台或其外围。

③Rsch：一方运动员头部受到重击，或其因头部连续受到击打而无力防御或无法继续比赛，称为 Rsch。如果一方运动员只是简单地出局，被对方击打并得分，而自己无力击打对方得分，则不适用于 Rsch 规定。

④Rscb：一方运动员除头部外身体任何部分受到重击，使其无力防御，无法继续比赛，称为 Rscb。

⑤强制性读秒次数限制：一名运动员（无论男女）在同一回合比赛中只有三次读秒机会，整个比赛中有四次读秒机会。少年组运动员在同一回合比赛中有两次读秒机会，整个比赛中有三次读秒机会。

4. 因对方取消资格而获胜

如果一方运动员被取消资格，对方运动员获胜。如双方运动员都被取消资格，也应明确宣布。在某赛事中被取消资格的运动员无权获得该赛事的任何奖金、奖牌、奖杯、荣誉奖或成绩。特殊情况下，执行委员会可做其他处理（如无执行委员会，则由裁判长或副裁判长决定。如无裁判长，则由该赛事负责运动员行为规范的相关人员决定）。但是，所有非执行委员会做出的决定，在事件通报给执行委员会之后，如其要求，则应经过执行委员会审查并确认。

5. 击倒对手获胜

如果一方运动员被击倒在地，并在十秒钟内无法继续比赛，则对方运动员获胜。

6. 无法比赛

对比赛有实质性影响的事件发生，如非运动员责任，也超出台上裁判员控制能力，则台上裁判员可在规定距离内停止比赛。如出现拳台受到损坏、照明设备故障、恶劣天气等情况，应宣布"无法比赛"。在锦标赛中，由裁判委员会决定下一步的必要措施。

第四章 泰 拳

7. 不经比赛轻易获胜

比赛开始时,如果一方运动员已经装备整齐进入拳台,准备比赛,对方运动员姓名已经过公共程序宣布,且已响铃达两分钟,对方运动员仍未出场,则台上裁判员应宣布先登场的运动员不经比赛轻易获胜(Walk-over)。台上裁判员应先知会边裁判员在其评分表上做相应记录,而后收齐表格,将该运动员叫至拳台中央,在宣布胜负结果后,高举其手以示获胜。

8. 平局

参加友谊对抗赛的两个俱乐部或两国,在大多数边裁判员对双方运动员评分相同时,比赛结果为平局。

9. 拳台发生台上裁判员无法控制的情况

①一场比赛第一回合或第二回合开始时,响铃后一分钟内如出现意外情况使得该场比赛无法继续进行(如停电),则该场比赛应停止,参赛运动员将在该阶段比赛的最后一场再次对阵。

②如果意外情况发生在一场比赛的第三回合,比赛应终止,应由边裁判员决定比赛的获胜方。

③如果意外情况发生在赛程中某一阶段的最后三场比赛,参赛运动员应在同一赛程中下一阶段比赛的第一场对阵。为此运动员应再次测量体重并进行体检。

(六) 评分

1. 有效进攻

当一方运动员通过用拳击、脚踢、膝盖攻击或臂肘攻击对方(没有犯规），没被对方格挡或防御住而击中目标时，判定为有效进攻。泰拳比赛的击打目标，是指除了裆部之外的任何身体部位。

2. 每回合比赛结束时

每回合比赛总得分 10 分，得分必须为整数。一回合比赛结束时，泰拳技艺更高的运动员应得 10 分，其对手得分相应减少。双方运动员如表现相当，则都得 10 分。

3. 评分步骤

①一回合比赛中，一方运动员以泰拳技艺击打对手次数更多者，本回合获胜。
②一回合比赛中，一方运动员泰拳技艺使用比对手更有力者，本回合获胜。
③一回合比赛中，一方运动员表现比对手更加疲劳，或身上更多淤青，则对方本回合获胜。
④一回合比赛中，一方运动员表现更具攻击性者，本回合获胜。
⑤一回合比赛中，一方运动员泰拳风格更佳者，本回合获胜。
⑥一回合比赛中，一方运动员犯规行为更少者，本回合获胜。

4. 无效进攻

①不以泰拳技艺击打对手时。
②被对手以胳膊或腿成功格挡时。
③虽击中对手，但击打无力时。
④不击打而将对手摔倒时。
⑤击打时犯规的。

5. 评分体系

①每回合比赛获胜者得 10 分，其对手得分相应减少，分别为 9 分、

8分、7分。

②如一回合比赛双方平局时，则双方各得10分。

③以微弱优势取胜的运动员，得10分，其对手得9分。

④以较大优势取胜的运动员，得10分，其对手得8分或7分。

⑤运动员被警告一次，扣1分。如边裁判员同意，对手加1分。

6. 关于犯规

①台上裁判员警告：如果台上裁判员对比赛双方中一方运动员提出警告，则边裁判员可为其对手加1分。如果因为一方运动员犯规且受到台上裁判员警告，边裁判员决定为其对手加分，则边裁判员应在记分表相应栏目内以字母"W"表示，对应犯规方计分栏。如边裁判员不决定加分，则应该在相应栏目内以字母"X"表示，对应犯规方计分栏，并说明相关理由。

②其他情况：在每回合比赛的过程中，无论台上裁判员是否注意到犯规，只要边裁判员亲眼所见任何犯规行为，都要对其严重程度进行评估，并在打分上予以适当的惩罚。如果边裁判员注意到台上裁判员明显没有注意到的犯规行为，决定对犯规运动员施以惩罚，则应在相应栏目里以字母"J"表示，针对犯规方，并表明其原因。

7. 锦标赛比赛结局

所有的锦标赛必须选出获胜方。如果边裁判员发现，整个比赛每一回合都按照规定进行，但双方运动员得分相等，此时边裁判员应宣布以下运动员为获胜者：

①在比赛中具有最强的进攻性，泰拳风格更佳者。

②在比赛中防御（如格挡、闪避、侧步躲闪等）更好，使对方进攻落空者。

(七) 犯规

1. 提醒、警告及取消资格

①运动员如果不遵守台上裁判员的指令,违反比赛规则,违背体育道德的行为,或者犯规,台上裁判员酌情给予提醒、警告或直接取消资格处理。

②台上裁判员可以在不中断比赛的情况下,在适当的时机给予运动员提醒。如果台上裁判员警告运动员,应该先中断比赛,再指出违规之处。然后指出犯规的运动员,同时向五位边裁判员伸手示意。

③台上裁判员在对某一特定犯规行为进行警告后,不能就同一行为再次提醒处理。

④当同一犯规行为累计出现三次,必须进行警告。

⑤在每场比赛中,同一个运动员只能接受三次警告。

⑥第三次警告即自动取消比赛资格。

2. 犯规的类型

①向对手实行咬、头撞、吐痰行为,故意吐出护齿或用拇指按压对手的眼睛。

②用柔道或摔跤技巧摔倒对手或向后弯屈对手腰背部。

③当对手平躺在地上时,摔倒在其身体上。

④当对手已经倒地或正在进行起身动作时,进行攻击。

⑤手握围绳进行攻击,或违反规定使用围绳紧紧锁住对手的手臂或头部。

⑥通过双臂遮盖或故意避免被击中的方式进行完全被动的防守行为。

⑦在场上使用无意义的、具挑衅性的,或冒犯性的用语。

⑧在台上裁判员发出"Yak"的指令时,不做出后退动作,并马上试

图攻击对手。

⑨在任何时候侵犯或攻击台上裁判员身体或用挑衅性的方式对待台上裁判员。

⑩用膝盖攻击对手裆部。如果一方运动员被对方无意以泰拳竞技方式击中而无法继续比赛，台上裁判员将会暂停比赛 5 分钟，以便让被攻击的运动员休息。如果该运动员在 5 分钟的休息后拒绝重返比赛，他/她将会被宣布为负方。

⑪抓住对手的腿向前推行超过两步，而没有使用任一泰拳竞技技术。

⑫当腿部被对手抓住的时候，以故意摔倒的方式避免被击中。

⑬当比赛双方都摔出拳台，如果一方尝试阻挠另一方回到场内，将被视作犯规。

⑭使用任何已被国际奥委会认定的违禁物品。

3. 运动员义务

每位运动员都应对其助手的行为负责。

4. 台上裁判员咨询边裁判员

如果台上裁判员认为某个犯规行为已经出现，而他本人没有亲眼目睹，可以咨询边裁判员。

（八）击倒

1. 运动员在以下情形中被视为"倒下"

①如果他在一次打击或一系列的打击后，以双脚以外的任何身体部位接触台面。

②如果他在一次打击或一系列的打击后，丧失进攻能力倚在围绳上。

③如果他在一次打击或一系列的打击后，部分或全身越出围绳。

④如果他被重击后，没有摔倒，也不倚在围绳上，但是处于意识半清醒状态，台上裁判员认为其无法继续该回合的比赛。

2. 数秒

在一方被击倒的情形下，台上裁判员应立即开始数秒。当某方运动员被认定为"倒下"的状态时，台上裁判员应马上响亮地用泰语从1数到10。

NUENG　＝一
SONG　＝二
SAAM　＝三
SII　＝四
HAH　＝五
HOK　＝六
JED　＝七
BAED　＝八
KOUW　＝九
SIB　＝十

台上裁判员数秒时间间隔为一秒，同时用手势示意每一秒以使得被击倒的运动员意识到数秒的进行。运动员倒地的时间与台上裁判员在数出数字"NUENG"之间，应该间隔一秒钟。如果在台上裁判员的命令下对手不回到中立角，台上裁判员应停止数秒，直到对手执行为止。然后数秒应该从被打断的数字继续。当台上裁判员在某一回合给予两位运动员中任一人数秒的时候，边裁判员应在记分表上标注"KD"。当运动员因为头部被击而被认为"倒下"时，边裁判员应在计分表上标注"KD+H"。

3. 对手的责任

如果一方运动员已经倒下，他的对手应该听从台上裁判员的指示马上去到中立角。只有在被击倒的一方已经站起并收到"CHOCK"的指令时才可继续进行比赛。

4. 强制数八秒

当一方运动员在被击中后处于"倒下"状态时，该回合只能在台上裁判员数到 8 时，方可继续比赛，即使倒下的运动员可以提前继续比赛。

5. 击倒胜（KO）

当台上裁判员已经数完 10 时，该场比赛结束，且被判为"击倒胜"。

6. 在一回合比赛结尾倒下的运动员

在一回合比赛的末尾（不包括世界锦标赛、世界杯、洲际锦标赛或国际锦标赛的决赛最后一回合），一方运动员"倒下"，台上裁判员应该继续数秒。如果台上裁判员数到 10，该运动员应被视为被"击倒胜"而在该回合失败。如果该运动员在台上裁判员数到 10 之前能够再次进行比赛，台上裁判员应马上发出"CHOCK"的命令。

7. 再次被击中之前第二次倒下

如果运动员在一次打击之后倒下，在数到 8 之前已能继续该回合比赛，但没有受到再次击打之前又倒下，台上裁判员应该继续从之前停止的 8 数起。

8. 双方运动员都倒下

如果比赛双方运动员在同一时间倒下，只要其中一方仍然处于倒下状态，数秒不应停止。如果双方运动员在数到 10 的时候仍然处于倒下状态，该回合将会中断，比赛胜负结果根据双方在倒下之前所获得的相应分数而定。

9. 运动员无法重返比赛

运动员在中场休息结束时无法重返比赛或者在受到打击后无法在 10 秒内继续比赛，将被视为在该场比赛落败。

10. 强制数秒次数限制

如果运动员在同一回合经过 3 次强制数秒或者在整轮比赛中到 4 次强制数秒（被称为 RSC 或者 RSCCL），台上裁判员应该停止比赛。

（九）医生以及医疗程序规定（KO 和 RSCH 后）

泰拳的医生应该是针对运动项目特点，受过专业训练的。医生必须就座于紧靠拳台的特定位置，直到比赛最后一回合结束。医生的职责如下：

1. 在称量体重之前

检查运动员的身体健康状况，并确定运动员是否适合进行比赛。

2. 对裁判员

根据要求给予台上裁判员相应的指导。

3. 对昏迷的运动员

如果运动员被认为处于昏迷状态，只有台上裁判员和检查的医生可以留在拳台上，除非该医生需要额外的帮助。

4. 医疗服务

如果运动员在比赛中因头部受重击或在一系列重击后失去自卫或继续进行比赛的能力，而导致台上裁判员中断比赛，医生应该马上为该运动员做身体检查并在负责该场赛事的官员陪同之下把运动员送回家中或者合适的住处。场外医生应该尽快联系神经科医师到达，后者可以为运动员在24小时内进行进一步治疗并协助在四周时间内观察病情。

5. 重创运动员康复观察时期

①一次KO或者RSCH：如果运动员在比赛中因头部受重击倒地，或在一系列重击后失去自卫或继续进行比赛的能力，令台上裁判员中断比赛，该运动员在被KO后，至少四周内不允许参加泰拳比赛。

②两次KO或者RSCH：如果运动员在比赛中因头部受重击倒地，或在连续两次重击后失去自卫或继续进行比赛的能力，令台上裁判员中断比赛，该运动员在第二次KO或者RSCH后的三个月内两次被击倒。

③三次KO或者RSCH：如果运动员在比赛中因头部受重击或在连续三次头部重击后失去自卫或继续进行比赛的能力，令台上裁判员中断比赛，该运动员在被第三次KO后，一年内不允许参加泰拳比赛。

④每次头部受重击被KO或RSCH都必须记录在运动员手册中。

6. 重创运动员康复观察期之后的医学鉴定凭证

如果运动员处于前文所提及的三种状态之一，经过休息后打算继续进行泰拳比赛，必须在神经科医师的检查下辅以特殊检查，如EEG（脑电图检查）。必要时加查CCT（眼底病变），以确认是否适合继续参加泰拳比赛。检查的结果和医师对其返赛的批准必须记录在运动员手册上。如果台上裁判员曾因运动员在比赛中头部受重击后失去自卫或继续进行比赛的能力而不得不中断比赛，必须向裁判长和边裁判员说明情况并提示其在评分表上标注"RSCH"。术语"RSCH"只能用在运动员在经历了比赛中因受重击失去自卫或继续进行比赛的能力的情况下获得救护之后，不能用于运动员实力悬殊或者被对方多次有效击打而自身没有得分的情况。

7. 保护措施

任何运动员在经历了多次头部击打而落败，或者在连续多次比赛中被击倒之后，如果医务官员觉得有必要，可以建议其至少四周内不允许参加泰拳比赛或训练。另外，在训练期间出现的 KO 情况，同样应该采用所有保护措施。

参考文献

[1] 陈国荣. 泰国拳 [M]. 北京：人民体育出版社，1993.

[2] 刘聪. 我国泰拳运动发展的困境与路径选择 [D]. 武汉：武汉体育学院，2018.

[3] 赵宗基. 浅析武术散打和泰拳的差异性 [J]. 中华武术（研究），2018，7（8）：30-32，11.

[4] 高敏. 泰拳的研习方法及身体的生物适应性研究 [J]. 运动，2018（20）：152-153，129.

[5] 吴鹏. 泰拳在我国发展现状及对策分析 [J]. 当代体育科技，2015，5（1）：157，159.

[6] 高伟. 泰拳与中国武术技击风格特点形成的文化背景溯源 [J]. 中华武术（研究），2012，1（4）：28-30.

[7] 李春木. 中国泰拳运动的开展现状与发展方略研究 [C] //中国体育科学学会. 第九届全国体育科学大会论文摘要汇编（2）. 中国体育科学学会，2011：325-326.

[8] 国际业余泰拳联合会（IFMA）. 泰拳竞赛规则 [C] // IFMA&IFA. 泰拳和自由搏击教练员裁判员培训班讲义. 泰国，2019.

第五章 柔 道

柔道在日本有着悠久的历史，在其兴盛的时代一度发展到数百个流派，成为了日本武士群体的必修课程，这一盛况一直延续到江户末期。从明治维新之后，日本传统武士阶层衰落，"禁武令"的实行使武士阶层引以为荣的传统武技成为了"禁术"，这些以杀人为目的的传统武技与新社会运行准则格格不入，武士们被迫改头换面，日本武道项目在社会的生存状态进入一个低谷。随着改革的深入传统武道项目的生存状态在一些武术家的努力下逐步改变，并逐步转变成具有民族文化特色的现代体育运动，从而进入了一段新的发展历程，并且又一次达到了发展的巅峰，时至今日，这一盛况仍在延续。对柔道从传统武技向现代运动的转变过程进行详细的分析，展示柔道由盛转衰继而由衰变强的发展历程，了解变迁发展的关键举措，对中国传统体育文化的改革发展有很好的借鉴价值。

第一节 概述

一、柔道的起源

柔道发展至今经历了漫长的历史变迁，关于日本柔道的历史有两种主要的观点，一种认为在公元前1世纪左右已经在日本萌芽，《日本书记》垂仁7年条目中记载野见宿祢与当麻缴速角力，宿祢把墩速的腰踢断，这些记载被看作是日本相扑和柔术的起源。在后来的技术发展中出现分化，一者发展成以表演为主的相扑，二者则发展成以实战为目的武技柔术。但是这个时候还没有产生柔术这一名称，在技术上与后来的柔术也存在较大的差异，因此，很多学者并不认同日本柔术起源于公元前1世纪左右。到16世纪左右日本社会中出现了技术体系成熟的技击术和技击名家，如著名的竹内久盛，其研习的技术称为"小具足"，被认为是柔术的前身，柔道中的竹内流就是在竹内久盛的基础上发展起来的。到德川时代荒木派、梦想派、制刚派、关口新派，以及涩川派、起倒派、扬心派、极心派、天神真杨派等众多流派兴起，这些流派的兴起为武士阶层的崛起提供了"武器"。这也就形成了第二种观点，这种观点认为真正意义上柔术源于这个时代，而竹内久盛也被视为柔术的开创者。可以肯定的是到江户时代，日本的柔术已经盛行，这个时期武术阶层是社会的中流砥柱，而据统计这个时期的武技有弓术45种、马术61种、剑术620种、枪术122种、炮数172种、柔术167种。在江户时代柔术是武士的必修课程，在日本国内的柔术流派达到了百余种，这种盛况一直延续到19世纪武士阶层的落幕，柔术在1862年从本国武学科目种消失，这也成为了柔道发展的转折点。

日本柔道在发展的过程中与中国武术产生了密切的关系，更有学者认为日本柔道源于中国武术，如日本权威著作《国民百科大辞典》（1935年版）第十二卷对于柔术是这样记载的："柔术是以原来中国拳法为开始"；松本芳三和浅见高明合著的《柔道入门》前言中说："柔（术）道是中华民族固有的防身自卫技术。"虽然这些观点仍有待进一步考证，但是可以肯定中国武术为日本柔术的发展提供了很好的养分。从史实而言，明朝时期日本柔道杨心流秋山四郎曾到中国学习柔术3手、活法28种，归国后创造了捕手三百手。最为著名的是明末清初渡海前往日本的陈元赟，其居住在江户西久保国昌寺，带去了大量的优秀中国文化，如老庄哲学、公安派诗文、少林武术、赵子昂派书法和新的陶瓷制造工艺等，为中日文化交流做出了重要的贡献。陈元赟居住在西久保国昌寺期间，以少林派武术教授寺中僧侣圭佐、久圆等,并且曾向福野七郎右卫门、三浦与次右卫门、矶贝次郎左卫门传授中国拳术,而福野七郎右卫门后来创立了柔道流派福野流,三浦与次创立了三浦流,矶贝次郎左卫门则创立了矶贝流。而福野和三浦开创的流派对日本柔术的发展产生了巨大的影响,例如,良移新当流是以福野流为基础创立,福野流和三浦流的融合则形成了后来著名的起倒流。因此,虽然不能说日柔道源于中国武术,但是从日本柔道的发展历程而言确实受到中国武术的影响,而陈元赟对日本柔道发展的巨大贡献也被日本人铭记,至今在东京爱岩山留存的日本永安年间石碑上记载着"拳法之有传,自投化明人陈元赟而起"。

二、柔道的近代变革与发展

到近代,社会的变迁使传统柔术赖以生存的土壤被破坏,开始衰落。19世纪日本的明治维新开启了日本改革的大门,最初的社会改革对柔道的传统造成了极大的影响。但是随着改革的深入,西方体育运动项目开始大规模的进入日本,日本国内大批知识分子也开始认识到国民体质对一个国家的重要性,如福泽谕吉提出了将剑、枪、骑马等项目纳入学校教育中,日本国内从西方聘请大批的专家对学校教育改革进行指导,从健康观念、体育思想对学校教育进行改革,期望通过教育来提升国民的健康水平。随着社会对国民健康的重视,以及社会上西方体育运动和生活方式的盛行,为柔术的复兴创造了条件。在西方体育盛行的学校体育背景下,日本开始反思具有传统文化属性的武道项目在学校、社会的发展,并涌现出一大批专家,开始着手对传统武道项目的改革,弓术、剑术、柔术、空手道等传统项目在这一背景下获得新生。柔道复兴中的关键人物嘉纳治五郎年少时从柔道的练习中获益,并由此确立了"柔道复兴"的奋斗目标,在他的努力下日本面临窘境的传统柔术得以焕发生机。

嘉纳治五郎是近代日本历史上的一个重要人物,他被称为"体育之父""柔道之父""教育之父"。作为柔道之父他改革了柔道并将其推广成一项世界性运动。作为教育之父他曾是筑波大学校长,是近代日本师范教育和中等教育的领军人物,他是近代日本留学生教育的开创者。影响了中国近代走向的一大批著名学者和革命家,如陈独秀、黄兴、宋教仁、章炳麟、鲁迅、胡汉民、杨度等人都是他的学生,并对中国的体育和教育产生了深远的影响。嘉纳治五郎由于体弱18岁开始学习柔道,先后学习了天神真杨流与起倒流柔术,并且达到了非常高的技术水平,此后嘉纳治五郎开始了对柔术的改良。嘉纳治五郎柔道学习经历使其认识到,柔道不仅可以防身自卫、强身健体,对个人的心性修养也有很好的提升作用。但是当时柔道技术的问题在于这一技术体系是建立在传统生死决这一目的基础之上,其技能易于造成死伤,因此必须对柔道的技术体系进行改革。

通过对比西方体育运动后嘉纳认为柔术的变革必须朝着凸显教育性和游戏化的竞技体育方向发展。因此,嘉纳确立了"体育、胜负、修心"的改革理念。胜负既是以攻防格斗、掌握技术的学习为主;体育法则是要通过联系获得强健的身体,提高各项素质;修心法则是通过学习培养优良品质。在这一理念的基础上嘉纳对"天神真杨流"和"起倒流"以及其他技术进行改革,剔除了其中"作""崩""挂""投""固"等关键技术中的掰手指、身体挤压等伤害动作,稍有危险的动作保留在"形"的练习中,杜绝在"乱取"中使用。并且设计了专门的服饰,做到保护与实用兼具。在对动作改革的基础上将技术分成"投技、固技、当身技"三类。其中投技分为立投和舍身投两种;固技分为抑技、绞技和关节技;当身技分为手技和足技。在技术体系上从摔法到倒地后的控制对手以及中间过程的踢、打动作都条分缕析,从而在技术模块上为柔道教育的实施提供了明确的思路。而在教学程序上,即教学内容的主次先后也有明确安排。譬如在"形"的教学中,作为前人总结出的短小精确的格斗动作组合,让学习者按部就班、一招一式地演练,其过程要经历"守、破、离"的三层递进式习练体悟,不仅反复模仿先人的技击动作而且不断琢磨其技击理念,进而追求突破、逐步形成个体的技击风格。而在"乱取"

的教学中确立了以投技为主，固技为辅的技术发展方向，在"千招会不如一招熟"的思维下强调形成以个人理解为基础的"得意技"，且比赛时鼓励使用最能体现东方文化的投技。

最为重要的是，嘉纳治五郎不仅从技能层面对柔道进行了改造，从文化层面也采取了相应的改革措施。将柔道项目与传统文化联系起来，塑造成为培养精神和行为习惯的文化项目。如在柔道的习练中贯穿着以礼始、以礼终的文化理念，并且对柔道学习者的言行举止做了详细的规定。这些规训手段主要包括入门登录、修行者须知、每年的开镜式、月次比赛、红白比赛、寒稽古、暑中稽古的习练规定和仪式，这些规定和仪式不仅规范着习练者的言行，也磨炼着习练者的意志品质。在嘉纳治五郎的努力下，柔道开始渗透到习练者生活的方方面面，柔道不仅成为了一种体育运动，更是一种生活方式。嘉纳治五郎还在柔道教学的过程中设置了讲义和问答环节，使得柔道从一个以力相争的运动项目蜕变成为一种理念和哲学的探讨。嘉纳本人对柔道的内涵进行了进一步的提炼，并提出了"精力善用，自荣共荣"的运动内涵，柔术也由此从一种格斗技术蜕变成为一种关于追求自我提升、塑造精神力量、培养社会责任的文化载体。由此，嘉纳从技术动作、教授方式、项目内涵等方面对柔道进行了全方位的改造，赋予了柔道全新的内涵和形象，柔道从改造中获得新生。

为了更好地传播柔道，嘉纳治五郎于1882年创立了"讲道馆"，开启了近代柔道发展的大幕，讲道馆在嘉纳治五郎的带领下成为了近代柔道的讲道馆流，1883年嘉纳治五郎创立柔道段位制，这也在一定程度规范了近代柔道的发展。目前柔道段位制仍在沿用，最低级为6级，为白腰带，以此升级为5级，为黄腰带，4级为橙腰带，3级为绿腰带，2级为蓝腰带，1级为棕腰带。更高级别是10个大师级别，即"段"，前五个级别的人带黑腰带，他们中的级别通过腰带一角上的横向白色镶边的数量加以区分。6~8段系红白色腰带，9~10段系红色腰带。1885年讲道馆柔术以压倒性优势获得日本警视厅武术大会桂冠，在这一年，柔道成为警官职业训练内容，在日本武术界取得了举足轻重的地位，此后嘉纳治五郎便开始着手柔道推广工作。文部省从 1883 年开始至 1905 年 20 多年所展开的数次关于柔术、剑术作为学校正科的调查，期望将柔道变成学校体育的正式教学内容。1889 年嘉纳治五郎做了有关柔道教育价值的演讲，引起了巨大的反响。自 1889 年日本设立国会以来，在国会中关于体育问题的议案，大多数与"武道正科"提案相关，武道正科就是要把柔道等运动项目变成学校的正式教学内容。

日本国内很多人不满足于柔道在学校中的选修性质，自 1896 年举行第 10 次国会开始，到 1908 年第 24 次议会，几乎每次会议都会接到将柔道、剑道等日本武道加入学校正式教学科目的提案。但是直到 1926 年也未能改变传统武道课程的选修课地位。1911 年师范和中等学校体操课中开始采用柔道，1931 年成为师范学校、中等学校体操课的内容。第一次世界大战后，日本国内愈加认识到武道教育和精神教育的重要性，政府于 1931 年颁布了中学校令施行规则的修改法令，其中第 13 条规定："体操（体育）课，应教授体操、操练、剑道、柔道、游戏及竞技。"柔道、剑道完成了武道课程由选修课向正课的转变。同时，柔道的国际传播工作也在继续着。为了向西方推广柔术，1890 年嘉纳治五郎访问了里昂、巴黎、布鲁塞尔、柏林、哥本哈根、斯德哥尔摩、阿姆斯特丹、海牙、鹿特丹、伦敦等地，在这些地方进行讲学和表演，取得了良好的效果。此后，日本国内的柔道教师和运动员开始走向各国，讲道馆柔道开始在各地发展，到第二次世界大战结束后，柔道已经在 120 多个国家普及开来。

三、柔道的现代发展

19 世纪初期，柔道在欧洲的发展已然十分兴盛。1948 年，欧洲柔道协会组成，并召开了国际大会。在此基础上，1952 年正式成立了国际柔道协会，嘉纳治五郎的儿子嘉纳履正代会长，确立了"向世界普及讲道馆柔道，增进柔道家之间的友谊与交往"的宗旨。1956年，在东京召开了第1届世界柔道锦标赛。1961年，柔道入选1964年东京奥运会正式比赛项目，使柔道的普及度大大增加。目前，柔道已经成为我国"全国运动会""大学生运动会""青少年运动会"等高级别比赛的比赛项目，此外，亚运会、世界军人运动会等比赛中也设置了柔道项目。到目前为止，全球共有205个国家加入了国际柔道联合会，其中，欧洲51个、亚洲44个、大洋洲20个、非洲54个、美洲36个。全球注册柔道运动员共计40000多人，其中，非洲3700多人，亚洲7900多人，欧洲23000多人，大洋洲800多人，美洲5200多人。由此可见，柔道目前已经成为了遍布世界的体育运动。但对于柔道成为奥运项目，作为发源地的日本有两种不同的观点，一种观点认为奥运为柔道的发展提供了很好的平台，助推了柔道的普及，柔道如今的影响力与成为奥运项目密不可分；另一种观点则认为奥运会作为竞技体育的舞台，其以求胜为目的的性质弱化了柔道的传统文化性质，使柔道的技术体系加速异化，与传统柔道的内涵背离越来越严重。以上两种观点都是以现实为基础，这也是作为传统文化项目所必然面临的挑战，在传统与现代这个二元价值观的张力之下，必然会使项目的发展呈现出分化。

第二节 主要技术内容[1]

柔道的技术体系分为三个部分，分别是基本技法、型和乱取。

基本技法包括投技、固技、当身技。投技是指摔的技术，包括立技、舍身技。立技分手技、腰技、足技，舍身技又分真舍身技、横舍身技。固技是指控制对手的技术，包括固技、绞技、关节技。当身技是指踢打技术，包括手技和足技。

---

[1] 古武网 [EB/OL]. http://www.6okok.com/fangshenshu/roudao.

柔道的形包括投的形、固的形、柔的形、讲道馆护身形、捕足、极的形、古式的形、刚的形等。乱取是指两者相互的配合练习。

柔道的基本技法还包括礼法、姿势、组手、受身等重要内容。礼法是柔道学习的入门，柔道训练中贯穿着以礼始、以礼终的理念，更为重要的是礼体现着一个人的德行修养。柔道的礼包括立礼、正坐、坐礼三种。柔道的姿势是动作的开始，柔道姿势包括自然体、左自然体、右自然体、自护体、左自护体、右自护体。组手包括基本组手、反组手、拆；受身则包括四种后受身、前受身、横受身、翻滚受身。

一、投技动作及方法

1. 大腰

使对方从前或右前方失去平衡，用右（左）手搂住对方的腰，将对方背在腰上进行摔的技巧叫大腰。基本方法如下：

①右实战姿势组合，用右手提对方左上衣襟，左臂抬肘左手拉对方右袖，挺胸同时两手用力提拉，使对方身体重心向前。

②用右脚向前移动，再用右脚向对方右脚内侧落步，同时转腰。

③把左脚向后退一步，腰向下沉成半蹲姿势，同时右臂向对方左腋下插入，用右手搂住对方的腰。

④将对方背在腰上，将膝伸直并提腰，将对方背起，向右前方摔。

⑤用腰做支点，使对方大幅度地向右前方倒地。

2. 钩插腰

用两手将对方向前方提拉，使对方向前方或右前方失去平衡，自己向后转身，将对方背在腰背上向前摔的技巧。基本方法如下：

①用实战姿势成右组合，用右手拉住对方左襟上提，左手拉对方右袖，向正前方提拉使对方失去平衡。

②用右脚向前移动，向对方的右脚内侧迈步，同时缩身转体向对方体前插入。

③用两手的提拉动作把对方拉紧，使对方失去平衡，用左脚向对方的左脚内侧插步，将身体贴紧在对方体前。

④使对方的身体充分地放在腰上，两膝伸直，将对方提举起来。

⑤将身体向左扭转，用两手的动作，将对方摔倒。

3. 大外刈

使对方向右（左）后方或后方失去平衡，用右（左）腿向对方支撑身体重心的右（左）腿的斜后方切别，这种摔的技巧叫作大外刈（切别摔）。基本方法如下：

①成右实战姿势相组合，右臂上提，左臂抓对方的衣袖向自己的左腋下拉，同时右脚向前移动，上体前倾，用左脚对方的右脚外侧迈步，使对方向右后方失去平衡。

②用左脚支撑身体重心，用右大腿大幅度地向上抬举。

③脚尖向斜下，用膝后部猛力撞击对方的膝后部。

④用右腿猛力撞击的同时，双手用力向后推。

⑤使对方在不举腿的情况下，向后仰卧倒地。

4. 大内刈

当对方向后或左（右）后方失去平衡，重心落在左脚上时，用右腿里勾，使对方向后仰卧摔倒，叫作大内刈。基本方法如下：

①成右实战姿势组合，对方横向迈步取防守姿势。

②用后脚向后移动，右脚后拉，再把右脚向对方两脚间插入，用右手向对方的左肩部推，左臂提举，使对方身体重心落在双脚后跟时，向左后方失去平衡。

③把左脚靠近右脚后跟，身体重心移到左脚上，用右腿向对方的两腿间贴脚跟插入。

④右手用力推，左手协助推拉，右腿继续插入。
⑤使对方向左后仰卧摔倒

5. 膝车

一方用力使对方向右（左）前方倾倒，其身体重心落在右（左）膝上，再用左（右）脚内侧做拦点拦对方右（左）膝，使其摔倒。基本方法如下：

①双方以实战姿势相组合，对方将右脚后退一步成左实战姿势。

②本方右脚向前迈步，在对方的左脚前，把身体向左转动，用右手抓对方左胸襟上提，左手抓对方右袖向左拉，使对方身体重心向右前倒。

③本方用右脚支撑身体重心，用左脚内侧向对方右膝处侧拦踢。

④本方两手用力提拉，身体随之左转。

⑤使对方失去平衡，重心前倾，向右前方摔倒

6. 扫腰

是先把对方拉向自己使其向前失去重心。用右（左）腰的后部贴在对方左（右）腹上，再用右（左）大腿别住对方支撑身体重心的左（右）腰部，把对方向前拉，使其摔倒。基本方法如下：

①成右实战姿势组合，一方把右脚向前迈、身体左转，用右手抓对方左领向上提，左手抓对方右外中袖向上拉，使对方的身体重心移到右脚尖上，随之向右前方失去重心。

②一方左脚脚尖向外从前向后绕着退步，落在对方的左脚前。将自己的右后腰和对方的下腹部贴紧，将对方浮起来。

③一方用左脚支撑身体重心，右腿轻轻地抬起把对方的右腿从前向上举起、用力撩踢。

④把对方向前大幅度地转体摔倒。

7. 体落

是将对方向右（左）前方拉，再把右（左）脚移到对方支撑身体重心的右（左）脚外侧作为支点，两手配合用力将对方摔倒。基本方法如下：

①用右实战姿势组合，一方右脚移向对方的两脚前，左脚稍向后退，右手抓左前领向上提。左手抓右外中袖处抬起肘臂向上拉，使对方的身体重心移向右前上方。

②一方身体左转，左脚移向对方左脚前，两手用力配合使对方进一步失去平衡。

③一方把右脚轻轻移向对方右脚外侧，两人右脚成交叉。

④右手顺势拉，左手改变方向由上向下拉。

⑤对方在一方右脚支点的作用下，大幅度地向前转体摔倒，成左侧倒姿势。

二、固技动作及方法

1. 袈裟固

是指一方成仰卧姿势，从侧面或头部将对方颈部搂住和夹住手臂的姿势。基本方法如下：

①使对方成仰卧姿势，从其右侧开始进攻。

②用左臂抱住对方右臂夹在左腋下，左手抓住对方的右衣袖外侧。

③用右臂从对方的左肩上抽进抱住脖子，右手抓后衣领（崩袈裟固时左手在对方的左腋下撑地或是抓住后衣领）。

④双膝稍弯屈，右脚向前，左脚向后撤。

⑤把双臂抱紧，身体重心移到对方的右腰处、挺胸，把对方的胸部压住。

2. 上四方固

是当对方身体成仰卧时，一方从其头部用上体压在对方的上体上，两手抓住腰带，两肘夹紧对方的两肘，以控制对方。基本方法如下：

①对方仰卧，一方跪在对方头上方。

②两手从对方腋下插入，抓住对方的腰带，限制住对方的两臂。然后用两膝固住对方的头，随着将上体趴在对方的上体上。

③一方在做动作时，两脚不要伸直，腰用力向前屈，两手往下拉，两肘夹紧，头向一侧，用胸和头压住对方。

3. 肩固

是指对方仰卧，一方俯卧时从对方的侧面用左（右）臂抱住其颈部和右（左）肩控制对方的技术。基本方法如下：

①对方仰卧，一方在其右体侧位置。

②用两手拉住对方的右肩，向自己的脸部贴紧。

③接着上体俯卧，用右臂从对方的左肩上经颈下抱住对方的右肩和颈部，用右手和左手拧成十字形。

④右腿弯屈，用右膝向对方的右下腹部顶住，左腿向侧面伸直。

⑤低头、两肩固紧。

4. 纵四方固

是对方仰卧，一方在其身上成骑马姿势，用两腿夹住对方的身体（躯干）限制对方转动，并固住对方的颈部和肩部的技术，叫作纵四方固。基本方法如下：

①当对方仰卧时，在对方的身上成骑马姿势俯卧。

②用肩固的要领，右肩和右颈部固住对方的右肩和右颈部，把两手扣紧。

③用两腿夹住对方的身体，在对方的臀下部把两脚脚尖扣起来，展

开两膝。

④上体下沉，两腿、两臂收紧，向对方的上体贴紧。

5. 崩上四方固

是在上四方固技术基础上变化而来的。对方仍是仰卧姿势，一方姿势和位置不变，只是将一手从对方腋下插入，另一手从对方的肩后插入，仍用上体压住对方。基本方法如下：

①对方仰卧，一方在其右肩近处跪下，将腰前屈。

②右手从对方右腋下插入，四指朝里，抓住对方的后领子，抱紧右臂。

③用左手从对方的左肩下插入，从背后勾拧住左横带。

④两脚屈，脚尖不能立放，重心降低，脸向侧贴在对方的腹部。

⑤两臂收紧，挺胸，用上体压住对方。

6. 腕挫十字固

是当一方和对方的身体成十字形，可用两手抓住对方的右（左）手腕，用两腿内侧夹住对方的上臂，将对方的右（左）臂拉直，把肘关节固定住并向反方向逼的技术。基本方法如下：

①对方成仰卧姿势，一方在对方的身体右侧。对方伸直右臂想抓一方的衣领时，一方用两手（拇指朝内，四指朝外）抓住对方的手腕，往上提。

②一方稍将腰上抬，用右脚尖蹬在对方的腋下，左膝弯屈，臀部接近脚后跟成蹲的姿势，同时左腿向对方的头部压去。

③左腿从对方的头部向左肩下伸直贴紧。用双膝夹住对方的右臂，挺起下腹部，身体后仰，用双手拉紧对方的手臂固住。

7. 腕挫腋固

是一方把对方的左（右）臂用右（左）腋部夹住，伸直双臂，把关节固住的技术。基本方法如下：

①双方用右实战姿势组合，一方左脚后退与对方的距离拉开，另一方的右手拇指朝下抓住对方的左手腕，左手的拇指朝下横着也抓在对方的左手腕上。

②一方在两脚后退的同时，把对方的左臂向前拉直。身体左转，用右腋部夹住。

③将腰下沉，压在对方的左肩上固住。

三、绞技动作及方法

1. 十字绞

是两臂十字交叉两手握住对方左右衣襟，两手用力勒绞对方颈部。这种技术叫十字绞。根据绞的手法的不同可分为片十字绞、逆十字绞、并十字绞。

①片十字绞：一方骑在对方腰部，两腿夹紧，两手交叉，一手的拇指朝内，另一侧手拇指朝外，握对方两侧衣领深处，用力绞。

②逆十字绞：一方骑在对方腰部，两腿夹紧，两手交叉，两手拇指朝外，其余四指朝内，握住对方两侧衣襟深处，用力绞。

③并十字绞：一方骑在对方腰部，两腿夹紧，两手交叉，两手拇指朝内，其余四指朝外，握住对方衣襟深处，用力绞。

2. 裸绞

是从对方的后方，用右（左）臂从对方的右（左）肩上向前伸出。用前腕部在对方的喉部贴紧，另一只手和右（左）手扣紧，进行绞技。基本方法如下：

①对方采用伸腿坐立姿势，一方用左膝跪，右膝立在对方背后的位置。用右手从对方的右肩上伸出，向前颈部插入，前腕贴紧其颈部。

②左手手背朝上从对方的左肩上伸出和右手扣紧。

③把右脸部贴在对方的左脸上，身体重心稍向下沉，向后用力拉。并向对方的后头部用力压，迫使对方头前屈，把两臂拉紧，进行绞技。

3. 送襟绞

是在对方的背后用右（左）手从对方的右肩上顺着衣服握住左（右）横衣领，左（右）手从对方的左（右）腋下抓住右（左）前衣领，两手拉进行绞技。基本方法如下：

①对方采取伸腿坐立姿势。一方在对方的背后，取左膝跪地、右膝屈立姿势，左手从对方的左腋下插入，抓住左衣领拉紧。

②右手从对方的右肩上伸到颈部，拇指朝内抓住其左衣领深处，左手换抓其右衣领。

③一方把右脸贴在对方右脸部，把上体贴紧对方背部，稍微向后退再向右转，迫使对方身体重心不稳，右手拉、左手向下做绞技。

4. 片羽绞

是在对方的背后用右（左）手从对方的右（左）肩上抓住左（右）横衣领。左（右）手从对方的左（右）腋下插入，将对方的左（右）臂向上控制住，然后前插在对方的后颈部做绞技。基本方法如下：

①采用送襟绞基本练习同样的要领和位置，用两手握住对方衣领。

②用左手把对方的左臂抬起并控制在自己的胸前。

③左手腕、手指伸直，手背朝外，从对方颈后向自己的右腋下插入，右脚随着身体向右转，在对方的身体后面扭转着拉，把对方的右腕贴在胸部拉紧，勒住做绞技。

第三节　主要竞赛形式与规则[1]

一、柔道的竞赛场地

比赛场地面积最小为 14 米×14 米，最大为 16 米×16 米，场地必须是用榻榻米或类似榻榻米的合适材料铺设，颜色通常为绿色。比赛场地分为两个区域，区域之间应有一个约 1 米宽，通常为红色的危险区。危险区与比赛场地四周平行，并构成整个比赛场地的一部分。危险区以内并包括危险区称为比赛区，其面积最小为 9 米×9 米，最大为 10 米×10 米。危险区以外称为安全区，其宽度约 3 米（不能小于 2.5 米）。在比赛区中央相距 4 米应分别标出 25 厘米长、6 厘米宽的红色和白色标志，指出比赛者在比赛开始和比赛结束时的位置。红色标志应在主裁判右侧，白色标志应在主裁判左侧。当使用两个或两个以上相邻的比赛场地时，允许在两个场地之间共用 1 个不小于 3 米的安全区。比赛场地必须设在有弹性的地板或后台上，在比赛场地周围要保留一个不小于 50 厘米的空间。

二、柔道竞赛服装

在练习和比赛柔道时，必须赤足穿柔道衣进行。柔道衣分为上衣、下衣（裤子）、腰带。上衣的长度要求遮盖住臀部，袖子长度要求稍微超过前臂的中部，袖口和前臂最粗的部位有 5 厘米以上的空隙。下衣的长度要求稍微超过小腿的中部，裤腿和小腿最粗的部位必须有 7 厘米以上的空隙。腰带，为了防止上衣散开，要打结扎紧，结的两端须余有 15 厘

---

[1]　中国柔道协会官网 [EB/OL]. http://judo.sport.org.cn.

米的长度。比赛时，双方运动员要系不同颜色的标志带。柔道衣各部位的名称，有左里领、左前领、左里袖、左中袖、前腰带、左横带、左袖口、左内裆、裤腿口、左横领、后领、左后带、后腰带等。右面各部位名称与左面相同，只是有左、右之分。

三、柔道竞赛规则

级别：柔道比赛按运动员体重分为 8 个级别。男子是 60 公斤级、65 公斤级、71 公斤级、78 公斤级、86 公斤级、95 公斤级、95 公斤以上级和不分体重的无差别级。从 1988 年第 24 届奥运会开始，不设无差别级比赛。女子是 48 公斤级、52 公斤级、56 公斤级、61 公斤级、66 公斤级、72 公斤级、78 公斤以上级和无差别级。1992 年第 25 届奥运会列入的女子柔道项目除无差别级外，其余各级均列入了比赛。

赛制：一场比赛的时间：男子为 5 分钟，女子为 4 分钟。比赛设 3 名裁判员，主裁判在场上组织运动员进行比赛，并评定技术，宣布胜负。相对两角各有一名裁判，评定分数和运动员在场上的表现。

技术判定：根据运动员使用的技术，按其效果和质量评为 4 种分数。

1. 一本

站立时使用的技术有速度、有力量，把对方摔成大部分的肩背着地；把对方的背固定在垫子上达 30 秒钟；逼迫对方的肘关节或勒绞对方颈部使之拍垫子认输；对方受到取消该场比赛资格的处罚均得一本。运动员得一本后，该场比赛即结束，算是获得"一本胜利"。

判罚标准：比赛的一方控制对方并使用投技以相当的力量和速度把对方摔成大部分背部着地状态；在"压技"比赛中的一方把对方控制住，使其在宣布"压技开始"以后 25 秒钟的时间内不能摆脱控制时；比赛的一方用手或脚拍击垫子或拍对方身体两次或两次以上，或喊出"输了"时；当比赛的一方使用绞技或关节技，充分显示出技术效果。和"一本"

相等的情况：当比赛一方受到第四个"指导"的处罚时，另一方则获得一个"一本"得分。运动员得"一本"后，该场比赛即可结束，算是获得"一本胜利"。

2. 技有

站立时使用的技术未完全成功，不够判为"一本"，把对方的背固定在垫子上的时间在 25 秒钟以上，但不到 30 秒钟；对方运动员受到 1 次警告均判得技有。运动员在一场比赛中获得两个技有，比赛即结束，算获得胜利。

判罚标准：比赛的一方控制对手并使用投技摔倒对方，但技术效果在评判"一本"的三个条件（相当的力量和速度、把对方摔成大部分背部着地状态）中有一项不足时；在"压技"中，比赛的一方把对方控制住，在宣布"压技开始"以后，使其 20 秒钟或 20 秒钟以上，但不到 25 秒钟的时间内不能摆脱控制时。和"技有"相等的情况：当比赛一方受到第三个"指导"的处罚时，另一方则获得一个"技有"得分；运动员在一场比赛中获得第二次"技有"时，比赛结束，算是获得胜利。

3. 有效

站立时使用的技术只有部分成功，不够判为"技有"；把对方的背固定在垫子上的时间在 20 秒钟以上，不到 25 秒钟；对方受到 1 次"注意"的处罚均得有效。

判罚标准：比赛的一方控制对手并使用投技摔倒对方，但技术效果在评判"一本"的三个条件（相当的力量和速度、把对方摔成大部分背部着地状态）中有一项不足时；在"压技"中，比赛的一方把对方控制住，在宣布"压技开始"以后，使其 20 秒钟或 20 秒钟以上，但不到 25 秒钟的时间内不能摆脱控制时。和"技有"相等的情况：当比赛一方受到第三个"指导"的处罚时，另一方则获得一个"技有"得分；运动员在一场比赛中获得第二次"技有"时，比赛结束，算是获得胜利。

4. 效果

站立时使用的技术未成功，但有一定速度或力量，仅使对方的体侧、胸腹、臀部着地；把对方的背固定在垫子上的时间在 10 秒钟以上，不到 20 秒钟；对方受到 1 次"指导"的处罚均得效果。

一场比赛中未得一本时，则按技有、有效、效果的多少评定胜负。1 个技有胜过所有的有效和效果，1 个有效胜过所有的效果。如果双方得分相等，则根据比赛的风格、进攻次数来判定胜负或平局。柔道比赛禁止击打，不许用头、肘、膝顶撞对方。除了肘关节外，不许对其他关节使用反关节的动作。不许抓头发和生殖器。任何可能伤害对方颈椎或脊椎的动作均被禁止。运动员有犯规行为或是踏出比赛区，根据情节轻重受到"指导""注意""警告""取消该场比赛资格"的处罚。运动员在一场比赛中，受到两次警告，就取消该场比赛资格，判对方获胜。

参考文献

[1] 杨建营. 张之江与嘉纳治五郎的武术（武道）实践比较研究 [J]. 武汉体育学院学报, 2017, 51（11）: 66-74.

[2] 潘冬. 中日文化交流视域下的日本武道现代化转型及其启示 [J]. 暨南学报: 哲学社会科学版, 2016, 38（7）: 95-102.

[3] 徐旭. 日本民族传统体育发展中的国民性解读与启示 [J]. 体育学刊, 2015, 22（2）: 28-31.

[4] 潘冬. 日本武道对中国武术近代化转型的影响 [J]. 体育文化导刊, 2011（12）: 134-137.

[5] 潘冬, 马廉祯. 论明清之际的中日武艺交流与柔术源流之辩 [J]. 成都体育学院学报, 2011, 37（12）: 24-29.

[6] 杨向东. 论陈元赟对日本柔道的贡献 [J]. 北京体育大学学报, 2003（4）: 453-454, 457.

[7] 余建华. 嘉纳治五郎与日本柔道的发展 [J]. 体育文化导刊, 2004, (7): 60-61.

[8] 周士彬. 日本柔术起源的初步考证 [J]. 上海体育学院学报, 1982 (4): 76-78, 75.

[9] 周士彬. 柔道起源与发展的探讨 [J]. 上海体育学院学报, 1981 (4): 4-6, 3.

[10] 武恩莲. "柔道"的产生和发展 [J]. 体育文化导刊, 1987 (6): 63-65.

[11] 韩璐. 由术至道：嘉纳治五郎武道思想对中国武术发展的启示 [J]. 体育研究与教育, 2017, 32 (2): 70-73.

[12] 王晓晨, 赵光圣, 张峰. 嘉纳治五郎对柔道教育化改造的关键思路及启示 [J]. 山东体育学院学报, 2015, 31 (2): 107-113.

[13] 徐旭. 日本民族传统体育发展中的国民性解读与启示 [J]. 体育学刊, 2015, 22 (2): 28-31.

[14] 大熊广明. 学者笔下的日本近代体育史 [J]. 成都体育学院学报, 2000 (1): 10-13, 32.

[15] 余建华. 嘉纳治五郎与日本柔道的发展 [J]. 体育文化导刊, 2004 (7): 60-61.

第六章 综合格斗

第一节 概述

综合格斗英文全称 Mixed Martial Arts（MMA），是一种竞赛规则较为开放、技术动作上具有极强包容性的综合搏击运动。

MMA 既包括站立式格斗技术，又涵盖地面式降服技术，是集拳击、摔跤、散打、泰拳、柔术、擒拿、关节技等格斗项目于一体的格斗运动，在竞赛规则上最大限度地规定了使用方法、禁用方法、禁击部位等，也是众多格斗项目在使用方法上最为开放式的格斗运动，因此也称为无限制格斗运动。

MMA 可以称为人类史上最古老的运动之一，发展历程要追溯到古希腊时期的第 33 届奥林匹克运动会，当时就出现了名为 Pan-kratio 的格斗运动。这种格斗运动的特点以无规则和血腥著称，比如古罗马斗兽场的角斗士角斗、人兽斗。比赛时，选手常常是使用任何格斗技术甚至是器械进行生死决斗，参赛运动员无不付出鲜血甚至生命的代价。追溯 MMA 的发展形成过程，一系列搏击运动的掀起者如艾德·帕克、阿德里亚诺·安普拉多、巴西的格雷西家族、李小龙等名字，甚至包括古罗马的角斗士都浮现在人们脑中。这些人物和武技流派的出现，都为 MMA 概念的产生起着推波助澜的作用，并形成了融合多种技法进行降服制胜的思想。

这些人物之中，中国武术家、格斗运动的先驱者李小龙对 MMA 运动发展的贡献尤为突出。开创性地提出了现代 MMA 运动的理念和形式，成为现代 MMA 运动的先驱者。李小龙集众家所长，自创无限制截拳道及相应训练体系，同时在他的功夫电影中设计了现代 MMA 的比赛方式，发明了分指手套等比赛装备，为现代 MMA 比赛奠定了基础。更将中国武术带出国门传艺西方，最大化地将中国功夫弘扬海外、发扬光大，让世界人们迷上中国功夫。因此，李小龙被称为 MMA 之父当之无愧。

  MMA 就赛事组织来说，这项运动当前包括了 Ultimate Fighting Championship（简称 UFC）、ONE FC、"打击力量"等组织，在国际上传遍了美洲、欧洲、亚洲等众多地区。其中当属美国的 UFC 系列赛事（终极格斗锦标赛）将 MMA 在世界的发展推向了高潮，作为正式的体育赛事出现在公众面前。1993 年，第 1 届终极格斗锦标赛在美国举办，由拳击、跆拳道、相扑、巴西柔术、摔跤等八个不同竞技对抗项目的格斗大师们在无体重级别、无规则、不受约束的铁笼内一较高下。该项赛事时至今日经历了近 30 年，成为了使用方法最为全面、击打最为凶狠的综合类格斗运动。兴起之初，风靡全球，很多组织者也都想将这项赛事引进国门，最早的 MMA 比赛组织者是武塞网，但是并没有特别严谨的比赛运作流程。因此，2005 年国内首个职业综合大型格斗赛事《英雄榜》于北京体育大学正式对外亮相，给国内搏击行业带来很大影响，MMA 类赛事也随之发展起来。后期，又出现了《终极格斗联盟》《紫禁之巅》《锐武》《全国体育院校功夫全能技》《武林传奇》《精武门》等系列赛事。

  现代我国 MMA 最早的一批职业运动员有张铁泉、敖海林、戴双海等，后期又涌现了巴特尔、李景亮、姚洪刚、杨建平等运动员，"草原狼"张铁泉更是被称为中国 UFC 第一人。2010 年 10 月，"草原狼"张铁泉在美国科罗拉多州"1stBank"中心开启了中国选手征战 UFC 的序幕。比赛中，张铁泉在首回合开局凭借出色的地面柔术技巧"断头台"成功战胜了美国柔术高手加尔萨，实现了中国格斗选手在 UFC 赛事中的开门红。2013 年 3 月，中国新疆哈萨克族选手"天山雪豹"居马别克签约 UFC，成为既张铁泉之后第二个征战 UFC 的中国选手，标志着 UFC 正在进一步加快进军中国的脚步，同时向全世界展示了我国优秀选手在 MMA 领域的天赋和才华。

现今，在中国举办的最常见和最具代表性的 MMA 比赛是由国家体育总局武术运动管理中心、中国武术协会主办的大成武艺 MMA 超级联赛。现赛事将综合搏击定义为徒手格斗术中的一种，涉及不同流派的武术，综合运用时须依据相应的通用规则和相应裁判理事会提出的条例，包括无限制格斗、摔跤、降服技、腿法和技击技巧。

第二节 主要技术内容

MMA 也称无限制格斗，是最为开放式的格斗运动。它在技术内容上吸收了散打、跆拳道、拳击、摔跤、泰拳、柔术、绞技、关节技的技术动作，分为站立式和地面式两个方向的技术体系。站立式技术体系包含拳、腿、膝、肘、摔的技术动作，地面式技术体系包含地面击打、控制、绞技、关节技等技术动作。

在 MMA 比赛中，场上形势的变化是难以预料的。拳手在比赛时，会在泰拳、摔跤、巴西柔术等不同格斗技术之间不断切换。技术全面的拳手甚至会在一场比赛中使用十几种不同的技术，以下是 MMA 比赛中最常见的几种技术内容。

一、站立式技术动作

MMA 中常用的站立式技术动作涵盖拳击、散打、泰拳中的技术内容，包括拳、腿、肘、膝、摔，在此基础上，打法上更为广泛多样。与拳击、散打等项目竞赛规则不同的是，拳击、散打在比赛过程中侧重于击打方法是否规范，是否击打到有效部位，在无 KO 状态下，是以得分制来判定比赛结果的胜败。MMA 则更侧重于重创对手，给对手以连续的打击，在打法上更为暴力、凶狠，更具杀伤力，在无 KO 状态下，是以降服式技巧来决出比赛的胜者。

当然，在 MMA 比赛过程中肯定不仅仅是单个动作如拳与拳、拳与腿、腿与摔等组合，攻击动作和步法、动作之间协调转换、自信心、节奏以及其他一些先进的格斗理念都会发挥作用，而这些都是建立在基本技术基础上的。

（一）拳法

拳法相对于拳击、散打当中的拳法，在 MMA 中的使用方式更为广泛。所涵盖刺拳、勾拳、摆拳、鞭拳等，以及各种无规则限制的动作抡拳、砸拳、开掌等。进攻技术动作多样，击打部位除规则所规定的禁击部位外，都可进行击打。

1. 刺拳

是直拳的一种，在格斗中是最常用也是最有用的格斗技巧。刺拳是一种基本技术，主要是用前手直击对方。打刺拳时，前手并不需要完全伸直。刺拳的技术可能一次授课就能掌握，但是你却需要不断地练习、磨合来精通它。刺拳可以是试探性的随便伸手一击，也可以连续击打对方的脸颊，刺拳能够用于控制距离、创造战机、直接回击，也能用于建立节奏感和把握时机，还可以作为后续击打动作的铺垫。在比赛中，确实有很多拳手用刺拳来反击对方或者用于打乱对方的节奏。由于很多 MMA 拳手对付刺拳的技术并不过硬，使得刺拳在 MMA 比赛中的有效性要远远胜过拳击比赛。如果刺拳用得好，那么在 MMA 比赛中就能将对方控制在安全距离之外，会带来很大的优势。

2. 摆拳

是一种弧线拳法，在散打和拳击当中的摆拳都是手臂弯曲、举平，左摆拳是左手向右摆、划弧线抡出，右摆拳是右手向左摆、划弧线抡出。击打的部位是脸部两侧，也就是左右两腮的部位。

摆拳动作要领：在格斗势的基础上，以左摆拳为例，上体稍向左转，随即身体向右转髋转体，左膝内扣，左脚跟提起外摆；同时，左臂上抬与肩平，左肘弯曲约130°，拳心向下稍向外，拳面向右，拳由左侧划弧线向右摆击，拳不超过身体中线，上体转身不超过90°，着力点在拳面，右拳护右脸下颌，目视攻击方向。击出后，将拳收回成格斗势。右摆拳动作要领则是在格斗势的基础上，身体向左转髋转体，其余动作同左摆拳方向相反。

MMA技术中经常用到的摆拳还有一种是用后手向前砸击的拳法，要像棒球投掷一样发力。这种拳法与刺拳差别很大，是MMA的特色拳法，主要用于迎击。使用此拳法的目的有两个，首先是格斗的拳套更小，因此，对方很难用抬高双臂的方式格挡这种拳法；其次，这种拳法能够适应MMA的拳架变化。在MMA比赛中，拳手经常都要改变拳架的高低，比如他们想要使用摔法时，就会双膝弯曲降低姿势，而摆拳就可以与这些动作结合起来使用。不过，MMA特色的摆拳长期都受到拳击界的嘲笑，此拳法给人感觉就是一般的抡拳和砸拳，打法毫无章法。因为这种拳看起来很难看，在使用时攻击者可以一边推开对方的头，一边进行打击，有失竞技风范。

（二）腿法

腿法包含散打、跆拳道以及中华武术当中所使用的各种腿法，如鞭腿、蹬腿、劈腿、踹腿等。在MMA中腿法多种多样，变幻莫测，相比散打和跆拳道中的腿法与腿法的组合更是让人连声称赞。腿法优秀的选手，会把这种速度与灵活、力量与柔韧完美结合，将速度美、劲力美展现得淋漓尽致。

1. 鞭腿

所有包括腿法的武术中都有鞭腿，当然，这种腿法也有一些变种。在 MMA 中，很多拳手练习的都是泰拳的扫踢，因此他们踢击的部位都比较低。运用时，格斗拳手都会直接上步，前腿直接踏步向前并在踢击时作为支撑，后腿踢击时，臀胯转动以增大打击力度。当然，很多人在实践中会增加一些其他的要领，但这些增加的要领并不是必不可少的。MMA 的鞭腿与跆拳道不同，泰拳式扫踢"扫"的因素更多，而跆拳道抡踢膝关节"弹"的因素更多。而且泰式扫踢踢中对方后，其力度如同用棒球棍猛击，杀伤力远大于跆拳道的踢击。鞭腿可以有各种高度，低位、中位、高位都可。低位鞭腿最容易做，可以以最大的距离实施打击，而且最安全。中位鞭踢是最危险的，因为对方很容易接腿做接腿摔法或是用拳法进行迎击。高位鞭踢技术难度很大，这对使用的选手来讲必须要具备柔韧的优势，如果做得好，会成为很具有杀伤力的致命一击。反之，如果使用者柔韧不好，就会造成高位鞭腿踢出的速度较慢，容易给对方较为充足的反应时间。

2. 蹬腿

通常指的是正蹬腿，在散打和传统武术当中是最为实用和常用的腿法之一，正蹬腿更是"百腿之母"。传统武术中，对蹬腿多以"一脚制敌"而誉之，并有"无影脚""穿心腿"的美名。实搏中，不但可以用来作试探，进攻或阻击，它还可以分为前脚掌蹬击和脚跟蹬击三种形式。其中以脚跟蹬击最具威力和最常用，且多用来攻击对手的胸部、小腹等薄弱环节；低方位的蹬腿可击其膝盖、前胫作阻击之用。以左侧实战姿势开始，左蹬腿时，右脚垫步的同时，左脚提膝上抬至腹前，脚尖回勾收紧，脚底朝前方，右膝稍弯屈，两手屈立两肩前，随即伸小腿送髋，使膝前顶，勾紧脚尖，以脚跟及全脚掌为力点，使左腿充分伸展蹬出，高与腹平。紧接着，左脚向前落地踏实，左膝关节稍弯屈，右蹬腿时，右腿提膝上抬至胸前，脚尖内勾收紧使脚底朝前方，两手屈立于两肩前，随即伸右小腿送髋，使膝前顶，以脚跟及全脚掌为力点，使右腿充分伸展蹬出，高与腹平。然后，右脚向前落步前蹲成右弓步势，两臂屈肘立护于胸前，两拳立于两腮侧。

（三）肘与膝

MMA 中肘与膝的使用方法与泰拳之中的肘、膝使用方法相同，都是站立式对抗中最为凶狠、暴力和具有破坏力的动作方法。这里，主要介绍双方选手在实战中最为常用的一种顶膝方法——箍颈顶膝。

缠斗是 MMA 的基本要素。要把不同武术体系的技术结合起来，比如，把打击技术、摔法和缠斗进行结合，无疑是非常困难的。在 MMA 中，选手会采用拳击技法打击，然后俯身实施摔法，再用柔道技术控制对方。但是箍颈顶膝不是某种混合式的技术，而是纯泰拳的技术。如果使用得当，箍颈可以完全控制对方的行动，让其随着自己的力量不断摇摆，箍颈技术的高手可以使对方失去平衡，并乘机实施膝法攻击。箍颈技术在泰拳和摔跤项目中都有，这种技术就是用手臂缠对方的颈部，手贴紧对方的颈，而前臂紧紧压住其下巴。在泰拳和 MMA 中就是当两臂夹住时，下压，顶膝攻击对手的腹部及头部。箍颈顶膝这个技术在泰拳和 MMA 中经常为观众所见，如果用得恰到好处，很容易给对手施以重创，打击对手的进攻心理与场上气势。

（四）摔法

在散打和 MMA 中摔法分为接腿摔和贴身摔。接腿摔，指的是双方选手在击打过程中一方出鞭腿或蹬腿等腿法攻击对方，另一方娴熟敏捷的趁机接住对方攻击腿，迅速利用各种勾、别、挂、踢、挑等技巧动作，同时变换不同的用力方向，将对方摔倒，也是防守反击技术的一种。贴身摔法是身体紧贴对方，利用挎、携、背、靠、别、绊、挑、拧、转、压等技法，将对方摔倒于地的方法。这里着重介绍一下 MMA 中最常用的两种摔法。

1. 抱腿摔

抱腿摔是 MMA 的主要技术之一，这种技术也比较容易学习，而且每位拳手在使用这一技术时都有自己的特色。抱腿摔的技术动作变化多样，最常用的还是两人在对抗过程中，一方突然降低姿势后抱住对方腿，同时前冲将对方摔倒。前冲的动作可以使进攻者靠近对方的胯部，并且方便用手抱住对方的腿，或者抱对方的膝，可抱单膝也可以双膝同抱，将其摔倒在地。在运用时，也可以将头部靠在对方身体一侧，压迫其失去平衡，并将其摔倒。在现代 MMA 比赛中，仅仅使用抱腿摔是不够的，因为大多数拳手都已经学会了如何防御这种摔法。因此，很多高水平的拳手都是在对方攻击时，顺势用抱腿摔反击对方。抱腿摔是一种最基本的摔法，在各种水平的 MMA 比赛中，都能看到拳手使用这种技术。

2. 绊摔

绊摔也是一种贴身摔法。在运用时，可以从内侧或者外侧实施，这取决于对方的脚所处的位置。这种摔法的原理很简单，就是推对方的上半身，而用腿控制、勾踢住对方的脚使其无法随之移动。绊摔动作有很多变化，向前绊摔、向后绊摔、侧方绊摔。可以从锁技开始实施，双臂从对方腋下抱住其身体发力；双手勾摔，动作与锁技相似，只是双手不用扣在一起；也可以在对方用双手勾摔时，你以一只手从下方插入对方腋下，另外一只手从上向下插入对方腋下，这样就可以进行反控制。

防摔，在两人对抗过程中，有进就有退，有攻就有防。进攻和防守二者是对立统一的，是可以相互影响、相互促进、相互转换的。前面已经介绍了两种摔法，那么，有什么方法来对付摔法呢？方法就是伸展身体，这是对付抱腿摔基本的方法。这种技术的变化很多，但最基本的技术就是两腿及臀部向后移重心做对抗力，两手同时前顶控制对方，使对方无法完成抱摔，由于对方的手够不着，因此无法完成抱摔。当对方前冲想要实施抱摔时，你就要向后移动两腿及臀部使其无法够到你，同时重心下降，手臂插入对方双臂之间，并向后推。可以用双臂同时做这个动作，也可单臂做，或一上一下做，以破解对方的抱摔。正是有了这种简单有效的防摔技术，在 MMA 赛场上，很多纯打击式拳手才有了生存空间。在此基础上，也可以变被动为主动的使用反击技术，同时下降重心使上半身压制住对方的上半身，两手迅速前伸插入对方的腋下或颈部下方，更有利于做断头台这种锁技。

二、地面式技术动作

可以说在 MMA 对抗中，地面式击打、战术、各种锁技是整场比赛中最核心的看点，也是观众最为期待的较量场面。场面血腥、暴力、凶狠，观众大脑的兴奋紧张程度会随着选手们在场上的一拳一腿、一个巧劲反摔以及最惹人看的锁技的使用而时紧时松，不断变化。同时，也会为场上的选手提心吊胆，捏一把汗。这里，有针对性地介绍一下 MMA 比赛中人们最常看到和使用的一些地面式技术动作。

（一）地面打击

除了桑搏，MMA 是唯一允许在地面进行打击的项目。而这种技术也是 MMA 与其他纯缠斗术和纯打击格斗项目最大的区别。地面打击的方式也与拳手所处的位置有关，可以用拳打，也可以用肘击，如果位置允许，还可以使用膝法。对于处于上位的拳手，发力的关键是其所处的姿势，如果两位拳手胸部紧紧贴在一起，是很难发力的。地面打击是 MMA 拳手的必备技术，无论其水平如何，都必须掌握这一技术，而且优秀拳手与一般拳手的训练方法也是一样的。

（二）过腿

过腿是一种简单的技术，主要是当拳手在地面缠斗中处于上方时，用于安全地跨越对方的腿。过腿技术现在综合格斗实战中运用的效率不高，主要是这种技术的优势在 MMA 比赛中没有比在缠斗比赛中大，就像侧面控制技术在 MMA 比赛中基本没有什么意义，而在柔道比赛中却非常重要，主要是因为 MMA 比赛没有道服，因此很难抓住对方。而且这种技术即使成功，也很难进行后续的打击。乘骑技术是有用的，但是真正有用的情况是在半防守或者后背体位下。在半防守中，由于对方一侧身体被控制或者被骑在身下，因此想要恢复站立姿势是很难的。而处于上方的拳手则可以用自己的体重控制对方，并且实施打击。从背后攻击时，处于上方的拳手则可以使用降服技术。

（三）背后裸绞

背后裸绞是现在 MMA 运动员偏爱的一项绞技，比赛中背后裸绞这一技术频频出现，成功的概率也越来越大。由于过腿技术变得越来越不重要，因此到对方背后实施裸绞就变得越来越重要了。纵观 2015 年的 MMA 比赛，选手们实施背后裸绞的机会很多，因为现在更加强调摔倒后恢复站立位，因此为背后裸绞提供了很多机会。在这一年里，UFC 比赛中的 71 次成功降服有 34 次都是以背后裸绞完成的，而且背后裸绞成功的机率还在呈现上升趋势。经验丰富的拳手会通过各种转换来完成背后裸绞，比如，他们会先从半防御式开始，转换为侧面控制，再转换到乘骑，再转移到对方的背后完成裸绞。裸绞运用起来很简单，主要就是用前臂压对方的咽喉，并抓住另一只手的二头肌或肩部，另一只手则用力向前压对方的头部。每一个环节都至关重要，首先前臂要压紧咽喉部位。其次抓紧自己的另一只手的二头肌或肩部，自己的胸部紧贴对手的背部。最后吸气挺胸，用力向怀中收紧前臂。也可以顺势向后躺，上肢手臂控制保持不动，下肢两腿迅速压制住对手大腿根前侧，两脚交叉相勾，这样即是整个背后裸绞动作的完成。当然，双方运动员在比赛中要根据双方所处的不同处境、位置，裸绞也要随机应变、灵活转换使用。

（四）十字固

十字固，是柔术使用的专业术语，在柔术和 MMA 比赛中十字固都是非常实用的一项锁技，更是利用了杠杆学原理，给对方实施了反关节从而被降服的一种技术。在使用贴身摔法将对方摔倒后，立即控制住对方手臂，防止对方逃脱，想要对方的哪只胳膊，就把自己的哪只手放在上方，另一只手放在下方，同时身体向同侧移动，让自己的身体和对方的身体形成 90°，双腿立刻上压到对方颈部和前胸部，小腿紧压对手咽喉部位。把控制住的手臂从两腿中间穿过、夹紧，控制住手臂及肩部，胯部上顶做起桥动作，同时两手抓住对方手臂下压贴近身体，形成反关节之势迫使对方屈服，一定要注意将对方的手掌向上，下压后才是反关节的方向。这就是十字固技术的操作过程。

（五）断头台

断头台，听名字就给人一种不寒而栗的怵感，在 MMA 比赛中也最为常见，更是破坏力很强的一项绞技。顾名思义，断头台就是要控制住对方的头部，使其颈部压力增强。人体的动脉、静脉血管以及神经与大脑的连接都要通过颈部相互连接，因此颈部对人体而言是重中之重，如果勒紧控制住对方的颈部，严重者很容易造成对方休克现象的发生。如对方想用下潜抱摔的动作进行攻击，可以迅速将有力手臂从下方锁住对方咽喉部位，夹紧，另一只手与之相扣，身体及前胸部位贴紧对手的头部后方，两臂用力往自己的怀中拉紧、上挑。这就是断头台的动作步骤，这种绞技运用得当,极大地挑战了人体颈部被箍情况下耐受性的极限,使得对方毫无招架还手之力,更有甚者当场出现窒息昏厥。因此,断头台这项绞技是很具有杀伤力的,若能将此练为自己的特长招术,会让很多对手忌惮三分。

(六) 木村锁

木村锁是巴西柔术中最好的降服技之一。在 1955 年,格斗比赛还没有盛行的时候,日本柔术大师木村政彦使用了一招反关节术 TKO 巴西柔术冠军格雷西,从此这项技术改名为"木村锁",并且得以广泛使用。木村锁在 MMA 中占的比重相当于散打中的鞭腿,可谓是一招制敌,根本没有反抗的余地,在国内表现最经典的莫过于中华虎杨建平采用木村锁 75 秒 KO 日本选手上山,曾经轰动整个搏击圈。木村锁是对手臂进行关节技的锁技,它对肩肘关节施以巨大的压力,具有潜在的毁灭性。从多个位置都可以运用木村锁。在地面防守姿势,有许多机会运用木村锁。任何时候,只要你能从一侧坐起,你就能运用木村锁。最好的机会之一是:当对手从你的封闭式防守中坐起(这给了你从一侧做起的空间),把他的双手压到地上或是你的髋部。然后拳手用一只手从对方手臂的肘部位置下方穿过,另一只手抓住对手同侧手腕,双手交叉紧扣并将调整位置,形成侧压状态,以对手肘部为支点,反向扭转下压,迫使对方投降。

除此之外,还有蟒蛇锁、手臂三角锁、足跟勾等锁技,在格斗场上都为人们常见,这里就不一一介绍了。

综上所述,MMA 的技术内容中相比较其他站立式或地面式格斗项目,是技术动作最为全面、竞赛规则最为开放的格斗项目。既包含像拳击、散打、泰拳、摔跤等站立式格斗项目的拳、腿、肘、膝、摔的技术,也包含巴西柔术等地面式格斗项目的各种锁技、关节技。优秀的 MMA 选手在场上不仅需要娴熟的技术动作、良好的体能耐力,更需要超强的心理素质和敏锐的战术思维。在比赛场上靠着体能耐力、心理素质和战术思维来支撑着灵活多变的技术打法，使自己的技术水平发挥得淋漓尽致，从而带给人们的是技术性强、观赏性高的精彩绝伦的比赛。

第三节 主要竞赛形式与规则

本章节主要是根据国家体育总局武术运动管理中心、中国武术协会主办的 MMA 系列赛事——"大成武艺中国 MMA 超级联赛"所指定的比赛通用规则和其他重要条例进行编写。

一、主要竞赛形式

（一）仪容仪表

①运动员必须保持整洁干净的外貌。比赛时，运动员必须要对自己的指甲进行修剪，不能过长。

②比赛时，运动员不能佩戴珠宝或者其他尖锐物品。

③禁止在运动员身上或脸上涂抹过量的油或其他药物。场上裁判或裁判理事会工作人员有权力将涂抹过量的油清理干净。

④裁判理事会人员不仅需要判断选手的头型或者发型是否会对双方的安全造成威胁，还需要判断其是否会扰乱监督和赛事管理。如果选手的头型或发型对对方的安全造成了威胁或者阻碍了比赛的进行，则选手将不能参加比赛，除非达到裁判理事会满意的标准，方可进行比赛。

(二) 比赛时长及回合数

①每一场职业的综合搏击（非锦标赛）一般持续三个回合，每个回合5分钟，两个回合之间休息1分钟。

②每一场综合搏击锦标赛要持续五个回合的比赛，每个回合5分钟，两个回合之间休息1分钟。

(三) 重量级别

除裁判理事会或董事会变动外，综合搏击比赛的重量级通常分为：

级别	重量
草量级	低于115磅（<52kg）
蝇量级	116-125磅（52-57kg）
雏量级	126-135磅（57-61kg）
羽量级	136-145磅（61-66kg）
轻量级	146-155磅（66-70kg）
次中量级	156-170磅（70-77kg）
中量级	171-185磅（77-84kg）
轻重量级	186-205磅（84-93kg）
重量级	206-265磅（93-120kg）
超重量级	超过265磅（>120kg）

在非冠军赛中，称重可以允许有1磅（0.45kg）上下的浮动。如果一个选手初次不能通过称重，他将会有从初次称重结束起一小时的时间去完成降重。在冠军赛中，参赛选手不得超过相应的重量级别。

（四）拳套

①所有选手佩戴的拳套最轻为 4 盎司且拳套必须通过裁判理事会审查许可。通常，拳套最重为 6 盎司。除裁判理事会特殊许可外，某些大码的拳套如 2XL-4XL，虽然重量只是稍稍超过了 6 盎司，但使用前也需通过审查。

②供应方提供的拳套必须要通过裁判理事会的审查许可，且选手在任何比赛中都禁止使用自己的拳套。

（五）缠手绷带

①所有重量级中，只能用软纱布作为选手的缠手绷带。且不超过 13 码（11m）长，2 英尺（0.6m）宽，且绑定所用的医用胶带不能超过 10 英尺（3m）长，1 英寸（0.02m）宽。

②用医用胶带绑定双手，以此来保护选手的手腕。当握紧拳头时，为了更好地保护指关节，胶带将会在手背交叉缠绕。

③绷带需要均匀分散地缠绕整个手掌。

④工作人员需在更衣室将缠手绷带和胶带绑定在运动员的手上，且裁判理事会工作人员和对手经纪人（或对手的选手助理）必须在场。

⑤在裁判理事会允许前，选手绝对不能穿戴拳套。

（六）护齿

①所有的选手必须在比赛期间佩戴护齿，护齿需要通过审查准许和主治医生的许可。

②如没有佩戴护齿，比赛不能开始。

③如果护齿在比赛中意外脱落，裁判要在一个不干扰当前动作的合

适时机暂停比赛，选手或边角人员需要立即清理并佩戴护齿。

（七）护具

①在穿戴前，男选手自备的护裆必须通过裁判理事会的审查准许。
②女性运动员禁止穿戴护裆。
③比赛时，女性运动员必须穿戴护胸，护胸必须通过裁判理事会的审查准许。

（八）运动员着装

①选手在比赛时必须穿戴不碍于技术动作发挥的综合搏击短裤（紧身短裤或者武术短裤），女性选手需要穿运动内衣或防磨服。
②运动员在比赛中禁止穿跆拳道、空手道等道服或短袖。
③禁止在比赛中穿鞋子（任何鞋子）。

（九）擂台、笼子等场地的规格和设备

综合搏击比赛将会在擂台或笼子里举行。

1. 用于综合搏击比赛的擂台

必须符合下列要求：
①擂台面积（算上围绳）不小于 400 平方英尺（37m^2）且不大于 1024 平方英尺（95m^2）。一方边角指定为蓝方，其对角指定为红方。
②擂台需要延伸至围绳外至少 18 英寸（0.4m）处。台面必须铺垫至少 1 英尺（0.3m）的 PVC 发泡板或者相似的闭孔泡沫板，垫子需要延伸至围绳外且覆盖整个擂台台面，且需要将台布铺展并束紧在垫子上，台布由帆布及相似材料构成，禁止使用结块或粗糙褶皱的帆布。

③擂台台面不得高于地面4英尺（1.2m），且必须留给选手合适的台阶入场。

④拳台立柱必须由直径不超过3英寸（0.07m）的金属材料制成，柱高从擂台台面处算起，不得低于58英寸（1.47m），且必须按照裁判理事会规定的方式构建。每根拳台立柱与绳角的距离不超过18英寸（0.4m）。

⑤擂台必须有五根围绳，每个围绳直径为1英寸（0.02m），且有柔软材料包装，底部的围绳应高于台面12英寸（0.3m）。

⑥在台面的任何地方，禁止出现任何障碍物，包括但不限于尖锐物品。

2. 用于综合搏击比赛的笼子

必须符合以下规定：

①笼子的形状必须是圆形或六边形。笼网宽度在20英尺（6m）至32英尺（9.5m）。

②笼子的台面必须铺垫至少1英尺（0.3m）的PVC发泡板或者相似的闭孔泡沫板，垫子需要延伸至围绳外且覆盖整个擂台台面，要将台布铺展并束紧在垫子上，台布由帆布及相似材料构成，禁止使用结块或粗糙褶皱的帆布。

③笼子的台面禁止超过地面4英尺（1.2m），且需留给选手相配套的台阶。

④笼柱由直径不超过6英寸（0.1m）的金属材料制成，柱高从笼子的台面算起，不得低于58英寸（1.4m），且必须按照裁判理事会规定的方式构建。

⑤制作笼网的材料必须能防止以下情况出现：选手被抛出笼外或者冲破笼网跌落至笼外或观众身上。材质包括（但不设限）涂抹乙烯的铁丝网。

⑥笼子的所有金属部分需要被包裹，包裹后保证不对运动员造成挫伤。并且，需要通过裁判理事会审批方可包裹。

⑦笼子需要有两个入口。
⑧在笼子的任何地方，禁止出现任何阻碍运动员比赛的障碍物。

（十）边角物料及比赛所用凳子

每场综合搏击比赛，供应方会给每个选手的边角提供一个干净的水桶、干净的塑料水瓶、干净的毛巾和其他裁判理事会指定的用品。
①供选手使用的凳子需要通过裁判理事会的审查。
②用来供选手休息的凳子或椅子（裁判理事会审批通过）会被放在笼外的选手边角处。
③所有使用的椅凳在比赛结束后都须清理出场。

二、主要竞赛规则

（一）场上裁判的权利

①场上裁判是场上唯一的仲裁者、执法者，也是唯一一个有权利终止比赛的人。场裁可以听从现场医务人员或裁判理事会的建议终止比赛。
②除了休息时间和比赛结束时，场裁和现场医务人员是唯一有权利进入赛场的人。

（二）场上裁判喊"停"的几种情况

①双方选手对攻，当一方已无力反击时，场上裁判员喊出"fight back"达三声且该方选手仍无任何反应，喊出"stop"结束。
②笼中对抗时，一方选手由于严重的开放式受伤，场上裁判可暂停比赛，要求进行医务治疗。治疗完毕后，恢复原来姿势继续进行比赛。

③双方选手激烈对抗中,倒地后成骑位状态下被骑方的护齿被打掉时可暂停,助手冲洗护齿、选手重新佩戴护齿后恢复原来位置和姿势继续进行比赛。

④在带有围绳的擂台上对抗时,双方成上下骑位状态,被骑方的双肩出界围绳时场上裁判喊停,将选手向场地内拉回,恢复原来上下骑位的姿势继续比赛。

⑤一方站立,另一方倒地,双方互没优势和有效动作处于僵持状态时,场上裁判给20秒时间,如仍如此,则喊停重新开始。

(三)边裁判员的职责分工

①所有的比赛由三个边裁评判打分,且三个边裁位于擂台边上的不同位置。场裁不属于边裁系统。

②评分系统:十分制评分系统是评判比赛的标准。在十分制评分系统中,胜者在每回合会获得10分,败者会获得9分或更少,除此之外,评分为10-10。

③边裁需要评判的综合搏击技术有:有效打击、有效摔倒、赛场有效控制、有效进攻和有效防御。

④评判的权重依照下列顺序进行:有效打击、有效摔倒、赛场有效控制、有效进攻和有效防御。

⑤通过合法重击对手的次数来评判有效打击。

⑥通过成功将对手摔倒和防摔的次数来评判有效摔倒。典型的考虑因素有:摔倒后从站立式到骑乘位;过腿并骑乘;下位选手有效及极具威胁的防守。

⑦通过步法的节奏、位置的变化来评判赛场有效控制。典型的考虑因素有:保持站立、合法反击并成功防摔,将对手摔倒并拖入地面缠斗,尝试做出危险的降服动作,过腿并骑乘,并且实现打击对手。

⑧有效进攻即向前逼近并实现合法打击。

⑨有效防御即躲避打击、防摔，或者反击并逆转局势。

⑩边裁评判每回合分数要依据下列标准：

· 当双方选手表现基本相同且双方都没有明显优势时，这一局的评分为10-10。

· 当一方选手做出多次打击、摔倒对手或其他高难度动作并获得些许优势时，这一局的评分为10-9。

· 当一方选手做出多次打击或摔倒对手并获得压倒性优势时，这一局的评分为10-8。

· 当一方选手做出多次打击或摔倒对手并完全掌控局势，这一局的评分为10-7。

⑪边裁也需要考虑选手站立或地面的变换来评判权重，如下：

· 如果运动员本回合大部分时间花费在地面上，则有效缠斗权重第一，有效打击其次。

· 如果运动员本回合大部分时间花费在站立上，则有效打击权重第一，有效缠斗其次。

· 如果本回合结束时，站立与在地面上的时间基本相同，那么打击与缠斗的权重相同。

（四）比赛所规定的犯规动作

1. 犯规动作

①用头撞人，插眼或各种方式攻击眼睛，撕咬对手。

②向对手吐痰，揪对手头发，撕扯对手嘴角。

③攻击对手腹股沟、裆部。

④抠挖对手（把手指探入对手任何孔洞或裂口，伤口的地方），使用肘尖向下砸击。

⑤撕、撇、拧、撅对方的小关节（手指和脚趾等其他小关节）。

⑥攻击后脑和脊柱、脊椎，用脚跟击打对手腰肾。
⑦各种形式的攻击喉咙，包括用手抓、挠、挤压喉部。
⑧抓挠、掐捏或者拧扭对手的皮肉和耳朵及对手身体锁骨。
⑨比赛时一方三点着地，另一方踢击对手头部、膝击对手头部。
⑩踩踏平躺地面的对手。
⑪故意抓住不放开绳圈或者故意把四肢勾挂在拳台绳圈上（手、胳膊、腿或脚）。
⑫扯拽对手的短裤及拳套。
⑬在比赛区域使用辱骂性的语言。
⑭从事与运动员身份不符、缺乏体育精神和风格的行为。
⑮在回合结束时仍然攻击对手或在回合休息期间攻击对手。
⑯公然无视裁判的指示，攻击在裁判或医生照看下的选手。
⑰在比赛结束后仍然攻击对手。
⑱消极比赛包括一再消极躲避对手，故意或一再吐出牙套，逃离比赛区域或伪装受伤。
⑲把对手扔到拳台或比赛场地以外。
⑳将对手的头或者颈部垂直砸向赛场地面（倒栽葱）。
㉑选手的场外助手干扰比赛。
㉒在身上或头发上涂抹凡士林或其他任何形式的抹油以谋取优势。

2. 多次犯规或恶意犯规

在场裁判定的情况下，选手会被取消资格。

3. 犯规可能导致扣分

计分员（不是边裁）有责任将这些因素考虑在内。

4. 只有场裁才能判定犯规

如果场裁没有判定犯规，边裁禁止擅自决定犯规，更不能将其记录在案。

5. 确定场上选手犯规时

场上裁判员应做出：

①场裁需要叫暂停。

②场裁需要命令恶意犯规的选手站回中立区。

③场裁需要检查确认被犯规选手的状态和安全。

④如果场裁认定犯规成立，则需马上宣布犯规并扣除犯规选手相应的分数。场裁也需要告知裁判理事会、边角人员（包括边裁）、计分员其判决（是否是意外或故意犯规和是否要扣分）。

6. 处在下位的运动员犯规

除上位的运动员受伤之外，比赛继续进行。同时，场上裁判员应做出：

①场裁需要口头警告处于下位的犯规运动员。

②当本回合结束，场裁需要评判犯规并告知裁判理事会、边角人员、计分员其判决。

③场裁在选手多数犯规的情况下可以调停比赛。对于恶意犯规者，可能会失去比赛资格。

7. 选手遭受恶意犯规后的情况

①只要场边医生检查并宣布选手可以继续比赛，则遭受恶意犯规的选手可允许有最多 5 分钟的休息时间。

②如果选手自己声明可以继续比赛，之前的 5 分钟休息时间到此为止，场裁需要立刻重启比赛。

③如果选手经过医护后仍不能继续比赛，则比赛将终止，比赛结果由本回合停止之前（包括之前的回合）的表现判定。

8. 选手遭受非恶意犯规后的情况

①如果综合搏击比赛由于意外犯规而暂停，场裁需要决定被犯规的运动员是否能继续比赛。如果运动员获胜的机会没有因为犯规而受到严重的影响，或犯规没有对被犯规的运动员造成晕厥，则在休息时间（不多于 5 分钟）以后，场裁可以宣布比赛继续。在分开选手之后，场裁需要立即通知裁判理事会他的判定情况（即为意外犯规）。

②如果选手遭受场裁判定的非法攻击，场裁需要马上停止他们的动作并暂停比赛。裁判会将受伤选手带往场边医生处并检查是否可以继续比赛，场边医生有 5 分钟的时间检查。如果场边医生认定选手可以继续比赛，则场裁可以立即开启比赛。与恶意犯规不同，他们没有 5 分钟自由休息的时间，而且在场裁的指令下须立即继续比赛。

③对于不同于恶意犯规的犯规，如果场裁确认选手受伤而不能继续比赛，裁判必须立即叫停比赛。如果场裁确认选手不能继续进行比赛，尽管 5 分钟休息时间还有剩余，且剩余的时间对选手的伤势无益，则比赛必须终止。

④如果场裁调停了比赛并使用了场边医生，场边医生检查时间不得超过 5 分钟。如果超过 5 分钟后，比赛还没有重启，则比赛必须结束。

（五）由于合理打击和犯规造成的持久伤害

①如果在比赛期间，由于选手合理的打击造成的持久性伤害严重到足够能终止比赛，那么受伤者会判负，为技术性击倒。

②如果在比赛期间，由于选手故意犯规（场裁判定）而造成的持久性伤害严重到足够能终止比赛，犯规者将会被取消资格。

③如果在比赛期间，尽管选手故意犯规（场裁判定）对对手造成了持久性伤害，但是比赛可以继续进行，场裁需要告知计分员自动扣除犯规者两分。

④如果在比赛期间,由于选手在比分落后的情况下,故意犯规(场裁判定)对对手造成了持久性伤害,从而导致无法继续比赛,则受伤者将会因为技术性裁决而取得胜利。如果在调停时,犯规选手的分数处于领先,伤者的分数处于落后地位,则结果为技术性平局。

⑤如果当选手企图犯规时,伤害到了自身,场裁可以根据个人判断决定是否采取措施,并且伤势的治疗将会使用与治疗合理打击造成伤害同样的办法治疗选手。

⑥如果在比赛期间,由于选手非故意犯规(场裁判定)而造成持久性伤害严重到足够能立刻终止比赛,若比赛是在三回合制比赛中还未进行完第二回合(或在五回合制比赛中还未进行完第三回合)的时候发生的这种情况,比赛将判为无结果。

⑦如果在比赛期间,由于选手非故意犯规(场裁判定)造成的持久性伤害严重到足够能立刻终止比赛,若比赛是在三回合制比赛中已经进行完第二回合(或在五回合制比赛中已经进行完第三回合)的时候发生这种情况,赛事将宣布在比赛暂停时刻前分数领先的选手取得胜利。

⑧未完成的回合需要像其他回合一样计算分数,但是需要说明未完成的回合是被终止的。

(六)宣布赛事结果的几种类型

1. 以"降服"技术结束比赛

①双方激烈对抗,一方有效实施锁技,另一方拍地认输。
②双方对抗时,一方自我决定认输(口头认输)。

2. 击倒

①当裁判终止比赛时(TKO)。
②由于选手合理的打击造成的持久性伤害严重到足够能终止比赛

(TKO)。

③当选手因为被打击或踢击而进入无意识状态(KO)。

3. 判定取胜

①一致判定：当三名边裁都是评判同一位选手获胜时。

②分歧判定：当两名边裁评判同一位选手获胜时。

③多数判定：当两名边裁比分评判同一名选手获胜且一名边裁判为平局时。

④平局：
- 一致平局：三名裁判都判定平局。
- 多数平局：当两名裁判评判平局。
- 分歧平局：三名裁判评分都不同。

4. 取消比赛资格

在比赛中，因为故意犯规而导致的持久性伤害严重到能够使比赛终止，那么犯规一方将被取消比赛资格。

5. 罚金

当选手因为自身原因提前退出比赛或在比赛时离场，或发出说明。

6. 技术性平局

在比赛中，因为故意犯规而导致的持久伤害使受伤选手无法继续比赛，且其分数与犯规选手持平或落后于犯规选手，则该场比赛被判为技术性平局。

7. 技术性裁决

当比赛因为受伤而提前结束，一方分数领先时，进行技术性裁决。

8. 无结果

当比赛因为意外受伤而提前结束，比赛却没有打完规定的回合，裁判无法依据分数判决胜负，则此场比赛为无结果。

参考文献

［1］季国国. 我国综合格斗（MMA）赛事的可持续发展研究［D］. 北京：北京体育大学，2018.

［2］杨燕民. 综合格斗（MMA）体能训练内容体系与方法探究［D］. 长沙：湖南师范大学，2018.

［3］杨江浩. 我国搏击类商业赛事的运营现状研究［D］. 西安：西安体育学院，2017.

［4］蔡莉，刘良辉. 综合格斗运动 MMA 营销传播策略与发展前景［J］. 广州体育学院学报，2014，34（1）：47-50.

［5］徐驰. 我国开展综合格斗运动的对策研究［D］. 长春：吉林大学，2013.

［6］国家体育总局武术运动管理中心. 综合格斗竞赛规则［EB/OL］. 2021-01-28.

推荐阅读书目

［1］戚继光. 纪效新书［M］. 葛业文，译. 北京：中华书局，2017.

［2］连阔如. 江湖丛谈［M］. 北京：中华书局，2019.

［3］龚鹏程. 武艺丛谈［M］. 北京：东方出版社，2015.

［4］龚鹏程. 侠的精神文化史论［M］. 济南：山东画报出版社，2008.

［5］梁启超. 中国之武士道［M］. 北京：中国档案出版社，2006.

［6］马明达. 说剑丛稿（增订本）［M］. 北京：中华书局，2007.

［7］周伟良. 中国武术史参考资料选编［M］. 台北：逸文武术文化有限公司，2009.

［8］王宗岳. 太极拳谱［M］. 沈寿点，译. 北京：人民体育出版社，1995.

［9］杨澄甫. 太极拳体用全书［M］. 上海：上海书店，1986.

［10］万籁声. 武术汇宗［M］. 万士震，整编. 北京：北京体育大学出版社，2013.

［11］王芗斋. 意无止境［M］. 海口：海南出版社，2014.

［12］孙禄堂. 孙禄堂武学集注［M］. 北京：北京科学技术出版社，2016.

［13］温力. 中国武术概论［M］ 北京：人民体育出版社，2005.

［14］温力. 武术与武术文化［M］. 北京：人民体育出版社，2009.

［15］蔡龙云. 琴剑楼武术文集［M］. 北京：人民体育出版社，2007.

［16］蔡龙云. 武术运动基本训练［M］. 北京：人民体育出版

社，2013.

［17］于志钧. 中国太极拳史［M］. 北京：中国人民大学出版社，2012.

［18］于志钧. 中国传统武术史［M］. 北京：中国人民大学出版社，2006.

［19］徐皓峰. 刀背藏身［M］. 北京：人民文学出版社，2013.

［20］徐皓峰. 逝去的武林［M］. 北京：人民文学出版社，2014.

［21］康戈武. 中国武术实用大全［M］. 北京：中华书局，2014.

［22］陈平原. 千古文人侠客梦［M］. 增订本. 北京：北京大学出版社，2010.

［23］林小美. 民国时期武术运动文选. 杭州：浙江大学出版社，2012.

［24］王建华，屈国锋. 实用的学校武术——思考与探索［M］. 北京：人民体育出版社，2016.

［25］王建华. 屈国锋. 实用的学校武术——教学与实践［M］. 北京：人民体育出版社，2017.

［26］全国体育院校教材委员会. 中国武术教程（上册）［M］. 北京：人民体育出版社，2004.

［27］全国体育院校教材委员会. 中国武术教程（下册）［M］. 北京：人民体育出版社，2004.

后 记

书稿完毕，即将付梓。

回首夙昔，已过年余。

撰写武术教材，是对武术理论文化与技术实践知识的再梳理、再认识，也是对一线武术教学工作问题的再反思、再发现。尤其是在写作期间，编委会成员不时交流所碰撞出的思想火花和心得感悟，更是一种由实操重回文本的经验凝华之过程。其中三味，太羹、折俎、醯醢所不及也。

《武术与国外对抗项目》教材从2019年起的统筹撰写，到2020年初的交稿完毕，中间历经了专家顾问的指导建议、编委会的策划组建、任务计划的人员分工、框架细节的交流调整、教材内容的正文撰写、格式修订的统稿完善等工作。在此，感谢我的硕导北京师范大学王建华教授和我的博士后合作导师吕韶钧教授的点拨指导，感谢体育与运动学院屈国锋副院长和高嵘副院长对此教材的厚爱关照，感谢来自安徽师大、天津体院、上海理工、陕西师大、西北师大、山东大学等诸多兄弟院校朋友们的大力支持，书稿的完成得益于大家的勠力同心。感谢北师大在读博士生张建伟，硕士生高天明、李健茹、王赫扬三位同学对部分章节内容的贡献，感谢我上海体院的师兄、人民体育出版社朱晓峰主任在教材出版前后的劳碌与眷顾。最后，感谢我的父母和爱人的支持与鼓励。《武术与国外对抗项目》教材的顺利完成是爱与心血的产物。

"甘瓜苦蒂，物无全美"。书中不足之处，由我一人承担；书中闪光亮点，系为编委之功。

愿中国武术的教育事业越来越好！

陈新萌

2020年3月3日

作于北京恒大城